UTB **2592**

Eine Arbeitsgemeinschaft der Verlage

Böhlau Verlag · Köln · Weimar · Wien
Verlag Barbara Budrich · Opladen · Farmington Hills
facultas.wuv · Wien
Wilhelm Fink · München
A. Francke Verlag · Tübingen und Basel
Haupt Verlag · Bern · Stuttgart · Wien
Julius Klinkhardt Verlagsbuchhandlung · Bad Heilbrunn
Lucius & Lucius Verlagsgesellschaft · Stuttgart
Mohr Siebeck · Tübingen
C. F. Müller Verlag · Heidelberg
Orell Füssli Verlag · Zürich
Verlag Recht und Wirtschaft · Frankfurt am Main
Ernst Reinhardt Verlag · München · Basel
Ferdinand Schöningh · Paderborn · München · Wien · Zürich
Eugen Ulmer Verlag · Stuttgart
UVK Verlagsgesellschaft · Konstanz
Vandenhoeck & Ruprecht · Göttingen
vdf Hochschulverlag AG an der ETH Zürich

KulturKompakt

herausgegeben von Rolf Selbmann

Reiner Abenstein

Griechische Mythologie

2. Auflage

Ferdinand Schöningh

Paderborn | München | Wien | Zürich

Reiner Abenstein, geb. 1951, Studium der Klassischen Philologie und der Germanistik in München; nach dem Staatsexamen (1978) Lehrtätigkeit in München, 1984–1989 in Madrid/Spanien, seither wiederum Lehrer für Alte Sprachen, Deutsch und Ethik am Münchner Wilhelmsgymnasium.

Der Herausgeber der Reihe, Rolf Selbmann, ist 1951 geboren. Er hat in München Germanistik/Geschichte/Kunstgeschichte u. a. studiert und ist apl. Professor für Neuere deutsche Literaturwissenschaft an der Otto-Friedrich-Universität Bamberg und zugleich Gymnasiallehrer in München.

Er hat zahlreiche Bücher und Aufsätze zur Literatur vom 18. Jahrhundert bis zur Gegenwart sowie zur Bildungs-, Kultur- und Kunstgeschichte verfasst.

Titelbild:
Laokoon-Gruppe, um 50 n. Chr., Belvedere, Vatikan

Bibliographische Information Der Deutschen Bibliothek

Die Deutsche Bibliothek verzeichnet diese Publikation in der Deutschen Nationalbibliographie; detaillierte bibliographische Daten sind im Internet über http://dnb.ddb.de abrufbar.

Gedruckt auf umweltfreundlichem, chlorfrei gebleichtem und alterungsbeständigem Papier ⊚ ISO 9706

2. Auflage 2007
© 2005 Ferdinand Schöningh, Paderborn
(Verlag Ferdinand Schöningh GmbH, Jühenplatz 1, D-33098 Paderborn)
Internet: www.schoeningh.de

ISBN 978-3-506-71720-7

Printed in Germany
Satz: Rhema – Tim Doherty, Münster
Herstellung: Ferdinand Schöningh, Paderborn
Einbandgestaltung: Atelier Reichert, Stuttgart

UTB-Bestellnummer: ISBN 978-3-8252-2592-6

Inhalt

B. HEROENGESCHICHTEN

KulturKompakt – Zur Einführung

Der vorliegende Band (wie auch die anderen Bände der Reihe) *KulturKompakt* kommt einem immer dringender werdenden Bedürfnis der Gegenwart nach. Kulturelle Überlieferungen und geschichtliches Wissen sind heute nicht mehr selbstverständlicher Bestandteil unserer Lebenswelt. Was einst die vielfach geschmähte Schulbildung als eisernen Kernbestand traditionellen Wissens vermittelte, ist heute aus dem Bewusstsein weitgehend verschwunden. Ohne dieses Kulturwissen aber ist Geisteswissenschaft, ist wirkliches Verstehen von historischen und kulturellen Zusammenhängen nicht möglich. Wer die Bibel-Anspielungen eines Textes nicht erkennt, wer nicht weiß, wohin die Argonautenfahrt ging, wem die Gretchen-Frage fremd ist, der übersieht wichtige Dimensionen kultureller Erinnerung.

KulturKompakt möchte diesem Defizit abhelfen. Die Bände bieten bei überschaubarem Umfang präzise Grundlageninformationen. Sie bemühen sich um Kürze, ohne bloß die zusammenhanglosen Stichworte eines Lexikons zu liefern. Sie sind auf dem aktuellen Stand von Wissenschaft und Forschung, ohne selbst wissenschaftliche Positionen zu verfechten. Sie fassen das vorhandene Wissen eines Sachgebiets ohne Wissenschaftskauderwelsch übersichtlich zusammen. Damit legen sie solide Fundamente für geistes-, geschichts- und kulturwissenschaftliches Arbeiten in Schule, Studium und Beruf.

Die Literaturhinweise sind auf das Nötigste beschränkt, denn an den systematisch ausgewählten Angaben kann sich der Leser schnell orientieren. Knappe Tabellen und Tafeln erleichtern die Einordnung und liefern ein chronologisches Gerüst. Ein Glossar erklärt in aller Kürze die wichtigsten Begriffe, die in der Darstellung nur angeschnitten oder gestreift werden. Und zuletzt findet der Leser am Ende jedes Kapitels kleine Übungen, mit deren Hilfe er sein Verständnis überprüfen kann.

Schließlich muss es kein Nachteil sein, dass den Leser, wenn er seine Kenntnisse erweitert, vertieft oder auffrischt, eine spannende Lektüre erwartet. Daher: Viel Vergnügen!

Vorwort

Dieses Bändchen will zu allererst Handreichung sein, Quelle für knappe Erstinformation, und wendet sich insbesondere an Studierende der Literatur, der Kunstgeschichte und anderer Fachrichtungen, für die Kenntnisse in griechischer Mythologie unabdingbar sind. Wer auf seinem schulischen Bildungsweg kaum oder gar nicht die Möglichkeit hatte, sich mit antiken Götter- und Heldensagen vertraut zu machen, soll hier Grundlegendes zu den wichtigsten Sagenkreisen und -gestalten nachschlagen können, sei es als sachliche Hilfe bei der Lektüre eines Antikendramas, zur Bestimmung figürlichen Freskenschmucks an den Wänden eines Renaissance-Palazzos oder zum besseren Verständnis einer Barock-Oper. Dabei ist auf rein lexikalische Darstellung verzichtet, ebenso auf den Versuch, den überreichen Fundus der griechischen Mythologie in einer Gesamtdarstellung zusammenzufassen. Wer zu einer solchen – angeregt vielleicht durch die ersten Berührungen mit dem Kosmos hellenischer Sagenwelt – greifen will, dem sei nachdrücklich die *Mythologie der Griechen* von Karl Kerényi empfohlen. Aus der Beschränkung auf überschaubaren Umfang und damit auf eine strenge Auswahl aus dem Pandämonium der mythologischen Gestalten ergibt sich die Notwendigkeit, die Vielzahl der Erzählungen zu größeren Einheiten zusammenzufassen, wo nicht ohnehin ein in sich geschlossener Sagenkreis den Rahmen vorgibt. Auf die zahlreichen Mythenvarianten ist meist nur in Andeutung verwiesen, auf fachwissenschaftliche Diskussion einzelner Problemstellungen, auf eine Unterscheidung in eigentlich „erfundene" Mythen und Legenden, hinter denen möglicherweise ein historischer Kern auszumachen ist, wird bewusst verzichtet. Wer sich zu den antiken Textquellen im Einzelnen kundig machen will, sei auf den *Neuen Pauly* oder auf den zuverlässigen Stellenindex bei Kerényi verwiesen. Erste Einblicke in die Rezeption, die die griechische Mythologie im Lauf der Jahrhunderte erst zu unserem gemeinsamen geistigen Besitz hat werden lassen, liefert das illustrierende Bildmaterial mit seinem Querschnitt von Beispielen aus zweieinhalb Jahrtausenden. Genealogische Tafeln sowie zwei Register vereinfachen die Suche nach Namen und Begriffen in ihren verschiedenen Zusammenhängen, Querverweise im Text helfen, von dieser und jener Gestalt ein umfassenderes Bild zu gewinnen oder auch parallele Geschichten zu entdecken.

In aller Regel wurde bei der Schreibung der Namen die griechische Form beibehalten, nicht die latinisierte übernommen
(also z. B. Helene, Delphoi, Achilleus).

Sollte der eine oder andere Abschnitt dieses Versuchs einer
übersichtlichen Zusammenfassung zu einer Lektüre anregen,
die über das hinaus reicht, was das Bedürfnis nach einzelner
Sachinformation erfordert, wäre dies ganz im Sinne dessen, was
der Autor mit der vorliegenden Einführung beabsichtigt.

Einleitung

Auch wenn es ein Gemeinplatz ist: Neben der Bibel ist die antike Mythologie, die griechische zumal, der entscheidende und wirkungsmächtigste Ausgangspunkt für die Entwicklung der europäischen Kulturgeschichte. Joyces *Ulysses* oder Goethes *Ganymed*, Glucks *Alceste* oder Goyas *Saturn* sind ohne Kenntnis der jeweiligen mythologischen Grundlagen bestenfalls bruchstückhaft zu verstehen. Manfred Fuhrmann hat kürzlich mit Nachdruck darauf hingewiesen[1], in welchem Ausmaß der grassierende Verlust von Grundwissen um biblische Inhalte und klassische Sagenstoffe das Verständnis für sämtliche Kunsttraditionen wegbrechen lässt und damit den Fortbestand unseres kulturellen Bewusstseins überhaupt in Frage stellt. Die schlagende, ‚objektivierende' Bildkraft, die Musterhaftigkeit und zeitlose Gültigkeit der mythischen Erzählungen aus dem alten Griechenland haben seit jeher unerhörten Einfluss auf Kunstschaffende aller Richtungen, aber auch auf die Wissenschaft ausgeübt. Vier beliebige aus einer Unzahl von Beispielen seien genannt: Ludwig XIV. ließ sich und seinen Hofstaat von Jean-Baptiste Lully auf der Opernbühne in mythologischem Gewand feiern, Bach machte sich über seine reaktionären Gegner in Leipzig mittels einer Kantate[2] lustig, mit der er im *Streit zwischen Phoebus und Pan* sein eigenes ästhetisches Programm propagierte, Sigmund Freud fand das Muster für eine seiner entscheidenden Entdeckungen, den Ödipus-Komplex, in einer Familientragödie aus dem thebanischen Sagenkreis, Arno Schmidt bediente sich für seine richtungsweisende Erzählung *Caliban über Setebos*[3] sämtlicher ihm erreichbarer Bearbeitungen des Orpheus-Mythos.

Der griechische Mythos sieht beispielhafte Schicksale in Lebenszusammenhängen, die ein Schlaglicht auf die *condition humaine* werfen und stets den ganzen Menschen meinen; von Natur aus fremd ist ihm alles, was auf oberflächliche Sensation, auf bloße Interessantheit zielt. Andererseits liegt es nicht in seiner Absicht, ein geschlossenes System der Welterklärung zu liefern. Vielmehr will er einzelne – oft unerklärliche – Erscheinungen der Welt in der erzählten, veranschaulichenden Geschichte,

---

[1] Manfred Fuhrmann (2002): Bildung. Europas kulturelle Identität. Stuttgart
[2] J. S. Bach, „Geschwinde, ihr wirbelnden Winde", Kantate BWV 201 (1729)
[3] Arno Schmidt (1987): Caliban über Setebos. Zürich (BA I.3.)

die meist ein Drama im Kleinen ist, fasslich machen und ‚typisch' menschliches Verhalten, seelische Grundbefindlichkeiten in sprechenden, unmittelbaren Bildern zum Ausdruck bringen. Dies geschieht in phantastischer Vielfalt, auf einem ganz eigenen Feld geistiger Schöpferkraft, die versucht, die herrlichen wie die schrecklichen Phänomene des Daseins – erfüllende Welterfahrung, Leben, Liebe, Tod, das Verhältnis der Menschen zu den Göttern – greifbar zu machen, nicht durch Wiedergabe historischer oder alltäglicher Wahrheiten, sondern durch ihre Übertragung, ihre ‚Sublimierung' ins Bedeutend-Allgemeine.

Mittel dazu war lange rein mündliche Überlieferung, die μῦθοι (mythoi) als erzählte Geschichten, deren bunte Vielfalt freilich auch die gesamte griechische Literatur entscheidend mitbestimmt hat. Erst in späterer Zeit wurden diese Geschichten von sogenannten Mythographen systematisch gesammelt und schriftlich fixiert.

Die alten Griechen kannten keine Theologie, keine rigoristische Kontrollinstanz, deren Aufgabe die Wahrung eines kanonisch ‚rechten Glaubens' gewesen wäre; auch wäre es keinem Hellenen eingefallen, fremde Götter und Kulte aus anderen Ländern herabzuwürdigen und in den eigenen Mythen eine Art ‚Glaubensbekenntnis' zu sehen. Jedes einzelne mythologische Thema konnte stattdessen, da ein eindeutig ‚theologischer' Gehalt fehlte, je nach Ort und Zeit in verschiedenen Ausprägungen existieren, in ‚Varianten', deren Entstehung ihren Grund meist in den unterschiedlichen Kultpraktiken der einzelnen Städte hatte. Oder, anders gesagt: Hinter sämtlichen Varianten zu einem Thema steckt ein Grundtext als Kern, der stets derselbe blieb, aber jeweils anders erzählt wurde, weil er geradezu danach verlangte, Alternativen durchzuspielen.

Mit dem Erwachen des kritischen Bewusstseins und den radikalen Denkansätzen der Sophistik im 5. Jahrhundert verlor der Mythos sehr rasch seine Kraft als Fundament religiösen Lebens. Der Polytheismus wurde von der Philosophie demontiert, die Göttersagen erfuhren Umdeutungen ins Moralische und wurden entsprechend neu ausgestaltet. Um 300 v. Chr. ging die Religion der Griechen einerseits nach und nach in einer Vermischung mit orientalischen Religionen auf, andererseits lebte sie – mit anderen Götternamen – im römischen Bereich weiter und überlagerte dort die meisten altitalischen Mythen.

Literatur

Bremmer, J. E. (1996): *Götter, Mythen und Heiligtümer im antiken Griechenland.* Darmstadt

Burkert, W. (1977): *Griechische Religion der archaischen und klassischen Epoche.* Stuttgart

Cancik, H./Schneider, H. (1996–2003): *Der Neue Pauly. Enzyklopädie der Antike.* Stuttgart

Davidson Reid, J. (1993): *The Oxford Guide to Classical Mythology in the Arts, 1300–1990s.* New York/Oxford

Grant, M./Hazel, J. (1993): *Lexikon der antiken Mythen und Gestalten.* München

Kerényi, K. (1984): *Die Mythologie der Griechen. Bd. I: Die Götter- und Menschheitsgeschichten. Bd. II: Die Heroengeschichten.* München

Moormann, E. M./Uitterhoeve, W. (1995): *Lexikon der antiken Gestalten.* Stuttgart

Nilsson, M. P. (1967/74): *Geschichte der griechischen Religion.* München

Otto, W. F. (1956): *Die Götter Griechenlands. Das Bild des Göttlichen im Spiegel des griechischen Geistes.* Frankfurt am Main

Rahner, H. (1945): *Griechische Mythen in christlicher Deutung.* Zürich

Roscher, W. H. (1992): *Ausführliches Lexikon der griechischen und römischen Mythologie.* Hildesheim

Schefold, K. (1981): *Die Göttersage in der klassischen und hellenistischen Kunst.* München

Wilamowitz-Moellendorff, U. v. (1984): *Der Glaube der Hellenen.* Darmstadt

Göttergeschichten A.

Einleitung

Allen Griechen gemeinsam war, zumindest in archaischer (G) und klassischer Zeit, der Glaube an die olympischen Götter als die Schicksalswalter des menschlichen Lebens und an Zeus als den Vater der Götter und Menschen und den Herrn der Welt, des ‚Kosmos'. Allerdings war dessen Herrschaft durchaus nicht unumstritten, wie ja auch er selbst seinen Vater gestürzt und dieser den seinen entmannt hatte (s. S. 19). Wie in manch anderen Elementen zeigt sich hier deutlich der Einfluss uralter Vorstellungen, die aus dem Zweistromland, aus Kleinasien oder Kreta in die griechische Göttervorstellung Eingang gefunden haben. Der olympische Götterhimmel ist keine original-griechische ‚Erfindung', sondern hat seine Wurzeln vielerorts, im alten Ägypten ebenso wie in den babylonischen Schöpfungsmythen oder in den religiösen Mustern, die teils jene Völker, die im 2. Jahrtausend das griechische Festland besiedelten, mitgebracht hatten, teils in der vorgriechischen Bevölkerung vorherrschten.

Seit Ende des 6. Jahrhunderts v. Chr. wurde von der aufklärerischen Kritik der Vorwurf erhoben, die olympischen Götter seien nichts anderes als gespiegelte Menschen[1], ‚anthropomorphe' Bilder unseres Selbst, ‚Projektionen', denen alle menschli-

---

[1] „Hätten Rinder, Pferde und Löwen Hände, würden die Pferde Göttergestalten zeichnen, die Pferden, und Rinder solche, die Rindern ähneln, und alle so, welche Gestalt sie jeweils selber haben." Xenophanes aus Kolophon, ca. 570–480 v. Chr.

chen Laster angehängt würden[2], eingeführt womöglich von listigen Köpfen zur Legitimierung eigener Machtansprüche oder zur Sicherung menschlichen Wohlverhaltens[3]. Aber trotz all den erstaunlichen bis bedenklichen Charakterzügen und Verhaltensweisen, die einen Zeus oder eine Aphrodite tatsächlich immer wieder als allzu menschlich erscheinen lassen: Die Götter stehen eben doch auch und gerade für *die* Bereiche, die der menschlichen Natur versagt sind, vor allem für Unsterblichkeit und Leidlosigkeit, und ihre ungeheure Wirkungsmacht erhebt sie, verbunden mit diesen beiden Eigenschaften, so weit über alles menschliche Mängeldasein, dass jeder Versuch eines Sterblichen, diese natürlichen Grenzlinien zu überschreiten, fürchterliche Strafe nach sich ziehen muss (s. S. 88–90). Andererseits sind diese Götter keine entrückten Geistwesen abseits des Weltgeschehens. Sie können, auch wenn hinter ihnen die Moira als ehernes, unpersönliches Schicksal wirksam ist, durchaus in die Geschicke der Menschen eingreifen, sie haben ihre Lieblinge und kümmern sich in der Not fürsorglich um sie, so wie Athena zum Beispiel dem großen Dulder Odysseus immer wieder aus Not und Verzweiflung aufhilft. Hier wird ein weiterer Grundzug hellenischer Religiosität sichtbar: der unerschütterliche Glaube an den Willen der Götter, dem alles historische Geschehen unterworfen ist, dessen letztes Verständnis indes den Menschen verschlossen bleibt.

1. Vor der Herrschaft des Zeus

1.1 Chaos, Gaia, Uranos
1.2 Herrschaft des Kronos, Titanomachie
1.3 Gigantomachie, Typhon (Typhoeus)

---

[2] Ders.: „Alles haben Homer und Hesiod den Göttern zugeschrieben, was bei den Menschen schändlich und tadelnswert ist: Diebstahl, Ehebruch und Betrug."
[3] „So führte dieser schlaue Mann die Vorstellung vom Göttlichen ein: Ein ewig lebendes Geschöpf sei es, das alles höre und sehe ... und auch wenn man heimlich Schlimmes ersinne, werde ihm dies nicht verborgen bleiben. Indem der schlaue Mann solche Reden hielt, führte er die angenehmste Lehre ein, wobei er die Wahrheit hinter lügnerischen Worten verbarg." Kritias aus Athen, ca. 455–403 v. Chr.

Chaos, Gaia, Uranos   1.1

● Vom Ursprung der Welt finden sich mehrere Vorstellungen. **Weltentstehung**
Nach der einen bildete das Chaos, der unermesslich gähnende
Urschlund, den Raum für die Entfaltung schaffender Kräfte wie *Chaos, der*
Gaia (Erde) und Eros (Liebe, Verlangen). Aus sich brachte das *Urschlund*
Chaos den Erebos, die finstere Tiefe der Unterwelt, und Nyx, die
Nacht, hervor, eine mächtige Göttin, vor der selbst Zeus erschau-
ert. Sie wiederum gebar aus sich personifizierte Wesen wie Tod
und Schlaf, Vergeltung und Jammer.

● Nach der orphischen (G) Kosmogenese (G) schuf Phanes, **Orphische**
der goldgeflügelte Urgott, die Nacht aus sich und zeugte mit ihr **Traditionen**
Himmel und Erde. Nach anderer Tradition war am Anfang die
Nacht: ein schwarzer Vogel mit schwarzen Flügeln, der, befruch-
tet vom Wind, ein silbernes Ei in den Schoß der Finsternis legte, *Ur-Ei*
aus dem Eros (oder *Phanes*, der „Scheinende") heraustrat und
alles ans Licht brachte, was das Ei enthielt: die ganze Welt.

● Gaia gebar aus sich Uranos, den Himmel, dazu die Gebir- **Kinder von**
ge und das Meer. Allnächtlich vereinigte sich Uranos, das be- **Uranos und Gaia**
fruchtende Urelement, mit ihr im *hierós gámos*, der „Heiligen
Hochzeit", und zeugte mit ihr die drei Kyklopen, die drei Heka- *hierós gámos*
toncheiren („Hundertarmigen"), dazu die Titanen, sechs Söhne
und sechs Töchter, die sich in Geschwisterehen zusammenfan-
den: Okeanos und Tethys, Koios und Phoibe, Kreios und Eurybia,
Hyperion und Theia, Iapetos und Klymene, Kronos und Rhea.
Sie bildeten das erste Göttergeschlecht. Uranos aber hasste seine *Erstes Götter-*
Kinder und stieß sie zurück in Gaias Leib, die innere Höhlung *geschlecht*
der Erde. Ursprünglich ließ er sie vermutlich gar nicht ans Licht,
sondern hielt sie gewaltsam im Mutterschoß fest.

● Stöhnend unter der schweren Last, brachte Gaia den Stahl **Entmannung des**
hervor. Kronos, ihr jüngster Sohn, war bereit, die Mutter zu rä- **Uranos**
chen, und entmannte den Vater mit der Sichel (*harpe*), als dieser
die Mutter umfing: Die Trennung von Himmel und Erde, Vor- *Trennung von*
aussetzung für alles gedeihende Leben, war damit vollzogen. Das *Himmel und Erde*
Genital warf Kronos hinter seinen Rücken, aus den Blutstrop-
fen entstanden die drei Erinyen (S. 88), die Giganten (S. 22) und
die Eschennymphen, die Ahninnen eines harten Menschengeschlechts. Uranos' Gemächt fiel ins Meer, aus dem sich bildenden Spermaschaum tauchte bei Zypern Aphrodite auf (S. 54).

G. Vasari (1511–1574): *Kronos entmannt Uranos*, Palazzo Vecchio, Florenz

1.2   Herrschaft des Kronos, Titanomachie

Kronos frisst
seine Kinder
● Rhea gebar dem Kronos die Göttinnen Hestia, Demeter und Hera sowie die Götter Hades, Poseidon und, als jüngsten, Zeus. Da Kronos von Vater und Mutter erfahren hatte, dass er von einem starken Sohn gestürzt werde, verschlang er alle Kinder.

F. Goya (1746–1828), *Saturn verschlingt seine Kinder*, Madrid, Prado

Vor der Geburt des Zeus aber suchte Rhea den Rat ihrer Eltern und versteckte daraufhin Zeus in einer Höhle auf Kreta, Kronos ließ sie statt seiner einen in Windeln gewickelten Stein verschlingen.

So wie Kronos als der jüngste der Titanen seinen Vater Uranos entmachtet hatte, stürzte Zeus später seinen Vater mit List und Gewalt: Er umwarb die Okeanine Metis und brachte sie dazu, in Kronos' Trank ein Brechmittel zu schütten, worauf er Zeus' fünf Geschwister wieder ausspie. Vor den Kindern kam allerdings der Stein wieder zum Vorschein, der, in Delphoi aufgestellt, als *ómphalos*, als „Nabel (der Welt)", verehrt wird.

● Auch die seit Uranos' Zeiten gefangenen Hekatoncheiren und Kyklopen befreite Zeus, um Helfer in der folgenden Entscheidungsschlacht (Titanomachie) zu haben.

Kottos, Briareos und Gyes hießen jene hundertarmigen Riesen mit fünfzig Köpfen, die er mit Nektar und Ambrosia für den Kampf stimulierte. Später dienten sie als ergebene Wächter der Titanen in der Unterwelt, Briareos stand ihm, von Thetis geholt, abermals bei, als sich die übrigen Götter gegen ihn zu empören drohten (S. 27).

Argos, Brontes und Steropes waren die Namen der drei Kyklopen, der „Rundaugen", die, wie die Hundertarmigen, Uranos im Erdinnern eingeschlossen hatte, bewacht von *Kampé*, der „Raupe", und die von Kronos nur kurzzeitig freigelassen worden waren. Zum Dank für die Tötung der *Kampé* und ihre Befreiung versorgten sie Zeus mit Donnerkeilen und Blitzen, den Insignien seiner Macht, dem Poseidon schmiedeten sie den Dreizack, für Hades fertigten sie die Tarnkappe. Nach den Gründungssagen erbauten sie die sogenannten „Kyklopenmauern" von Tiryns und Mykenai. Es heißt, Apollon habe sie aus Rache für den Tod des Asklepios getötet (S. 79). In späteren Geschichten erscheinen sie als treue Helfer des Hephaistos (S. 66). Von gänzlich anderer Art sind die Kyklopen in der Geschichte von Odysseus' Irrfahrten (S. 229).

● Lange Jahre tobte der Kampf und blieb unentschieden, bis die Hekatoncheiren vom Olymp aus, wo Zeus und seine Geschwister standen, den Titanen-Berg Othrys unter einem Steinehagel verschütteten. Alle Titaninnen sowie einige Titanen – z. B. Okeanos und Helios – hatten sich vom Kampf ferngehalten und blieben auch später in Ehren. So durfte Okeanos, der Vater aller Seen, Flüsse und Quellen sowie von dreitausend Okeaninen, weiter in seinem Palast im fernen Westen friedlich über den alles umfassenden Weltenstrom herrschen. Atlas jedoch trug seither eine Ecke des Himmels auf den Schultern (S. 105), die übrigen wurden gefesselt in die unendlichen Tiefen der Unterwelt gestoßen, wo sie, bewacht von den Hundertarmigen, hinter ehernen Türen gefangen gehalten werden: Durch die olympischen Götter war somit das alte, barbarisch-wilde Göttergeschlecht abgelöst. Nach anderen Darstellungen galt Kronos als Repräsentant

Entscheidungsschlacht: die Helfer

Hundertarmige

Kyklopen

Zeus' Kampf und Sieg über die Titanen

Verbannung der Titanen

des Goldenen Zeitalters und herrschte seit der Machtergreifung durch Zeus in der Unterwelt über die Inseln der Seligen.

Nach orphischer Tradition zerrissen die Titanen Dionysos (S. 94) und wurden dafür von Zeus getötet. Aus ihren Überresten entstanden die Menschen.

1.3   Gigantomachie, Typhon (Typhoeus)

Gaias Zorn, Geburt des Typhon
● Gaia, die weite Erde, ergriff im Kampf der Göttergeschlechter zunächst nicht Partei, doch empörte sie sich über die Verbannung der Titanen in ihr Inneres, vereinigte sich mit dem Tartaros und gebar den Typhon (oder Typhoeus). Dann stachelte sie gegen Zeus und die Olympier die Giganten (oder *Gegeneîs*, die „Erdgeborenen") auf, Geschöpfe von menschlicher Riesengestalt, deren Beine in Schlangenleiber ausliefen.

Gigantomachie
● Gegen den Tod von Götterhand waren die Giganten gefeit, deshalb zeugte Zeus den Herakles (S. 171) als gewaltigen sterblichen Helfer. Als Gaia daraufhin ein Kraut wachsen ließ, das die Giganten gänzlich unsterblich machen sollte, verbat Zeus Helios, Selene und Eos zu scheinen, bis er es gefunden hatte. Im anschließenden Gemetzel türmten die Giganten Bergkuppen aufeinander, warfen mit Riesenfelsen und schwangen baumlange Fackeln. Unter anderem kam es zu folgenden Begebenheiten: Als sich ihr König Porphyrion an Hera vergreifen wollte, wurde er von Zeus mit dem Donnerkeil niedergestreckt. Athena zog Pallas die Lederhaut ab und bezog damit ihren Schild, auf Enkelados schleuderte sie Sizilien und begrub ihn darunter, Hephaistos erledigte Mimas, indem er ihn mit geschmolzenem Metall übergoss, und Hekate verbrannte Klytios mit ihren Höllenfackeln.

Allerdings führte den letzten, tödlichen Streich stets Herakles mit seinen in das Gift der Hydra getauchten Pfeilen (S. 175). Lohn dafür war später seine Aufnahme in den Olymp (S. 190).

Zeus' Kampf mit Typhon
● Typhon war ein schlangenleibiger Riese mit hundert schwarzzüngigen Köpfen, die wie Götter reden, aber auch alle möglichen Tierstimmen imitieren konnten. Es heißt, Zeus habe, um ihn mitzuverbrennen, die ganze Welt entflammt und ihn zuletzt in den Tartaros geschleudert, wo er zum Vater aller schädlichen Winde und tobenden Stürme wurde. Nach anderer Version bemächtigte sich das Ungeheuer der Sichel des Zeus und schnitt ihm alle Sehnen heraus, so dass der Göttervater hilflos in einer

Sterblicher Helfer: Herakles

Gigantomachie, römisches Basrelief, Vatikanische Museen, Rom

Höhle lag. Hermes konnte die vom Drachen Delphyne bewachten Sehnen entwenden und setzte sie Zeus wieder ein (S. 69). In
einem zweiten Kampf bezwang Zeus den Typhon mit dem Donnerkeil und begrub ihn unter dem Ätna, wo er auf ewig brüllt und
rülpst. Entscheidend geschwächt wurde Typhon, weil er den Rat
der Moiren befolgt hatte, Speise der Sterblichen zu essen. Nach
anderer Version flüchteten die übrigen Götter während des ungeheuren Ringens nach Ägypten, wo sie Tiergestalt annahmen,
in welcher seither die Ägypter ihre Götter darstellten.

Hermes rettet Zeus

Mit seiner Schwester Echidna, einem Scheusal halb Frau,
halb Schlange, zeugte Typhon Ungetüme wie den Kerberos
(S. 88), die Chimaira (S. 134) und die Sphinx (S. 118).

Typhon wird auch zu den Wesen gezählt, die Hera aus Zorn
über die Geburt der Athena aus sich erzeugt haben soll (S. 37).

● Gaia fand sich zuletzt mit der Herrschaft der olympischen
Götter ab und war ihnen auch hilfreich. Zeus warnte sie vor dem
Sohn der Metis (S. 60), der Hera schenkte sie zur Hochzeit die
von den Hesperiden bewachten goldenen Äpfel. Sie galt auch
als ursprüngliche Besitzerin des delphischen Orakels, das sie
Themis schenkte, ehe Apollon es von dieser erhielt. Auch der
dort wachende Erddrache Python gehörte ihr. Nach seiner Tötung
verpflichtete sie Apollon, die Priesterin Pytho und die pythischen
Spiele einzusetzen.

**Gaia und die neue
Göttergeneration**

Zusammenfassung

In der griechischen Mythologie existieren mehrere Ursprungssagen; am bekanntesten ist jene von Chaos, Gaia und Uranos.

Durch den *hierós gámos* entstand das erste Göttergeschlecht, die Titanen.

Kronos errang die Herrschaft durch Entmannung seines Vaters, doch fraß er einer Weissagung wegen seine eigenen Kinder.

Zeus entmachtete ihn und stürzte das alte Göttergeschlecht in der Titanomachie.

Geschichten, die von der mehrfachen Ablösung der Herrschaft im Himmel erzählen, nennt man *Sukzessionsmythen*. Der Einfluss altorientalischer Kosmogonien (G) ist hier zweifelsfrei festzustellen.

Im Kampf mit den von Gaia aufgewiegelten Giganten und durch den Sieg über Typhon festigte Zeus seine Herrschaft endgültig.

Literatur

Dörig, J./Gigon, O. (1961): *Der Kampf der Götter und Titanen.* Olten/Lausanne

Klibansky, R./Panofsky, E./Saxl, F. (1964): *Saturn and Melancholy. Studies in the History of Natural Philosophy, Religion and Art.* London

Mayer, M. (1887): *Die Giganten und Titanen in der antiken Sage und Kunst.* Berlin

Staudacher, W. (1968): *Die Trennung von Himmel und Erde.* Tübingen

Vian, F. (1951): *Répertoire des Gigantomachies figurées dans l'art grec et romain.* Paris

Fragen

1. In welchen Stufen vollzog sich der Machterwerb durch Zeus?

2. Welche Rolle spielte Herakles in der Gigantomachie?

3. Was versteht man unter einem Sukzessionsmythos?

2. Zeus

2.1 Zum Namen
2.2 Wesensmerkmale, Epiklesen (G)
2.3 Zeuskulte, bildliche Darstellungen
2.4 Kindheitsgeschichte
2.5 Festigung der Herrschaft
2.6 Gemahlinnen und Nachkommenschaft

Zum Namen   2.1

Der Name Z. bezeichnet, abgeleitet von *div-* („leuchten"), den
„Aufleuchtenden", das himmlische Licht, den heiteren Himmel,
die Tageshelle und ist mit den Namen der höchsten Götter bei
vielen indogermanischen Völkern verwandt.

Wesensmerkmale, Epiklesen (G)   2.2

In Z. ist die Vorstellung eines höchsten Himmelsgottes mit der
vom Wettergott verbunden. Er ist ursächlich für Regen, Blitz
und Donner wie für Regenbogen und Wind; als der „Weitbli-
ckende" und „Allesseher" trägt er Züge eines allmächtigen Uni-
versalgottes. In späterer Zeit wird ein allmählicher Übergang
zu monotheistischen Verehrungsformen merklich. Die Bezeichnung „Vater der Götter und Menschen" verweist auf Z.' Rolle
als Herr der großen Weltgemeinschaft, als majestätischer und
gerechter Lenker menschlichen und göttlichen Lebens. Bezeich-   *Herrscher des*
nend sind für diese Funktion des allumfassenden Herrschers   *Kosmos*
zahlreiche Attribute im Superlativ wie „größter", „ruhmvollster",
„bester", „höchster" oder „stärkster". Lange galt der Olymp als
Sitz für den „wolkenversammelnden" Berggott, später der „Himmel".

Z.' Macht gründet auf der Vereinigung von höchster physischer und geistiger Kraft und bezieht sich auf alle Lebensberei-
che: Als himmlischer König war er auch Zeit- und Kalendergott
und Garant für den geordneten Ablauf von Tag und Nacht, Jah-
reszeit und Jahr, als Zeus *Chthónios* sorgte er durch Regen für die
Fruchtbarkeit der Erde, als *Meilíchios* (der „Milde") wurde er in
seiner Rolle als Totenrichter angesprochen. Als *Eleuthérios* bzw.
Polieús schützte er die Freiheit der Stadt, als *Hórkios* Verträge
und Eide, wie er überhaupt, mit seiner Tochter Dike zur Seite,
Wächter und Wahrer von Recht, Gesetz und sittlicher Weltordnung ist: So achtete er zum Beispiel, die Waage in der Hand,
selbst bei seinem Sohn Sarpedon auf die Erfüllung des zugeteil-
ten Schicksals. Als *Xénios* schützte Z. die Fremden, als *Hikésios*
die Schutzflehenden, als *Ktésios* den privaten Besitz, als *Herkeí-*
os das Hauswesen. Nicht zu übersehen sind jedoch auch einige
Widersprüche in seinem Wesen: Er ist Ursache von Glück und   *Wesensmäßige*
Unglück im menschlichen Geschick, bringt Glanz und Elend,   *Widersprüche*
nimmt Opfer an und verursacht trotzdem Schaden, ist der Hel-
fer und Schützer (Z. *Sotér*) und gilt gleichwohl als bösartig, ver-

schlagen und „schrecklich" und sendet unversehens täuschende Träume oder seine Tochter Ate: Wahn und Verblendung.

2.3 Zeuskulte, bildliche Darstellungen

Im Kult erscheint Z. als nicht so präsent, wie es seine Rolle als Herrscher des Kosmos erwarten ließe: Es gab wenige reine Z.-Feste (z. B. die *Diásia* in Athen zu Ehren des Z. *Meilíchios*). Eine Besonderheit stellt das Z.-Orakel in Dodone dar, wo die Priester aus dem Rauschen der heiligen Eiche den göttlichen Willen deuteten. Donner und Blitz galten als Zeichen seines Willens. Auch Olympia war ursprünglich Z.-Orakel. Die Mantik (G) scheint jedoch sehr bald hauptsächlich in die Zuständigkeit Apollons übergegangen zu sein.

In der bildenden Kunst ist Z. meist bärtig auf seinem Thron dargestellt, teils mit Helm, bewehrt mit Donnerkeilen und der *Aigís*, dem quastenverzierten Brustpanzer, mit Zepter und Adler. Als Z. *Nikephóros* („Siegbringer") trägt er Nike, die Göttin des Sieges, auf der Hand.

2.4 Kindheitsgeschichte

Heimliche Aufzucht

Nachdem Rhea ihren jüngsten Sohn vor Kronos nach Kreta in die Dikte-Höhle gerettet hatte (S. 20), wurde Z. dort heimlich großgezogen. Mehrere Ammen werden genannt, Göttinnen ebenso wie Tauben und eine Sau. Hera soll nach einer Version als Einzige nicht von Kronos verschlungen worden sein und die Mutter gebeten haben, sich um den Bruder kümmern zu dürfen: Sie verbarg ihn, nachdem Kronos die List mit dem Stein bemerkt hatte und Z. auf der ganzen Welt suchte, in einer Wiege am Ast eines Baums, damit er weder im Himmel noch auf der Erde noch im Wasser zu finden sei. Die Kureten, Diener der Rhea, lärmten dazu mit Waffentänzen, um das Geschrei des Kindes zu übertönen und Kronos zu täuschen. Ernährt wurde der Säugling mit der Milch

Das Horn der Amaltheia

der Ziege Amaltheia. Als eines ihrer Hörner, aus denen Nektar und Ambrosia flossen, abbrach, füllten es die Nymphen mit Früchten für das Kind (daher der Ausdruck „Füllhorn"). Spätere Geschichten sehen es – oder entsprechend ein Stierhorn – im Besitz vieler Segen spendender Gottheiten wie des Hermes, der Tyche, der Horen und zahlreicher Flussgötter. Auch Herakles erhielt es (von Acheloos, vgl. S. 43). Als Amaltheia starb, spannte

Z. ihr Fell auf seine schildartige Wunderwaffe, die *Aigís* (gr. *aix*: die Ziege), die er häufig Athena lieh.

Festigung der Herrschaft   2.5

Nach dem Sieg über Titanen und Giganten (S. 21, S. 22) teilten die drei Söhne der Rhea die Welt unter sich auf: Hades erhielt die Unterwelt, Poseidon das Meer, Z. den Himmel. Olymp und Erde sollten gemeinsamer Besitz sein. Als Retter des neuen Göttergeschlechts genoss Z. dabei den uneingeschränkten, allseits anerkannten Vorrang. Zweimal noch geriet seine fest gegründete Herrschaft in Gefahr: als sich die Götter gegen ihn empörten und Thetis zu seiner Rettung den hundertarmigen Briareos aus dem Tartaros holte; und als die Aloaden den Himmel erstürmen wollten, ehe sie von Apollon mit Pfeilen getötet wurden (anders s. S. 47). Seither gilt Z.' Gebot unumschränkt, unbeugsam führt er Regiment. Nur dem ehernen Schicksal ist auch er unterworfen, die Moiren sind von ihm unabhängig. Widerstand oder Auflehnung bricht er mit Strenge und Gewalt: Hera hängte er, Ambosse an den Füßen, am Himmel auf (S. 38), den widerspenstigen Hephaistos schleuderte er vom Olymp (S. 66), Apollon und Poseidon schickte er, weil sie sich empörten, zu Laomedon in einjährige Sklaverei. Exemplarisch für Z. als unerbittlichen Vergelter ist die Geschichte von Prometheus (8.3). Unnachsichtig straft er auch Übermut und Anmaßung von Sterblichen: Der thessalische Aiolos-Sohn Salmoneus ließ sich Opfer bringen wie Z. und ahmte in rasanter Wagenfahrt mit Pfannen und getrockneten Häuten den Donnerer, mit Fackelwürfen den Blitzeschleuderer nach, worauf Z. ihn fesselte und mit dem Donnerkeil samt seiner Stadt zerschmetterte. Keyx und seine Gemahlin Alkyone nannten sich vor Glück und Übermut Z. und Hera und wurden in Seemöwe und Eisvogel verwandelt. Als der Arkader-König Lykaon seinen Gästen Z. und Hermes Sklavenfleisch (oder den zerstückelten Z.-Sohn Arkas) vorsetzte, um sie zu versuchen, zerschmetterte Z. seine fünfzig Söhne bis auf einen, verwandelte den König in einen Wolf und schickte die große Sintflut. (Nach anderer Version erfolgte die Verwandlung, weil Lykaon dem Zeus ein Kind geopfert hatte.)

In mehreren Streitfällen nahm Z. allerdings auch die Rolle des Schiedsrichters ein: Er vermittelte im Streit zwischen Apollon und Herakles um den delphischen Dreifuß (S. 186). Als Idas sich mit Apollon um Marpessa stritt (S. 80), überließ Z., nach-

Aufteilung der Welt

Bedrohte Herrschaft

Strenges Regiment, strenge Strafen

Salmoneus

Keyx und Alkyone

Lykaon

Z. als Vermittler

dem Idas Apollon, der Marpessa in einen Eisvogel verwandelte, sogar geschlagen hatte, dem Mädchen die Wahl: Sie entschied sich für Idas, weil sie mit ihm als Sterblichem alt werden könne. Z. schlichtete den Streit zwischen Poseidon und Athena um Attika (S. 62) und zwischen Aphrodite und Persephone um Adonis (S. 56).

2.6 Gemahlinnen und Nachkommenschaft

Die Rolle der Kinder des Zeus

● Das gerechte Walten des Z. als Wahrers aller Welt- und Lebensordnung gibt dem olympischen Götterhimmel sein besonderes Gepräge. Ein Mittel, um den Bestand des „Kosmos" als eines geordneten Ganzen in allen Bereichen zu festigen, sind sowohl die ehelichen Verbindungen mit Göttinnen als auch Liebesbeziehungen zu sterblichen Frauen. Die Vielzahl der sterblichen Gattinnen ist freilich auch aus dem Bestreben der alten Adelsfamilien zu verstehen, den eigenen Stammbaum auf den Göttervater zurückzuführen. Die Beurteilung dieser Liebschaften als „sittenlos" ist irrig: Sie sind Ausdruck von Z.' machtvoll zeugender Naturkraft, die sich ausgezeichneter, erwählter Sterblicher „bedient", um mit den Nachkommen im menschlichen Bereich seine gerechte Herrschaft zu sichern und zu fördern.

Kinder des Zeus – Garanten der Ordnung

Zu Z.' Gemahlinnen gehörte eine Reihe ursprünglicher Erdgottheiten – eine Nachwirkung der Urvorstellung vom *hierós gámos* (G) –, ehe er mit Hera dauernde Ehe schloss.

Göttinnen als Gattinnen

Metis

● Seine erste Gemahlin war die Okeanos-Tochter Metis, die er ihrer Klugheit und einer gefährlichen Weissagung wegen verschlang (S. 60). Die Titanin Themis („heiliges Recht", im Sinne der Norm für ein geregeltes Zusammenleben von Göttern und Menschen) gebar ihm die Horen und die Moiren. Die Horen sind die Göttinnen der „richtigen" Zeit, die für Gesetzmäßigkeit innerhalb der Naturprozesse stehen, zum Beispiel für die ursprünglich drei Jahreszeiten (Frühling, Sommer und Winter). Sie verkörpern Wachstum, Entfaltung und Reifen, auch Naturschönheit, und spiegeln in ihrer luftig-duftigen Erscheinung die blühende Natur, auch die aufblühende Jugend wider. Vor allem sind sie wahr und zuverlässig, worin ihre Erhebung ins Sittliche unter den Namen *Eunomia* („Gesetzlichkeit"), *Dike* („Recht", „gerechte Vergeltung") und *Eirene* („Friede") ihren Grund hat: Diese drei Garanten menschlicher Ordnung kamen mit ihnen in die Welt. Dike steht als Sternbild der Jungfrau am Himmel, seit sie sich, weil die

Von Themis: Horen und Moiren

Menschen sie missachteten, von der Erde zurückzog. Die athenischen Namen *Thallo* ("Blüte"), *Auxo* ("Wachstum") und *Karpo* ("reife Frucht") zeigen die Horen dagegen als ursprüngliche Naturkräfte. Später wurde ihre Zahl ihrer Funktion angepasst: den (seit dem 5. Jh. v.Chr.) vier Jahreszeiten, den Monaten, auch den Tagesstunden. In der Rolle als schmückende Geleiterinnen großer Götter sind sie oft mit Chariten, Musen oder Nymphen vertauschbar.

Auch die Moiren ("Parzen") waren Töchter des Z. und der Themis. Ursprünglich schien das Verhältnis von *Moira*, dem "Anteil" (des Menschen am Schicksal), zu den Göttern unbestimmt, erst später wurden die Moiren als Schicksalsgöttinnen personifiziert. In früher Zeit wachte *eine* Moira über Schicksal und Lebensdauer des Einzelnen, später spann Klotho den Lebensfaden, Lachesis teilte das Lebenslos zu, Atropos setzte die Länge des Fadens unwandelbar fest. Das von ihnen festgelegte Lebensschicksal blieb auch durch Götter unbeeinflussbar, vielmehr wurde es von ihnen vollstreckt, als vorgegebene Ordnung, die sie verwirklichen *mussten*. Zweideutig bleibt, ob die Moiren dem Z. oder er ihnen untertan ist, was sich auch darin zeigt, dass sie sowohl als seine als auch als die Töchter der *Nyx*, der Nacht, bezeichnet werden.

Schicksals-göttinnen: die Moiren

Eurynome, auch sie Tochter des Okeanos und der Tethys, gebar dem Z. die *Chariten* ("Grazien"), als deren Namen *Aglaia* (die "Strahlende"), *Euphrosyne* (die "Frohsinnige") und *Thalia* (die "Blühende") überliefert sind. Auch ihre Zahl variiert, meist werden sie, sich an den Schultern fassend, als Dreier-Reigen dargestellt, zwei nach vorne gewandt, während die dritte dem Betrachter den Rücken zuwendet, liebreizende Göttinnen der Freundlichkeit und der Anmut, *cháris*, die die Ursache ist für *chaírein*, "sich freuen". Sie stellen den Gegensatz zum finsteren Zorn der Erinyen (S. 88) und eine Art dreifache Aphrodite dar, die selbst unter dem Namen Charis als Gattin des Hephaistos genannt ist (S. 67). Oft erscheinen sie als dienende und tanzende Begleiterinnen der Liebesgöttin, auch des Apollon und des Hermes.

Von Eurynome: die Chariten (Grazien)

Mit einer zweiten Titanin, *Mnemosyne* ("Erinnerung"), zeugte Z. die Musen: Neun Nächte vereinigte er sich mit ihr fern von den übrigen Göttern und Mnemosyne gebar ihm neun Töchter, die nur an Gesang und Tanz denken und mit Rede- und Sangeskunst auszeichnen, wen sie lieben. Ihre Namen sind *Kleio*, die "Rühmende", *Euterpe*, die "Erfreuende", *Thaleia*, die "Blühende", *Melpomene*, die "Singende", *Terpsichore*, die "sich am Tanz Er-

Von Mnemo-syne: die Musen

freuende", *Erato*, die „Sehnsucht Erweckende", *Polyhymnia* (*Po-lymnia*), die „Hymnenreiche", *Urania*, die „Himmlische", und *Kalliope*, die „mit der schönen Stimme". Apollon war als Gott der Musik ihr Anführer (Apollon *Musagétes*, der „Musenführer"). Auf dem Olymp haben sie Palast und Tanzplatz, einen zweiten auf dem Helikon. Als dorthin einst der Makedone Pieros kam, traten seine musikkundigen Töchter, die Pieriden, mit den Musen in

Wettstreit mit Wettstreit: Bei deren Gesang verdunkelte sich alles und niemand
den Pieriden hörte ihnen zu, bei dem der Musen hingegen blieb alles stehen, Himmel, Meer und Flüsse, der Berg Helikon selbst wuchs in den Himmel, bis ihn das Flügelross Pegasos (S. 134) auf Poseidons Geheiß mit den Hufen schlug und so die (Dichter-)Quelle *Hip-pukrene* („Pferdequelle") ersprudeln ließ. Die „falschen" Musen, deren Name Pieriden manchmal auch für die echten verwendet wird, wurden zur Strafe für ihre Vermessenheit in Dohlen ver-

Thamyris wandelt. Den thrakischen Sänger Thamyris, der sie gleichfalls herausforderte, straften sie mit Blindheit und Gedächtnisverlust,
Sirenen die vogelartigen Sirenen, die sich zu viel auf ihren Gesang ein-bildeten, rupften sie kläglich (s. auch S. 231).

Exkurs

Die Musen und die Künste

Aus späterer Zeit stammt die Zuteilung der Musennamen an die musischen Tätigkeiten und, in der bildenden Kunst, ihre Ausstattung mit bestimmten Attributen: *Kleio* für Geschichtsschreibung (Griffel, Buchrolle, Bücherkiste), *Euterpe* für Flötenmusik (Doppelflöte), *Thaleia* für die Komödie (komische Maske, Efeukranz), *Melpomene* für den Klagegesang bzw. die Tragödie (tragische Maske, Weinkranz, Keule), *Terpsichore* für leichten Tanz und Leierspiel (Lyra (G), tanzende Stellung), *Erato* für die Lyrik (Saiteninstrument), *Polyhymnia* für den ernsten hymnischen Gesang (ernstnachdenkliche Haltung), *Urania* für die Sternenkunde (Globus, Zeigestab), *Kalliope* für das heroische Epos und allgemein für die Wissenschaft (Tafel, Buchrolle, Griffel). Ihre Aufgabe war es, den Menschen in Dichtung und Gesang das Wissen um die Taten der Götter und Menschen zu bewahren. Die Anrufung der Muse(n) mit der Bitte um Inspiration und Beistand ist fester Bestandteil zu Beginn des antiken Epos.

Weitere göttliche Demeter gebar dem Z. Persephone (S. 50), Apollon und Artemis
Nachkommen sind seine Kinder von Leto (S. 72). Mit Maia zeugte er Hermes (S. 69), mit Hera den Ares (S. 64), nach einigen auch den Hephaistos. Hebe, die Göttin der Jugendblüte und spätere olympische

Gattin des Herakles, ist gleichfalls ihre Tochter. Sie tanzt im Reigen mit Chariten und Horen und bediente bis zu Ganymeds Bestellung in dieses Amt (S. 34) die olympische Tafel. Eileithyia, ebenfalls als beider Tochter genannt, steht den Moiren und der Artemis nahe (S. 73), die mit einem ihrer Beinamen so hieß. Sie hemmt oder beschleunigt die Geburtswehen, auf Heras Befehl verzögerte sie die Geburt der Leto-Kinder Apollon und Artemis (S. 72) sowie des Herakles (S. 171 f.).

Z. begehrte auch, wie sein Bruder Poseidon, die Nereïde Thetis, erfuhr aber noch rechtzeitig von Prometheus, sie werde einen Sohn gebären, der mächtiger sein werde als der Vater, worauf Thetis schnell an Peleus verheiratet wurde (S. 193). *Werbung um Thetis*

● Sterblichen Frauen erscheint Zeus in vielfacher (Tier-)Gestalt. **Sterbliche als Gattinnen**

Nach einer Überlieferung gilt Niobe als erste Frau überhaupt. Sie gebar Z. den Argos, den Ahnherrn der Argiver. (*Argeioi* war lange eine Sammelbezeichnung für alle Griechen.) Bekannter ist die Geschichte vom Hochmut der Niobe gegenüber Leto und von der furchtbaren Bestrafung durch Apollon und Artemis (S. 76).

Die Hera-Priesterin Io träumte, nachdem Z. sich in sie verliebt hatte, allnächtlich, er komme zu ihr und bitte sie, ihm beizuwohnen. Als ihr Vater, der Flussgott Inachos, von ihr davon erfuhr und er die Orakel von Dodone und Delphoi befragte, verjagte er sie, weil ihm geweissagt wurde, sein Volk werde ansonsten ausgelöscht. Um Hera zu täuschen, verwandelte Z. das Mädchen in eine weiße Kuh. (Nach anderer Version tat Hera dies selbst, um Ios Vereinigung mit Z. zu verhindern.) Hera erbat die Kuh aber als Geschenk und ließ sie von Argos bewachen, einem Riesenhirten mit hundert Augen, von denen stets nur zwei geschlossen waren („Argusaugen"). Hermes schläferte ihn auf Z.' Befehl mit seinem Flötenspiel ein und schlug ihm den Kopf ab, worauf Hera seine Augen auf die Schwanzfedern des Pfaus, ihres Lieblingsvogels, versetzte (oder Argos in einen Pfau verwandelte). Um zu verhindern, dass sie sich niederlassen und Z. zu Willen sein könne, versetzte Hera Io durch das Schreckbild ihres früheren Wächters und durch eine Bremse in Raserei, so dass sie über Land und Meer hetzte. Als sie an das Ufer ihres Vaters kam, erkannte sie dieser, da sie ihre Geschichte mit dem Huf in den Sand schrieb, und brach in Tränen aus. In Dodone wurde sie von Z.' prophetischer Eiche als dessen künftige Braut begrüßt, am Kaukasos weissagte ihr Prometheus ihr weiteres Schicksal. Men- *Z. und Io* schengestalt erhielt sie erst in Ägypten wieder: Z. legte ihr die Hand auf und hauchte sie an. So empfing sie den *Epaphos* (den „durch Berührung Erzeugten"), den Gründer vieler Städte. Hera ließ Epaphos rauben und Io begann eine zweite Wanderung auf der Suche nach ihm. Sie fand ihn schließlich in Ägypten, wo er König wurde.

Nach anderer Version bestellte Z. das Mädchen mittags in die Wälder und schlief mit ihr unter dichtem Gewölk. Als Hera, die das Geschehen darunter erahnte, eingreifen wollte, teilte Z. die Wolke und verwandelte Io.

Europa auf dem Stier, apulische Vase, 4. Jh. v.Chr., Kunsthistorisches Museum, Wien

Europa war in Boiotien ursprünglich Erdgöttin, Tochter des Tityos (S. 90) und Gattin des Z., die er in einer Höhle verborgen hielt und bewachte. Früh wurde sie in den Erzählungen in Zusammenhang mit der entführten phoinikischen Europa gebracht: Als die Tochter des Königs Agenor und der Telephassa mit ihren Gespielinnen am Strand Blumen pflückte, begegnete ihr Z. in Gestalt eines bezaubernden Jungstiers, der vor den Mädchen niederkniete und sich streicheln ließ. Europa bekränzte ihn mit Blumen und setzte sich, mutig

Z. und Europa geworden, auf seinen Rücken, worauf er mit ihr durchging und nach Kreta schwamm. (Nach anderer Darstellung war der Stier nicht Z. selbst, sondern sollte das Mädchen nur anlocken.)

Dort gab Z. sich ihr zu erkennen und liebte sie, jetzt in Gestalt eines Adlers, in der Krone einer seither immergrünen Platane oder in der diktäischen Höhle, in der er selbst großgezogen wurde (S. 26). Neben einem von Hephaistos gefertigten Halsband bekam sie drei Geschenke: einen nie fehlenden Speer, den ehernen Hund Lailaps und Talos, einen Bronzeriesen, der bei seinen täglichen Wächterrunden um Kreta die Fremden vertrieb. Europa gebar dem Z. Minos, Rhadamanthys und Sarpedon, die späteren Unterweltsrichter. Europas sterblicher Gatte Asterion zog die drei Stiefsöhne auf und setzte Minos als Erben ein. Der Stier wurde als Sternbild an den Himmel versetzt.

Die Suche der Brüder und der Mutter nach Europa führte zur Gründung der ersten Burg Thebens durch Kadmos (S. 115).

Antiope, eine Tochter des Nykteus (nach anderen des boiotischen Flussgottes Asopos), gebar Z. die Gründer des siebentorigen Thebens, Amphion und Zethos, die sogenannten „thebanischen Dioskuren". Nachdem Z. Antiope in Satyrgestalt verführt
hatte, musste das Mädchen vor ihrem Vater nach Sikyon zu Epopeus fliehen. Lykos, Nykteus' Bruder und Nachfolger als König,
eroberte Sikyon, tötete Epopeus, nahm seine Nichte gefangen
und schleppte sie als Sklavin seiner herrischen Gemahlin Dirke
zurück. Unterwegs gebar Antiope die Zwillinge. Lykos ließ sie

*Z. und Antiope:
Amphion und
Zethos*

Amphion und Zethos binden Dirke an den Stier, römische Kopie (um 200 n. Chr.)
nach Apollonios und Tauriskos aus Tralleis (1. Jh. v. Chr.), sog. „Farnesinischer
Stier", Museo Archeologico Nazionale, Neapel

aussetzen, doch fand sie ein Hirte. Als Antiope aus der unerträglichen Knechtschaft floh, stieß sie auf ihre herangewachsenen Söhne. Aus ihrer Erzählung erkannten sie ihre Mutter, töteten Lykos, banden Dirke an die Hörner eines Stiers und ließen sie zu Tode schleifen (S. 116).

Semele   Als Semele Z.' wahre Gestalt sehen wollte, verglühte sie in seinem Blitz, Z. selbst trug den gezeugten Dionysos in seinem Schenkel aus (6.1).

Danaë   Mit Danaë, die von ihrem Vater in einem Turm gefangen gehalten wurde, vereinigte er sich als goldener Regen (S. 136), mit der aitolischen Königstochter Leda als Schwan (S. 198), mit Alkmene, der Mutter des Herakles, in Gestalt ihres Ehemanns Amphitryon (S. 171).

Aus der Vielzahl weiterer Liebesbeziehungen seien genannt:

Weitere Kinder   Aigina gebar Z. auf der seither nach ihr benannten Insel den
von Sterblichen   Aiakos, den Großvater des Achilleus, und den Aias. Mit der Atlas-Tochter Elektra, einer der Pleiaden, zeugte Z. den großen Jäger und Geliebten der Demeter Iasion (S. 51), Dardanos, den Stammvater der Troianer, und Harmonia, die Gattin des Kadmos. Von Kallisto (S. 74) war er Vater des Arkas, der Arkadien den Namen gab, von der Pleiade Taÿgete, einer Dienerin der Artemis, des Lakedaimon, des Stammvaters der Spartaner.

Ganymedes   Ganymedes, der Sohn des troianischen Königs Tros und der Skamandros-Tochter Kallirrhoë, wurde, während er das väterliche Vieh weidete, als schönster der Sterblichen in den Olymp entrafft, um Z. als Mundschenk zu dienen. Er durfte dafür ewige Jugend genießen, sein Vater bekam als Ausgleich unsterbliche Rosse (nach anderen einen von Hephaistos gefertigten goldenen Weinstock). Es wurde auch erzählt, Z. habe Ganymed in einem Wirbel entführt. (Später sah man den Grund für den Raub in Z.' homoerotischem Anliegen und nahm die Geschichte auch zur Rechtfertigung gleichgeschlechtlicher Liebe. Noch später ist das Motiv der Entführung durch den Adler als Boten des Z. bzw. durch Z. in Adlergestalt.)

Zusammenfassung

Als Oberster der Unsterblichen ist Z. Himmel- und Wettergott, trägt jedoch auch Merkmale des königlichen Herrschers und des (Familien-)Vaters.

In seinem Wesen vereinigt er ambivalente Züge: Er kann retten und schützen, aber auch mit Wahn schlagen.

Seinem überragenden Rang unter den Göttern entspricht die Repräsentanz im Kult nicht.

Nach der Rettung vor seinem Vater Kronos und dessen Sturz hat er unter Göttern und Menschen unangefochten die Rolle des Herrschers inne.

Als Garant und Wahrer der gerechten Weltordnung straft er Unrecht und Übermut streng, sorgt im Streitfall aber auch für Ausgleich.

Der Festigung seiner Herrschaft dienen auch die zahlreichen Liebesbeziehungen zu Göttinnen und sterblichen Frauen.

Zu seinen unsterblichen Nachkommen zählen u. a. die Musen, die Moiren und die Horen, bedeutende sterbliche Kinder gebaren ihm u. a. Europa, Io, Antiope, Leda (Helene und die Dioskuren), Danaë (Perseus) und Alkmene (Herakles).

Ganymedes wurde als Mundschenk an die olympische Tafel entrückt.

Literatur

Arafat, K. W. (1990): *Classical Zeus*. Oxford
Cook, A. B. (1914–1940): *Zeus*. Cambridge
Kerényi, K. (1972): *Zeus und Hera*. Leiden
Verheyen, E. (1966): *Corregio's ,Amori di Giove'*. In: Journal of the Warburg and Courtauld Institutes 29, S. 160 ff.

Fragen

1. Nennen Sie einige Züge in Zeus' Wesen!
2. Wann und warum tritt Zeus rächend und strafend in Erscheinung?
3. Welche Kinder des Zeus helfen die Weltordnung garantieren?
4. In welcher Gestalt erscheint Zeus welcher Sterblichen und welche Kinder hat er mit ihnen?

3. Hera

3.1 Name und Herkunft

H. ist vermutlich die weibliche Form von *héros* und bedeutet „Herrin". Wie Athena Schutz- und Palastgöttin in Mykenai war, so vielleicht H. in Argos, woraus sich ihr Beiname *Argeia* erklären ließe.

Kolossalkopf der Hera, um 590 v.Chr., Archäologisches Museum, Olympia

3.2 Wesenszüge

Gattin des Zeus

Der Kern von H.s Wesen ist ihre Rolle als Gattin des höchsten Gottes, nicht die der Mutter seiner Kinder: Die eigenen erkennt sie kaum an, zudem gehören sie allesamt ursprünglich nicht zu ihr. H. ist Wahrerin des Eherechts und als Vertreterin der Einehe eine sittliche Macht, ein Muster an Tugendhaftigkeit. Sie schützt die Rechte der Frauen und überhaupt deren gesamten Lebenskreis: Als H. *Eileithýia* (die auch als ihre Tochter genannt wird) hilft sie – wie Artemis – bei der Geburt, daneben wird sie, je nach Lebensphase und Stand der Betenden, als „Mädchen", „Frau" oder „Witwe" angerufen. Als H. *Teleia* ist sie die, welche der Frau „Erfüllung bringt", ihr opfert man bei der Eheschließung. Wie Zeus selbst zeigt sie ambivalente Züge: Einerseits gnädig waltende Herrin des Himmels und Zuflucht aller Frauen, gilt sie andererseits als stolz und herrschsüchtig mit unversöhnlichem Hass. Ihr Verhältnis zu Zeus ist selten frei von Entfremdung, Spannung und Eifersucht. Dies drückt sich in H.s langen Wanderungen aus, auch in den Geschichten von Geburten ohne Zutun des Göttervaters.

Ehegöttin

Hochzeit von Zeus und Hera, Metope (G) vom Heraion in Selinunt, ca. 460 v.Chr., Museo Archeologico, Palermo

Kult und Darstellung   3.3

H.s Kult ging aus von der nordöstlichen Peloponnes und ist räumlich begrenzt. Unter anderen beanspruchten Kreta, Samos und Naxos die Stelle, an der Zeus mit H. den *hierós gámos* (G) vollzogen hat. Geheiratet wurde in Athen traditionell im „Monat der H.", dem *Gamelion* (Januar/Februar), den Bräuten gab man die der Göttin heiligen Granatäpfel. Nach altem Brauch wurde das Kultbild der Göttin, gebadet und als Braut geschmückt, auf einem von Kühen gezogenen Wagen in feierlichem Aufzug zum Brautgemach gezogen. Die Kuh ist H.s Opfertier, der Pfau ist ihr heilig.

   Dargestellt wird sie reich gewandet, oft ist ihr Mantel als Schleier über den mit einem Diadem geschmückten Kopf gezogen. Ihre Attribute sind der Granatapfel, die Opferschale und das (meist mit einem Kuckuck gekrönte) Zepter.

3.4 Mythologische Erzählungen

Während der Titanomachie (S. 21) soll H. von Okeanos und Tethys (oder von den Horen auf Euboia) erzogen worden sein. Ihre
Vermählung mit Zeus, für die als Ort eine Höhle des Kithairon,
der Garten der Hesperiden und Kreta genannt werden, ist im
Zusammenhang mit alten Fruchtbarkeitsriten zu sehen. Nach
anderen standen Palast und Bett des Zeus am Okeanos: Dorthin kamen die Götter mit ihren Gaben, darunter Gaia mit den
goldenen Äpfeln, die H. fortan von der Schlange Ladon (S. 182)
bewachen ließ.

H. und der Kuckuck   Es heißt auch, Zeus habe auf einem Berg in der Argolis
in Gestalt eines Kuckucks auf sie gewartet und ein Unwetter
entfacht. Als H. das zitternde Vögelchen an ihrem Busen barg,
nahm Zeus seine wahre Gestalt an und verführte sie, allerdings
erst, nachdem er ihr die Ehe versprochen hatte. Um stets neu mit
ihm Hochzeit zu halten, badete sie immer wieder in der Quelle
Kanathos, wo sie ihre Jungfräulichkeit wiedererlangte.

Obschon Gattin des höchsten Gottes, war doch auch H. ge-
legentlichen Nachstellungen ausgesetzt: Um sie auf die Probe
zu stellen, habe Zeus während der Gigantenschlacht (S. 22) in
Porphyrion Liebesglut entfacht und ihn mit dem Donnerkeil niedergestreckt, als er H. das Gewand vom Leibe reißen wollte. Auf
ihren einsamen Wanderungen wurde sie von Silenen angegriffen; auch Ixion stellte ihr nach (und büßt dafür auf immer im
Hades, S. 90). Es heißt sogar, sie habe, vom Gigantenkönig Eu-
rymedon vergewaltigt, den Prometheus geboren.

Streit mit Zeus   Zwist mit dem Gatten, auch mit Hephaistos, gab es allent-
halben: Weil sich H. in grenzenlose Rachsucht gegen Herakles
verstiegen hatte (S. 174), hängte Zeus sie, die Füße mit Ambossen
beschwert, am Himmel auf. Als sie und Zeus die Frage, ob Mann
oder Frau bei der geschlechtlichen Liebe den größeren Genuss
habe, dem Teiresias, der beides gewesen war, zur Entscheidung
vorlegten, dieser aber feststellte, die Frau habe neunmal mehr
Vergnügen, schlug sie ihn mit Blindheit (S. 121).

Da H. nach einem neuerlichen Streit mit Zeus sich von ihrem Gatten abwandte, ließ dieser über den Heros Alalkomeneus
verbreiten, er wolle wieder heiraten, und eine hölzerne Brautpup-
pe durch die Gegend ziehen, worauf H. sich, als sie den Scherz
entdeckte, lachend mit ihm versöhnte.

Weil sie ihren verkrüppelten Sohn Hephaistos verabscheute,
rächte sich dieser, indem er sie auf einen goldenen Thron, ein

bestelltes Geschenk, mit unsichtbaren Fesseln band. Boten, die ihn die Mutter befreien hießen, wies er mit dem Hinweis ab, er habe keine Mutter, selbst Ares kehrte, kläglich geschlagen, unverrichteter Dinge auf den Olymp zurück. Erst Dionysos gelang es, ihn auf einem Maulesel im Triumphzug zu den Göttern zurückzubringen, nachdem er ihn, der weder den Wein noch dessen Wirkung kannte, betrunken gemacht hatte. Allerdings war Hephaistos noch klarsichtig genug, um für die Lösung der H. keinen geringeren Preis zu fordern als Aphrodite zur Gemahlin (S. 54).

Hephaistos' Rache an der Mutter

Aus ihrer Rolle als Wahrerin ehelicher Treue erklärt sich H.s unversöhnlicher Hass auf die Kinder, die Zeus von anderen Frauen hatte, und auf diese Frauen selbst: Leto, Io und Alkmene zum Beispiel wurden ebenso Opfer ihrer Nachstellungen wie Hera-

Jacopo Tintoretto (1518–1594), *Der Ursprung der Milchstraße*, National Gallery, London

Athamas und Ino

kles. Nur weil sie Dionysos bei sich aufgenommen hatten (S. 155), trieb H. Athamas und Ino, das Königspaar von Orchomenos, in den Wahnsinn: Athamas tötete den einen Sohn, mit dem anderen stürzte sich Ino ins Meer. (Dionysos verwandelte beide in für die Seefahrer hilfreiche Götter: Palaimon und Leukothea.)

Entstehung der Milchstraße

Hermes soll der schlafenden H. einmal den kleinen Herakles an die Brust gelegt haben, um ihn mit ihrer Milch unsterblich zu machen (S. 172). Als der Säugling kräftig sog und die Göttin vor Schmerz erwachte, stieß sie Herakles rüde von sich, doch verspritzte etwas von der göttlichen Muttermilch, woraus die Milchstraße entstand.

Gekränkt durch die Eitelkeit der Proitos-Töchter, die sich ihr gleich stellten, oder weil sie ihr Opfer versäumt hatten, schlug H. sie mit Wahnsinn und jagte die Rasenden durch die Lande, wobei sie viele andere Frauen zu allerlei Scheußlichkeiten anstifteten (S. 135).

Es heißt auch, sie, die Hüterin der Ehe, habe dafür gesorgt, dass Paris nur ein Trugbild der Helene nach Troia entführte, die echte habe sie von Hermes nach Ägypten bringen lassen (S. 199). Entschiedene Helferin der Griechen vor Troia war sie nur deswegen, weil sie durch das Paris-Urteil beleidigt war, und damit Poseidon die Griechen ungestört befeuern könne, verführte sie Zeus einmal durch Liebeszauber unter einer goldenen Wolke.

Die Argonauten (B.5.3), vor allem Iason, standen unter ihrem persönlichen Schutz, doch verfolgte sie hier einen Racheplan gegen Pelias, der ihren Altar durch die Ermordung seiner Stiefmutter entweiht hatte.

Annibale Carracci (1560–1609), *Juno, mit dem Gürtel der Venus die Liebe ihres Gatten zurückerobernd*, Stich nach einem Fresko im Palazzo Farnese, Rom

Zusammenfassung

H.s Wesenskern ist die Rolle als Gattin des Zeus, als solche ist sie Hüterin der Ehe und der Rechte der Frauen, die sie in allen Lebensstufen begleitet.

Der *Gamelion* ist der Monat der H., viele Hochzeitsbräuche stehen in Bezug zu ihr.

Über den *hierós gámos* mit Zeus wird in mehreren Varianten berichtet. Als Idealbild der Gattin weiß sie nach der Eheschließung allen erotischen Anfechtungen zu entgehen.

Eine Reihe von Erzählungen greift in teils burlesker Form das nie spannungsfreie Verhältnis zu ihrem Gemahl auf.

Als Göttin ehelicher Treue verfolgt H. unnachsichtig jene sterblichen Frauen, die von Zeus Kinder bekommen, sowie diese Kinder selbst.

Ihre Hilfe für die Griechen vor Troia und für die Argonauten erklärt sich nicht aus besonderer Zuneigung, sondern aus dem Bedürfnis nach Rache an Dritten.

Literatur

Kerényi, K. (1972): *Zeus und Hera*. Leiden

Pötscher, W. (1961): *Hera und Heros*. In: Rheinischer Merkur 104, S. 202 ff.

Pötscher, W. (1987): *Hera. Eine Strukturanalyse im Vergleich mit Athena*. Darmstadt

Fragen

1. Welche entscheidende Rolle kommt Hera unter den Göttern zu?

2. Nennen Sie einige Beispiele für Heras Eifer- und Rachsucht!

Die übrigen olympischen Stammgötter 4.

4.1 Poseidon und die Götter des Meeres

Okeanos, Tethys und ihre Kinder ● Wie Zeus erst nach der Ablösung mehrerer Göttergenerationen seine Macht als Herr der Welt festigen konnte, so übernahm auch P. seinen Herrschaftsbereich, das Meer, erst nach Überwindung der alten Götter bei der Aufteilung der Welt zwischen den drei Brüdern Zeus, Hades und ihm selbst. Homer nennt – in der vielleicht ältesten Version vom Anfang der Dinge – den Flussgott Okeanos „Ursprung der Götter" und „Ursprung von allem", ausgestattet mit unerschöpflicher Zeugungskraft, denn alle Gewässer, auch das Meer, entspringen seinem Strom. Verbunden war er mit der Ur-Wassergöttin Tethys, mit der er in unermüdlicher Zeugungslust und -kraft dreitausend Söhne, die Flüsse, hervorbrachte, ebenso dreitausend Töchter, die *Okeaninai* Okeaninai, deren mächtigste die Styx war (S. 85). Einige ihrer Namen beziehen sich auf Wasser, Wind und Wogen, andere auf Gaben und Reichtum (des Meeres).

Exkurs

Tyche und Fortuna

Eine unter ihnen, die wankelmütige, unberechenbare Tyche, besitzt, wie die Moiren, als Bestimmerin menschlichen Glücks und Geschicks eine Macht, die stärker sein kann als die des Zeus. Tyche wurde, mit der Entleerung des alten Götterglaubens, von der Göttin des Schicksals, des Glücks und Unglücks allmählich zum gefährlichen, blinden und ungerechten Zufall, auf einer Kugel stehend, Füllhorn oder Steuerruder in der Hand (lat. *Fortuna*).

Phorkys, Proteus, Nereus Nach einer Darstellung waren Kronos, Rhea und Phorkys die ältesten Kinder von Okeanos und Tethys. Phorkys trägt, wie Proteus und Nereus, den Beinamen „der Alte des Meeres", drei Namen vermutlich für einen Gott, wobei Phorkys der älteste ist. Nach anderer Überlieferung ist er Sohn des *Pontos* (Meer) und der Gaia. Er verkörpert die fürchterlichen, widerwärtigen Erscheinungen des Meers, wie die abstoßende Brut bezeugt, die ihm seine Schwestergemahlin Keto gebar, von den Gorgonen und den Graiai (S. 137) über den hesperischen Drachen Ladon (S. 182) bis zur sechsköpfigen Skylla (S. 231).

Proteus zeichnete sich, wie viele Wassergötter, durch Verwandlungskunst und prophetische Gabe aus, die er aber nur gezwungen offenbarte: Um dem Fragesteller zu entkommen, nahm er von Tieren bis zu Feuer und Wasser allerlei Gestalten an. Menelaos (S. 222) und Aristaios (S. 81) überfielen ihn und pressten ihm die erwünschten Auskünfte ab.

Der fisch- oder schlangenleibige Nereus, der Proteus in vielem ähnelt, hatte mit der Okeanostochter Doris fünfzig Töchter, die Nereïden, darunter Thetis (S. 193), Galatea und Amphitrite.   *Nereïden*

Exkurs

Ungleiches Paar: Galatea und Polyphemos

Der neckischen Galatea wurde Polyphemos (S. 229) als ungleicher (und ungebärdiger) Liebhaber beigesellt, den sie nach einer Version auch erhörte. Nach anderer war sie dem Hirten Akis zugetan. Der Kyklop zerschmetterte ihn aus Eifersucht mit einem Felsen, der tote Akis wurde in den gleichnamigen Fluss verwandelt.

Die Mädchenschar gehörte zum Festschwarm des P., wo sie, leicht bekleidet, später nackt, auf allerlei Wunder- und Fabeltieren oder auf den Rücken von Tritonen reiten. Wie ihr Vater vermochten auch sie, Wahres und Weises zu künden, waren Orakelgöttinnen und zeigten den Menschen die Mysterien des Dionysos und der Persephone. Die von Zeus entführte Europa (S. 32) geleiteten sie übers Meer und retteten einmal die Argonauten, ebenso Dionysos und Hephaistos, der auf der Flucht ins Meer sprang, als Zeus ihn vom Olymp geschleudert hatte.

Auch Nereus versuchte sich zu entziehen, als Herakles seinen Rat wollte, wurde zuletzt aber gezwungen, sein Wissen preiszugeben (S. 182).

Als noch früherer Meerbeherrscher wird auch Briareos genannt, eines der drei hundertarmigen Ungeheuer, die Zeus gegen die Titanen halfen (S. 21), ferner der Wassergott Acheloos, aus   *Acheloos*
dem gleichfalls Ströme, Quellen und Brunnen entspringen konnten. Auch er besaß die Gabe vielfältiger Verwandlung. Als er mit Herakles um Deianeira kämpfte, nahm er die Gestalt eines Menschenstiers, eines Stierkentauren oder eines Fischmenschen an (S. 188), der Heros aber brach ihm ein Horn ab und aus den Blutstropfen wurden die Sirenen (S. 231) geboren, wie die Erinyen (S. 88) aus dem Blut des Uranos. Um seinen Kopfschmuck wieder zu vervollständigen, schenkte ihm Herakles ein Horn der Ziege Amaltheia, die den neugeborenen Zeus gesäugt hatte (S. 26).

Wie Zeus seine Herrschaft durch die Ehe mit Hera festigte, so P. die seine durch Heirat der Amphitrite: Dadurch vermählte er sich dem Meer und trug so sein Teil zur endgültigen Ordnung der Welt bei.

Wesen und Wirkungs- bereich Poseidons

● *Poseidón* bedeutet ursprünglich „Herr/Gemahl der Erde", später erst wurde ihm das Meer als Herrschaftsbereich zuerkannt. Nicht so finster wie Hades (5.1), aber auch nicht so klar und überlegen wie Zeus, nimmt er in mancher Beziehung die mittlere Stellung zwischen den beiden Brüdern ein. Lauernde, unberechenbare Wildheit, zorniges Aufbrausen und Rachsucht sind, neben seinen länger als bei anderen bekannten theriomorphen (G) Erscheinungsformen, charakteristische Merkmale, die er auf zahlreiche seiner Nachkommen weitervererbt. Manches verbindet P. mit der Unterwelt, etwa seine Beziehung zu Demeter, aber auch die seismische Funktion als „Erderschütterer". Vielleicht war auch seine Waffe ursprünglich der Blitz, jedenfalls gab es auf der Akropolis die Einschlagstelle eines ihm zugeschriebenen Blitzes, die nicht überbaut werden durfte und erst später in die Einstichstelle des Dreizacks umgedeutet wurde. Der

Attribut: der Dreizack

Dreizack, sein wesentliches Attribut, das die Form jener Gabeln zeigt, mit denen man Delphine jagte, und mit dem er das Meer und seinen Grund aufwirbelte, wurde ihm von den Telchinen geschmiedet.

Exkurs

Telchinen: Dämonen auf Rhodos

Bei den Telchinen handelt es sich um eine Schar zauberkundiger, aber auch perfider, mit dem bösen Blick begabter Dämonen auf Rhodos. Sie sollen später von Apollon im Streit vernichtet worden sein oder sie verließen Rhodos, weil sie die große Sintflut (8.4) voraussahen. Es heißt auch, Rhea habe bei ihnen den neugeborenen P. untergebracht, um ihn vor Kronos zu retten. „Söhne des Meeres" wurden sie genannt, hatten Flossenhände, aber keine Füße und galten als sprichwörtlich heimtückisch: So hatten sie, ehe Zeus sie ersäufte, auf Rhodos alle Vegetation ausgelöscht, indem sie die Insel mit schwefelverseuchtem Styx-Wasser fluteten. Andererseits konnten sie Krankheiten heilen, kostbare Kunstwerke herstellen und das Wetter beeinflussen, sie schufen die ersten Götterbildnisse und die Sichel, mit der Kronos seinen Vater entmannte (S. 19).

Mit Halia, der Schwester der Telchinen, hatte P. später sechs missratene Söhne, die Aphrodites Landung auf Rhodos verhinderten, von der Göttin daraufhin mit Wahnsinn geschlagen und zu Liebhabern der eigenen Mutter wurden, ehe sie P. selbst, um die Schande zu tilgen, unter die Erde versenkte.

Eine Variante der Geburtsgeschichte enthält die Verbindung mit dem Pferd, P.s heiligem Tier: Wie seine Mutter Rhea dem Kronos anstelle des Zeus einen Stein gab, so anstelle des P. ein Fohlen. Das zweite ihm heilige Tier war das Schaf: Nach einer alten Erzählung verschleppte er die vielumworbene makedonische Königstochte Theophane auf eine Insel, verwandelte sie in ein Schaf, nahm selbst die Gestalt eines Widders an, um den nachstürmenden Freiern unerkannt zu bleiben, und feierte mit Theophane Hochzeit, der jener flug- und sprachbegabte Widder mit dem Goldenen Vlies entsprosste (S. 155). Wandlungsfähig wie alle Meeresgötter, erschien auch P. in Stiergestalt und erhielt Stieropfer. In vielen Geschichten mit und um ihn spielt der Stier eine wichtige Rolle, auch als Mittel zur Rache (vgl. S. 145).

P. heilige Tiere: Pferd und Schaf

Eine Erzählung, nach der er mit Demeter Hengsthochzeit feierte, verbindet die Elemente des Ackerbaus mit der Pferdezucht, die erst spät in Griechenland Fuß fasste: Als Demeter auf der Suche nach Persephone war (S. 50), wurde sie vom in Liebeslust entbrannten P. verfolgt und suchte sich in Gestalt einer Stute unter weidenden Rossen zu verbergen, entging dem Gott aber nicht, da er Hengstgestalt annahm. Die über die List erzürnte Göttin gebar P. eine Schreckenstochter, deren Name nicht genannt werden durfte, die Göttin *despoina* („Herrin"), und mit ihr zusammen das berühmte Ross Areion (S. 124, S. 188), wie von ihm später Medusa mit Pegasos schwanger war (S. 137). Im Wettstreit mit Athena erschuf er nach einer Erzählung das erste Pferd, indem er mit dem Dreizack den felsigen attischen Boden teilte und es herausspringen ließ.

Hengsthochzeit mit Demeter: Areion

Nach anderen gebar der Fels das erste Ross, nachdem P. im Schlaf seinen Samen darauf hatte fallen lassen.

● Auch der wundersame, vielgestaltige Schwarm von Meerwesen, die, wie die Hippokampen (G) oder die Seekentauren, in sich halbe Pferdenatur mit Fischen oder Wasserschlangen vereinigen, hielt erst mit P.s Machtergreifung Einzug in das unterseeische Gewimmel. Sie wurden nun zu Reit- oder Zugtieren des Meeres-Thiasos (G).

Poseidons Hochzeit mit Amphitrite

Amphitrite, Tochter des Okeanos oder des Nereus, die unbestrittene Herrscherin des Meeres und seiner vielgestaltigen Ungeheuer, die sie im Muschelwagen durch die Wogen gelei-

Jacob Jordaens (1593–1678), *Neptun erschafft das Pferd* (Ausschnitt), Galleria Palatina, Florenz

teten, wurde von Poseidon beim Tanz geraubt. Nach anderen flüchtete sie vor ihm zu Atlas oder in den Palast des Okeanos, wurde aber von einem Delphin verraten, der für seinen ehestiftenden Vertrauensbruch mit der Versetzung als Sternbild an den Himmel belohnt wurde. (Auch der Delphin war P. heilig.) Der Hochzeitszug wurde gerne dem Triumphzug des Dionysos und der Ariadne nachgebildet (S. 97), wobei die Pferde, Widder, Panther und Löwen zu Meereswesen transformiert wurden und Nereïden an die Stelle der Naiaden (S. 98) traten.

Durch die Heirat der Amphitrite, mit der er seither im Palast auf dem Meeresgrund wohnte, war P.s Herrschaft gefestigt; ihre Beziehung ähnelte fortan in vielem der von Zeus und Hera.

Nachkommen Poseidons ● Auch P. war vielfacher Gatte von Nereïden, Nymphen und Sterblichen und von ihnen Vater vieler Helden: Den Nauplios, der bei der Heimfahrt der Griechen von Troia eine verhängnisvolle Rolle spielte (S. 216), gebar ihm die Danaos-Tochter (S. 90) Amymone. Weil P. Argos hatte Hera überlassen müssen, zürnte er und trocknete das Land aus. Amymone weckte, als sie einmal auf Geheiß ihres Vaters Wasser suchte, versehentlich einen Satyr, der sich sofort über sie hermachen wollte. P. vertrieb ihn, belohnte sich für die Rettung mit Amymone selbst und ließ als Morgengabe die lernäischen Quellen (S. 175) entspringen. Mit Libye, nach der die nordafrikanische Küste benannt wurde, zeugte er den Agenor und wurde so zum Stammvater der thebanischen Herrscher (S. 114).

Aithra, die Königstochter aus Troizen und spätere Sklavin der Helene (S. 142; S. 152), die sie nach Troia begleitete, machte er zur Mutter des Theseus, der seinerseits wiederum einige von P. gezeugte Ungeheuer tötete, wie den Riesen Skiron (S. 143). *Aithra, Mutter des Theseus*

Zur gewalttätigen Nachkommenschaft P.s zählen unter anderen auch Orion (S. 75) und die Aloaden Otos und Ephialtes, zwei Riesen, die Berge übereinander türmten, um den Olymp zu stürmen, über ein Jahr lang Ares in Fesseln gefangen hielten und sich schließlich gegenseitig töteten, als Artemis in Gestalt einer Hirschkuh zwischen sie sprang und sie so mit blinder Jagdlust schlug, in der sie sich gegenseitig erlegten. Amykos, P.s Sohn von einer Nymphe, nötigte als König der Bebryker alle Fremden zum Faustkampf und erschlug sie, ehe ihm durch Polydeukes ein Gleiches widerfuhr (S. 157). Ähnlich verfuhr Antaios mit den Reisenden, nachdem er sie zum Ringkampf genötigt hatte. Herakles machte ihm ein Ende, ebenso dem P.-Sohn Busiris in Ägypten, der einer Hungersnot wegen begann, alle Fremden zu opfern und den Beschluss zu allererst an jenem Seher vollzog, der ihm zugeraten hatte (S. 182). Nicht zuletzt ist auch der wüste Kyklop Polyphemos P.s Sohn (S. 229). Die junge Kainis wurde von P. vergewaltigt und erbat von ihm daraufhin die Verwandlung in einen unverwundbaren Mann, um nie mehr solche Schande erleben zu müssen. Kaineus, der sie danach war, kämpfte mit den Lapithen gegen die Kentauren und tötete viele von ihnen, ehe er unter Fichtenstämmen begraben wurde (S. 151). Nach seinem Tod wurde er wieder in eine Frau zurückverwandelt. *Otos und Ephialtes* *Amykos* *Antaios* *Busiris* *Kaineus*

Halb Mensch, halb Fisch, später mit schuppigem Schlangenleib dargestellt ist P.s und Amphitrites Sohn Triton. Er trat, vervielfältigt, mit den Nereïden auch schwarmweise auf und galt in der fabelhaften submarinen Menagerie als Gegenstück zu den Satyrn: Frauenräuber und Lüstling wie diese, machte er auch vor Jünglingen nicht Halt und konnte mit seinem spiralförmigen Muschelhorn sowohl erschrecken (z. B. die Giganten) als auch verführen oder beruhigen, so er es nicht zum Trinken verwendete. Als ungebändigter Naturdämon überfiel er Frauen am Meeresstrand, ehe er von Dionysos betrunken gemacht und von den Einwohnern Boiotiens vertrieben bzw. getötet wurde. *Triton*

Als Tochter der beiden Meeresbeherrscher wird Rhode (oder Rhodos) genannt, die Göttin jener Insel, die als Geschenk für Helios aus dem Meer auftauchte, nachdem man ihn bei der Aufteilung der Welt vergessen hatte.

Zusammenfassung

P. löste als Herr über das Meer Okeanos ab, der als der „Ursprung der Götter" unzählige Söhne und Töchter hatte, darunter Styx, Tyche, Kronos und Rhea.

Beziehungen hat P. auch zur Erde und zur Unterwelt.

Insbesondere das Pferd war ihm heilig (daneben das Schaf und der Delphin), sein markantestes Attribut ist der Dreizack.

Mit der Heirat Amphitrites festigte P. seine Herrschaft, war zugleich aber auch Gatte vieler Nymphen, Nereïden und Sterblicher.

Literatur

Heimberg, U. (1968): *Das Bild des Poseidon in der griechischen Vasenmalerei.* Freiburg

Lattimore, S. (1976): *The Marine Thiasos in Greek Sculpture.* Los Angeles

Schachermeyer, F. (1950): *Poseidon und die Entstehung des griechischen Götterglaubens.* Bern

4.2 Hestia

Wesen und Wirkungsbereich

● Der Name Hestia bedeutet „Herd".

Nach der Niederschlagung der Titanen erbat sie von Zeus, ewig jungfräulich bleiben zu dürfen und von allem stets das erste Opfer zu erhalten. Jungfräulichkeit verlangte sie auch von ihren Priesterinnen. Nie verließ sie den Olymp. Eine wirklich lebendige Gestalt des Mythos ist H. nicht geworden.

Als Göttin des Herdfeuers hat sie in der Mitte des Hauses den ihr heiligen Platz, vor jeder Mahlzeit, am Beginn und am Ende eines Festes erhält sie ihr Opfer. Beim Fest *Amphidromia* wurde im Haus das Neugeborene um den Herd getragen, danach gehörte es zum Familienverband. H.s Herd ist Mittelpunkt der Rechts- und Schutzsphäre, der häuslich-privaten wie der der Gemeinde. Fremdlinge und Verfolgte finden bei ihr Zuflucht. Im Prytaneion, dem Amtsgebäude der hohen Beamten, befand sich

Heiliges Feuer das heilige Feuer, der „Staatsherd": An ihn zum Mahl gerufen zu werden war hohe Ehre, von hier nahm man Feuer in neu zu gründende Kolonien mit. Die delphische H. repräsentierte den gemeinsamen Herd ganz Griechenlands.

Mythologisches ● H. ist einerseits das älteste der sechs Kinder von Kronos und Rhea, andererseits auch das jüngste, da Kronos sie als Letzte wieder ausspie.

Zeus, Ganymedes und Hestia, Trinkschale, um 510 v.Chr., Museo Nazionale,
Tarquinia

Ansonsten war sie so gut wie nie Gegenstand mythologischer
Erzählungen. Aphrodite hatte, wie über Athena und Artemis,
keine Macht über sie. Vergeblich warben ihr Bruder Poseidon
und Apollon um sie. Nach späterer Erzählung wollte Priapos über
die schlafende H. herfallen, wurde aber durch einen Eselsschrei
verraten (S. 100).

Zusammenfassung

H., neben Artemis und Athena die dritte jungfräuliche Göttin, ist Beschützerin
des Herds und Göttin des heiligen Feuers.

Fremdlinge und Verfolgte finden bei ihr Zuflucht.

Literatur

Wilamowitz-Moellendorff, U. v. (1978): *Der Glaube der Hellenen*, Bd. I, S. 157 ff.
  Darmstadt

Demeter   4.3

● Demeter, eine der drei Töchter von Kronos und Rhea, ist eine urhellenische, von den eingewanderten Indogermanen mitge-
brachte Göttin, deren Name auf eine mütterliche (*méter*, Mutter)
Erdgöttin hinweist. Die erste Silbe kann „Erde" oder – kretisch –
„Gerste" bedeuten.

*Name und
Herkunft*

Erdgöttin

Wesen und Funktionen

● D. repräsentiert eine Sonderform der Erdgottheit, die den agrarischen Aspekt stark betont, mit klar umrissenen Zuständigkeiten: Sie war – im Gegensatz zum homerischen Pantheon (G) der übrigen olympischen Götter – volkstümliche Göttin der Bau-

Bauerngöttin

ern und Schnitter, die zu ihr beteten und denen sie, Ährenbündel und Mohn in den Händen, im Erntesegen zulächelte. Der Ackerbau stand unter ihrem Schutz, den Feldern schenkte sie Fruchtbarkeit. Selten weilte sie auf dem Olymp und lebte meist auf der Erde, ihrer mütterlichen Züge wegen vor allem von Frauen verehrt.

Der Raub der Persephone

● Als „Kornmutter" ist D. eng verbunden mit dem „Kornmädchen" *kore*, ihrer Tochter Persephone, die sie Zeus gebar. Dieser hatte sie, ohne Wissen der Mutter, schon als junges Mädchen seinem Bruder Hades versprochen. Als Persephone mit Gespielinnen auf Sizilien Blumen pflückte, ließ Zeus eine herrliche Narzisse sprießen und lenkte sie so von den anderen ab. Nachdem Hades sie geraubt hatte, suchte D. sie mit Fackeln in der ganzen Welt, bis ihr Helios den Räuber verriet.

Lorenzo Bernini (1598–1618), *Raub der Proserpina*, Galleria Borghese, Rom

Als trauernde Alte ging D. nun auf Wanderschaft um die Welt, wo fortan Dürre und Hungersnot herrschten. Nach einer Erzählung zeugte dabei Poseidon mit ihr das Wunderross Areion (S. 45). Als sie sich daraufhin in eine Höhle zurückzog, entdeckte sie Pan und verriet Zeus ihren Aufenthalt. Die Moiren, die er schickte, stimmten D. um und sie fand sich in ihr Schicksal.

Bekannter ist die Geschichte, wonach die Göttin, ziellos wandernd, nach Eleusis kam, am Brunnen von einer Königstochter aus Mitleid eingeladen und im Königspalast von Keleon und seiner Gattin Melaneira empfangen wurde. Mit einer Mehlsuppe ließ sie sich stärken, die Magd Iambe heiterte sie durch Spott und Scherz erstmals wieder auf; und als die Göttin sich im Hause dankbar erweisen wollte, wurde sie mit der Pflege des Königssohns

D. Gast am eleusinischen Königshof

Demophon betraut. Ihn wollte sie unsterblich machen, salbte

ihn des Tags mit Ambrosia und hielt ihn nächtens ins Feuer, um alle sterblichen Erdenreste an ihm zu tilgen (vgl. S. 193). Als die Mutter dies entdeckte, missverstand sie das Geschehen und schrie auf, worauf D. den Demophon zornig zu Boden schleuderte. Nun zeigte sie ihre wahre Gestalt und verließ das Haus, forderte aber den Bau eines Tempels und die Einrichtung von Feiern, wofür sie als Gegenleistung die Einweihung in geheime Riten versprach. Ein Jahr lang blieb die Göttin im neu errichteten Tempel, Zeus aber geriet wegen des drohenden Aussterbens der Menschen in Not: Zunächst schickte er Iris als Botin, aber erfolglos. Nun versprach er Persephones Rückkehr zur Mutter, falls sie in der Unterwelt nichts esse, und schickte Hermes zu Hades. Dieser willigte auch ein, gab Persephone aber kurz vor ihrem Fortgang einen Granatapfel, von dessen Kernen sie aß.

Der Unterweltsdämon Askalaphos, ein Sohn des Acheron, der dies sah und verriet, wurde von D. zur Strafe in eine Eule verwandelt. Oder sie begrub ihn zunächst unter einem schweren Steinblock und verwandelte ihn in eine Eule bzw. einen Uhu, als Herakles bei seinem Besuch im Hades den Felsen aufhob (S. 184).

Zeus entschied nun, dass Persephone ein Drittel des Jahres im Hades verweilen müsse und zwei Drittel bei der Mutter sein dürfe. D. willigte ein und versöhnte sich mit Hades. Endlich brachte sie wieder Korn hervor, dessen Anbau Triptolemos (oder Demophon) auf ihr Geheiß über die ganze Welt verbreitete, indem er es von D.s Zauberwagen mit den geflügelten Schlangen aus verstreute. Als der Skythen-König Lynkos ihn töten wollte, weil er ihm diesen Segensdienst an den Menschen verübelte, verwandelte ihn D. in einen Luchs.

Persephone auf der Erde und im Hades

Erysichthon, der ihren Hain trotz Warnung fällen ließ, schlug D. mit solchem Hunger, dass er desto dünner wurde, je mehr er aß, und sich am Ende selbst verzehrte.

● Nur eine Liebschaft der D. mit einem Sterblichen ist bekannt: Sie gab sich dem jungen Jäger Iasion auf dreifach gepflügtem Brachfeld hin, worauf ihn Zeus seiner Vermessenheit wegen erschlug; doch gebar ihm D. zwei Söhne: Plutos, den Gott des Reichtums, und Philomelos, der sich mit ärmlichem Bauerndasein begnügte, den Pflug erfand und als *boōtes* (der „Pflüger") unter die Gestirne versetzt wurde.

Weitere Erzählungen

D. und Iasion

● Die Eleusinischen Mysterien, ein neuntägiges Fest im September, stellten eine Verbindung von alten agrarischen Riten und

Die Eleusinischen Mysterien

Kulten von Erd- und Unterweltsgottheiten dar: D. erschien mit ihrer Tochter nicht nur als Garantin von „Plutos", Reichtum (an Getreidevorrat), sondern auch eines glücklichen Daseins im Jenseits, sofern man in die Mysterien eingeweiht war. Der Mythos vom Raub der Persephone hat seine Grundlage im Bewusstsein vom periodischen Wechsel in der Natur: Wachsen, Blühen, Absterben. Dahinter steht auch die Vorstellung einer Vegetationsgottheit, die ein Drittel des Jahres, zwischen der Ersternte im Frühsommer und der Herbstaussaat, abwesend ist. Der Verheißungscharakter der Eleusinischen Mysterien, der nachgespielte Mythos vom Verlust und Wiederfinden der *kore*, lässt sich auf den Glauben zurückführen, dass alles Lebendige aus dem Bereich der chthonischen (G) Götter hervorgeht, aber auch wieder von ihnen im Sterben aufgenommen wird und sie also auch nach dem Tod noch Segen spenden können. (Hades ist durch die Bezeichnung *Pluton* (lat. *Pluto*) mit dem Begriff „Reichtum" verbunden.) Dass Erntesegen und materieller Wohlstand auf Erden ihre Entsprechung in einem glücklichen Fortleben nach dem Tod haben, wurde dem zur höchsten Einweihungsstufe gelangten Mysten im „Schauen" zur Gewissheit. Sehr vieles, was diese Mysterien betrifft, ist der strengen Schweigepflicht aller Eingeweihten wegen noch immer im Unklaren.

Demeter weiht Triptolemos in die Mysterien ein, Relief, um 430 v.Chr., Nationalmuseum, Athen

Weitere Feste ● Andere große Feste zu Ehren der D. wie die Thesmophorien in Athen und die Thalysien (z.B. auf Kos) standen gleichfalls im Zusammenhang mit Wachstum und Getreideernte: Während der Thesmophorien, eines Frauenfests im Oktober/November, wurde versucht, von D. Fruchtbarkeit für Felder *und* Menschen zu erwirken.

Zusammenfassung

D. ist eine volkstümliche, vornehmlich auf der Erde lebende Erdgottheit, zuständig für die Fruchtbarkeit der Äcker.

Sie ist die Mutter der Persephone, die von Hades geraubt wurde. Um ihre Tochter zurückzugewinnen, ließ D. Hungersnot und Dürre über die Welt kommen.

Zeus gestand Persephone zu, sich zumindest zwei Drittel des Jahres bei ihrer Mutter aufhalten zu dürfen. Nur den Rest der Zeit musste sie bei Hades verbringen.

Auf den Mythos vom Raub der Persephone gehen die Eleusinischen Mysterien zurück, ein neuntägiges Fest, das der Sage nach D. selbst einzurichten befohlen hatte. Die Mysterien verhießen dem Eingeweihten ein glückliches Dasein im Jenseits und entstammten dem Glauben, die unterirdischen Götter brächten alles Lebendige hervor und nähmen es schließlich wieder zu sich.

Literatur

Deichgräber, K. (1950): *Eleusinische Frömmigkeit und homerische Vorstellungswelt.* Wiesbaden

Deubner, L. (1962): *Attische Feste.* Hildesheim

Lindner, R. (1984): *Der Raub der Proserpina in der antiken Kunst.* Würzburg

Peschlow-Bindokat, A. (1972): *Demeter und Persephone in der attischen Kunst des 6. bis 4. Jahrhunderts.* In: Jahrbuch des Deutschen Archäologischen Instituts 87, S. 60–157

Aphrodite   4.4

● A., die lieblich lächelnde, anmutige Verführerin, die Spenderin von Schönheit und Fruchtbarkeit, steht für sinnliche Leidenschaft und für den Genuss körperlicher Liebe.

Name und Herkunft

Ihre Herkunft ist unsicher, vermutlich weist der Name auf die semitische Fruchtbarkeitsgöttin *Astarte* (*Aschtoret*; babyl. *Ischtar*) oder er bedeutet schlicht nur „Herrin".

● Vermutlich ist A. auch die Nachfolgerin der minoischen „Taubenherrin", die den Himmel über dem Meer umfasste und als Göttin allen vegetativen und animalischen Lebens für Wachstum und Aufblühen der Natur ursächlich war. So wurde sie in Athen auch als Gartengöttin verehrt. Ihre Symbole sind Taube, Spatz und Schwan (himmlisch), Delphin und Muschel (marin), Rose, Granatapfel und Mohn (pflanzlich).

Wesen und Wirkungsbereich

Göttin animalischen Lebens

Aphrodite („Venus von Milo"), Marmorstatue, um 130 v. Chr., Louvre, Paris

Aus ihren Vorstufen und aus ihrer Wirkungsallmacht wird auch ihre Überhöhung zur „Allgöttin" verständlich. Ihre Aufspaltung in *Urania,* die „Himmlische", und *Pandemos,* die „Gemein-Sinnliche", entstammt späterer ethischer Bewertung. Die für den A.-Kult in Korinth und in Erice auf Sizilien bezeugte sakrale Tempelprostitution ist orientalischen Ursprungs. A. ist keine Ehegöttin – mit Hera liegt sie in beständigem Streit –, sondern macht nach Lust und Laune, oft auch aus Rachsucht, Götter und Menschen in promisker Weise verliebt, auch mit Hilfe ihres Zaubergürtels. Nur über Athena, Artemis und Hestia hat sie keine Macht.

Die Geburt der Aphrodite

Die „Schaumgeborene"

● Zeus und Dione, eine Erdgöttin, sind als A.s Eltern genannt. Volksetymologisch (G) ist ihre Deutung als „Schaumgeborene" oder als „die auf dem Schaum Wandelnde", die in jenem Schaum heranwuchs, der sich um das Geschlechtsteil des von Kronos entmannten Uranos bildete (S. 19). Nach einer Erzählung wurde sie vom Windgott Zephyros auf einer Muschelschale übers Meer an Kythera vorbei nach Zypern getrieben (daher ihre Beinamen Kythereia und Kypris), Blumen erblühten, wo sie das Land betrat.

Liebschaften

Untreue Gattin des Hephaistos

● Sie, die Göttin der Schönheit, ist mit dem Künstler unter den Göttern, Hephaistos, vermählt, betrügt diesen aber seit alters mit Ares (S. 67).

Ihm gebiert sie – nach einer Version (vgl. S. 34) – u. a. Harmonia, die spätere Gattin des Kadmos (S. 115), und Eros, der sie seit-

Sandro Botticelli (1444–1510), *Die Geburt der Venus*, Uffizien, Florenz

her als übermütiger Knabe begleitet. (Nach älterer Vorstellung
ist Eros zeugende, Vereinigung bewirkende Urkraft, S. 19.) Als
geflügelter Pfeilschütze trifft er seine Opfer ins Herz und unter-
wirft sie der Liebe, auch der gleichgeschlechtlichen, und vereinigt
so die Eigenschaften seiner Mutter, der Liebesgöttin, und seines
Vaters, des Kriegsgottes.

Eros, der geflügelte Schütze

    Seine Flügel bekam Eros so: Als A. noch im Meer wohnte,
hatte sie den Nereus-Sohn Nerites zum Geliebten, der ihr jedoch
nicht folgen wollte, als sie dem Schicksal gemäß nach oben zu den
Olympiern gerufen wurde. Auch die ihm von A. angetragenen
Flügel lehnte er ab. Die bekam nun der junge Eros, den Nerites
verwandelte A. in eine Muschel. Dem Poseidon gebar sie den
Riesen Eryx (S. 182), dem Dionysos Priapos (S. 99).

Nerites

    Von Hermes hatte A. den Hermaphroditos. Als sie sich dem
Götterboten verweigerte, ließ ihr Zeus durch seinen Adler eine
goldene Sandale stehlen. Um sie wiederzubekommen, musste
sie Hermes zu Willen sein. Hermaphroditos wurde von der Nymphe Salmakis leidenschaftlich geliebt, erwiderte diese Liebe aber
nicht. Als er versehentlich in ihrer Quelle badete, zog sie ihn
auf den Grund und bat die Götter, für immer mit ihm vereint
zu bleiben. So verschmolzen ihre beiden Körper zu einem, mit

Hermaphroditos

weiblichen Maßen, weiblichen Brüsten und männlichen Genitalien. Auf alle Menschen, die in ihr baden, hat die Quelle die nämliche Wirkung.

Aineias, Sohn der A. und des Anchises

Ihres Übermuts wegen musste sich A. nach Zeus' Willen in den sterblichen Anchises verlieben. Der Vereinigung auf dem Berg Ida entsprang Aineias, dem die Göttin später bei der Gründung Roms half. Als sich Anchises einmal in trunkenem Zustand seiner Beziehung zu A. brüstete, wandte sie sich von ihm ab und Zeus lähmte ihn mit seinem Donnerkeil. Es heißt auch, Anchises sei, weil er die Göttin nackt gesehen hatte, von Bienen geblendet worden.

Adonis

Auch an Adonis fand die Göttin Gefallen. (*Adon*, der „Herr", ist eine ursprünglich semitische Vegetationsgottheit, die stets in Verbindung mit A. oder anderen Liebes- und Frühlingsgottheiten verehrt wurde.) Weil die paphische Königstochter Myrrha sich rühmte, schöneres Haar als die Göttin zu haben, oder weil sie deren Kult vernachlässigte, machte A. sie in ihren Vater Kinyras verliebt. Das Mädchen überlistete ihn mit Hilfe einer Amme und empfing den Adonis. Als Kinyras den inzestuösen Betrug entdeckte, wollte er sie töten, doch wurde Myrrha in den Myrrhenbaum verwandelt. Von einem wilden Eber gespalten, fiel aus ihm das Knäblein Adonis heraus, das A. sogleich in einem Kästchen barg und Persephone anvertraute.

Weil diese das schöne Kind nicht mehr hergeben wollte, entschied, als Zeus sein Schiedsamt verweigerte, die Muse Kalliope, Adonis solle die eine Hälfte des Jahres in der Unterwelt, die andere bei A. bleiben. Für diese missliebige Entscheidung rächte sich A. später durch den Tod des Kalliope-Sohnes Orpheus (S. 168). Auch zu Tode kam Adonis durch einen Eber, der ihn anfiel, als er auf der Jagd war. Nach den einen war es der eifersüchtige Ares, nach anderen Hephaistos, der in Tiergestalt den schönen Nebenbuhler beseitigte. Aus dem Blut des tödlich Verletzten ließ die Göttin das rote Adonisröschen wachsen.

Aphrodites Einfluss auf Sterbliche und Unsterbliche

● Sterblichen half A. mehrfach, Frauen zu gewinnen, so dem Hippomenes (oder Melanion) bei seinem Werben um Atalante, die große Jägerin. Diese wollte den zum Gatten nehmen, der sie im Wettlauf bezwinge, wer aber unterlag, wurde getötet. Obwohl sie in voller Rüstung gegen nackte Bewerber antrat, hatte sie schon viele besiegt und umgebracht. A. schenkte dem Hippomenes, der um Atalante freien wollte, drei goldene Äpfel aus einem ihrer Gärten auf Zypern. Die ließ er beim Wettlauf fallen

Wettlauf zwischen Hippomenes und Atalante

und Atalante blieb zurück, da sie die Kostbarkeiten aus Neugier oder Habgier auflas.

Dem Iason half A. Medeia gewinnen (S. 159) und nach dem für sie günstigen Urteil sorgte sie für die Entführung der Helene durch Paris (S. 198), dem sie stets gewogen blieb.

Auch mit Pygmalion, der auf Zypern selbst als Liebhaber der A. galt, hatte die Göttin Erbarmen, als er sich in ihr nacktes *Pygmalion* Kultbild oder in eine Statue, die er aus Elfenbein geschnitzt hatte, verliebte: Auf sein verzweifeltes Gebet hin wurde das Schnitzwerk lebendig und Pygmalion nahm es zur Frau.

Grausame Strafe erfuhr, wer sich der Liebe verweigerte oder A.s Kult missachtete: Die Frauen von Lemnos schlug sie ver- *Frauen von Lemnos* nachlässigter Opfer wegen mit übelstem Körpergeruch, so dass alle Männer vor ihnen Reißaus nahmen. Erst im Zuge der Argonautenfahrt heilte Aphrodite dem Hephaistos zuliebe die Frauen (S. 156).

Daphnis, der sich als Jüngling gebrüstet hatte, er werde den *Daphnis* Verlockungen der Liebe widerstehen, verliebte sich bald leidenschaftlich in die Nymphe Naïs, die ihn aber blendete, als er ihr mit einer Sterblichen, von dieser betrunken gemacht, untreu wurde. Deswegen ließen ihn auch die Nymphen ertrinken, als er in den Fluss Anapos stürzte.

Eines ähnlichen Vergehens hatte sich Hippolytos schuldig gemacht (S. 150), ebenso Narkissos: Er verschmähte alle Frauen *Narkissos* (und Männer), die ihn begehrten, auch die Nymphe Echo. Dieser hatte Hera die Sprache genommen, weil sie Zeus, der sich mit Nymphen vergnügte, vor der nahenden Gemahlin gewarnt hatte. Seither konnte sie nur noch die letzte Silbe eines Worts, das sie hörte, wiederholen. Narkissos missachtete sie und Echo verkümmerte, bis sie nur noch körperlose Stimme war. Er aber wurde dazu verdammt, sich in sein eigenes Spiegelbild zu verlieben, und in dieser Leidenschaft für sich selbst schwand er an einem Weiher des Helikon dahin und starb.

Die Muse Kleio hatte A. wegen ihrer Liebe zu Adonis verhöhnt, verliebte sich, ähnlich wie Myrrha, unter A.s Einfluss in ihren Vater und gebar den schönen Hyakinthos (S. 82). Der Sisyphos-Sohn Glaukos enthielt seinen Stuten die Hengste vor, um *Pferde des Glaukos* sie für die Wagenrennen feuriger zu machen, und wurde deshalb auf Geheiß der Göttin von diesen getötet und verschlungen.

Die Helios-Tochter Pasiphaë zwang sie zur Liebe mit einem Stier (S. 145), Eos, die Göttin der Morgenröte, musste sich, weil Ares A. mit ihr betrogen hatte, zweimal in Sterbliche verlieben,

Nicolas Poussin (1594–1665), *Echo und Narziss*, Louvre, Paris

Kephalos und Prokris zunächst in den Hermes-Sohn Kephalos, der allmorgendlich auf dem Hymettos jagte und durch sein glänzendes Aussehen ihre Aufmerksamkeit erregte. Ihn machte sie gegen seinen Willen zunächst seiner Frau Prokris abspenstig und säte sodann zwischen den Gatten schwere Eifersucht, die zuletzt dazu führte, dass Prokris ihrem Gemahl auf der Jagd nachspürte und von ihm versehentlich mit dem unfehlbaren Speer des Minos (S. 146) getötet *Eos und Tithonos* wurde. Danach in den troianischen Königssohn Tithonos, den sie, wie sie schon mit Kephalos getan hatte, entführte. Ihm gebar sie den Memnon (S. 209), der im Kampf gegen die Griechen vor Troia fiel. Zeus gewährte der Eos die Bitte, Tithonos unsterblich zu machen, doch hatte die Göttin vergessen, auch um ewige Jugend zu bitten, weshalb er zuletzt zur ausgetrockneten Hülle einschrumpfte und Eos ihn hinter eherne Türen auf immer verschloss. Nach anderer Darstellung verwandelte sie ihn in eine Zikade, so dass er sie mit seinem Zirpen erfreuen und alljährlich seine Haut ablegen konnte.

Ihren unrühmlichsten Auftritt hatte die Liebesgöttin auf dem troianischen Schlachtfeld, von dem sie, von Diomedes verwundet (S. 212), laut schreiend in den Schoß ihres Vaters Zeus floh.

Zusammenfassung

A. ist die Göttin der körperlichen Liebe, zuständig auch für alles Wachsen und Blühen.

Sie ist keine Ehegöttin und betrügt ihren Gatten Hephaistos entsprechend mit zahlreichen anderen Göttern: mit Ares, dem sie u. a. Harmonia und Eros gebiert, mit Poseidon, Dionysos und Hermes, aber auch mit Sterblichen wie Adonis und Anchises, dem sie Aineias schenkt, den späteren Gründer Roms.

Sterblichen half sie Frauen zu gewinnen, wie dem Hippomenes bei seiner Werbung um Atalante, dem Iason, der um Medeia, und Paris, der um Helene warb.

Auch Pygmalion war sie gnädig, während sie diejenigen streng bestrafte, die der Liebe entsagen wollten, etwa Daphnis, Hippolytos und Narkissos.

An Eos, der Göttin der Morgenröte, rächte sie sich, indem sie sie in die sterblichen Kephalos und Tithonos verliebt machte.

Literatur

Albert, W.-D. (1979): *Darstellungen des Eros in Unteritalien.* Amsterdam
Friedrich, P. (1978): *The Meaning of Aphrodite.* Chicago, Berlin
Simon, E. (1957): *Die Geburt der Aphrodite.* Berlin

Athena 4.5

● A.s Name ist urgriechisch. Minoisch (G) bedeutet er wohl „Herrin" und meint eine friedliche Schützerin des Hauses. Als solche wurde sie vielleicht mit einer streitbaren jungfräulichen Göttin der eingewanderten Griechenstämme verbunden. In mykenischer (G) Zeit wird sie zur gewappneten Schutzherrin des Fürsten und seiner Burg, als *Pallas* die Hüterin ganzer Städte, wobei das Palladion Schutz und Bestand garantiert (S. 204). Auch als A. *Polias* (oder *Poliochos*) ist sie zusammen mit Zeus, dessen Lieblingstochter sie ist, Schutzgöttin der freien Städte, woraus sich auch die zahlreichen Feste für sie erklären, wie die Panathenaien in Athen. A. ist die Göttin des geordneten, „gerechten" Kampfes zum Schutz der Heimat und in dieser Funktion krasse Gegenspielerin des Ares, der sich an Blutrausch und Kriegsgetümmel begeistert. Einmal lenkte sie gar im Kampf vor Troia den Speer des Diomedes in Ares' Leib und bewirkte so dessen Flucht. Sie war Helferin der von ihr bevorzugten Helden im Krieg, zum Beispiel der griechischen Kämpfer vor Troia (auch infolge des

Name, Herkunft, Wirkungsbereiche

Paris-Urteils), dann für Odysseus, Iason und andere. Erst nachdem der „kleine" Aias Kassandra vergewaltigt hatte, obwohl sie
an der Statue der Göttin Zuflucht suchte (S. 211), wandte sich A.
von den Griechen ab und bewirkte teilweise deren Vernichtung
auf der Heimfahrt.

Andererseits galt sie auch als Schutzpatronin des Handwerks
(A. *Ergane*), der häuslichen Frauenarbeit und der Ölbaumzucht.
A. ist keine Muttergottheit, sondern in ihrem jungfräulichen Cha-
rakter der Artemis verwandt, jedoch nicht männerfeindlich wie
diese.

In der Geschichte um Orestes erwies sie sich, wie ihr Vater Zeus, als Hüterin der Gastfreundschaft und des Rechts der
Schutzflehenden, indem sie den von den Erinyen Gejagten bei
sich aufnahm. In diesem Zusammenhang stiftete sie auch den
Areopag als Gerichtshof. Schon zu-
vor hatte sie Orestes vor der Opferung durch die Taurer gerettet.

Ferner ist sie die Göttin der
Weisheit und Bildung, Patronin so-
mit der Philosophen und Dichter.
Ihr Attribut ist die Eule, der „weise"
Vogel.

Eule der Athena, Tetradrachme,
um 430 v.Chr.

**Die Geburt
der Athena**   ●   Eigenartig sind die Geschichten um die Geburt der Göttin:
Zeus gebar sie – wie Hera den Hephaistos – aus sich, nachdem er
sich die Titanin Metis, den „klugen Rat", einverleibt hatte. Seither
dachte diese für ihn „das Gute und Böse". Obwohl sie dem Verfolger in allerlei Gestalten hatte entkommen wollen, verschlang
Zeus sie zuletzt, nach den einen in Gestalt einer Fliege, als sie
bereits von ihm mit A. schwanger war, um die Geburt eines Metis-
Sohnes zu verhindern, der nach einem Orakel die Herrschaft des
Zeus gefährden werde. Nach anderen war Metis bereits von dem
Kyklopen Brontes, dem „Donnerer", schwanger, als Zeus sie auf-
fraß. Von fürchterlichen Kopfschmerzen gequält, forderte Zeus,
als die Zeit der Geburt gekommen war, den Hephaistos (oder

den Prometheus) auf, ihm den Schädel mit einer Axt zu spalten. Heraus sprang die erwachsene Göttin, gerüstet mit Speer, Helm und Schild. Dies geschah am Fluss Triton, daher ihr Beiname *Tritogeneia*. Oder sie wurde von Triton (S. 47) aufgezogen.

Athena vor einer Stele, um 460 v.Chr.,
Weihrelief, Akropolis-Museum, Athen

● Pallas, die Tochter des Triton, wurde zu A.s Gespielin, doch tötete die Göttin sie versehentlich und fertigte zur Buße das Palladion, das sie neben der Zeus-Statue aufstellte, geschmückt mit der Aigis, ihrem Schreckensschild zur Abwehr der Feinde. Pallas ist allerdings auch der Name eines von ihr erschlagenen Giganten (S. 22), dem sie die Haut abzog, um damit ihren Schild einzuledern. Den Enkelados bezwang sie gleichfalls, indem sie die Insel Sizilien auf ihn warf.

Weitere mythologische Erzählungen

Hephaistos verlangte für seine brachiale Geburtshilfe von Zeus A. als Gattin, doch wusste sie sich, als der Gott sie bereits im Triumph mit sich führte, ihm zu entziehen. Sein Samen fiel zur Erde und daraus entstand Erichthonios (oder Erechtheus, S. 141), den A. den Töchtern des Urkönigs Kekrops, eines schlangengeschwänzten, erdgeborenen Urwesens, in einem Kästchen anvertraute (S. 141), mit dem ausdrücklichen Verbot, hineinzuschauen. Als sie es gleichwohl taten, erblickten sie ein grässliches Wesen mit Schlangenfüßen (oder mit weiteren Schlangen, die den Knaben bewachten). Im Wahnsinn (oder von diesen Schlangen verfolgt) stürzten sich die Mädchen daraufhin von der Akropolis und A. zog den Erichthonios fortan selbst in ihrem Heiligtum auf.

Nach anderer Darstellung holte A., als sie die Lade übergeben hatte, einen gewaltigen Felsen für die Kekrops-Burg, die spätere Akropolis. Als sie sich mit dem Riesenfelsen der Stadt näherte, berichtete ihr eine Krähe, ihr bisheriger Lieblingsvogel, vom

Verrat der Kekrops-Töchter, worauf sie den Stein – der heutige Lykavettos – fallen ließ und für die Akropolis ein Krähenverbot aussprach. Seither ist ihr Lieblingsvogel die Eule, der verwandelte Unterweltssproß Askalaphos (S. 51).

Im Wettstreit um die Vorherrschaft über Attika ließ Poseidon eine Salzquelle entspringen, A. aber den Ölbaum wachsen, der nach dem Urteil der zwölf olympischen Götter (oder des Kekrops) das bessere Geschenk war. Im Zorn überschwemmte Poseidon daraufhin Attika, lenkte aber, weil er gleichwohl verehrt wurde, bald reuig ein und begünstigte fortan die Stadt (S. 141).

Als sich Arachne, eine ihrer Kunst wegen weithin berühmte Lyderin, mit der Göttin im Handwerk des Spinnens messen wollte, konnte die Göttin an deren tadellosem Meisterwerk nichts aussetzen und geriet darüber derart in Wut, dass sie das Gewebe zerriss und Arachne mit einem Weberschiffchen bewarf. Als diese sich daraufhin erhängen wollte, wurde sie von A. in eine Spinne verwandelt, aus Mitleid einerseits, andererseits mit der Aufgabe, stets zu spinnen und sich den Faden dabei aus dem eigenen Leib zu ziehen.

Jacopo Tintoretto (1518–1594), *Athena und Arachne*, Palazzo Pitti, Florenz

Zusammenfassung

A. ist Palastherrin, Hüterin von Städten und persönliche Schutzgöttin vieler Heroen. Zuständig ist sie auch für das Handwerk und die Frauenarbeit.

Mit Artemis verbindet sie ihre Jungfräulichkeit.

Eine Besonderheit ist A.s gewaltsame Geburt aus dem Kopf des Zeus.

Eng ist A.s Verbindung mit der Stadt Athen, wie unter anderem die Geschichte um die Kekrops-Töchter belegt.

Den Wettstreit mit Poseidon um Attika entschied sie für sich.

Literatur

Kaspar-Butz, I. (1990): *Die Göttin Athena im klassischen Altertum*. Frankfurt/M.
Pfeiff, R. (1990): *Minerva in der Sphäre des Herrscherbildes. Von der Antike bis zur Französischen Revolution*. Bonn

Ares   4.6

● A. bedeutet vermutlich der „Schädiger", „Rächer" und war ursprünglich ein verderbenbringender Kampfdämon. Oft wird sein Name für den „Krieg" als solchen verwendet. A. stammt aus dem wilden Thrakien und scheint mit dem kleinasiatischen Kriegsgott *Enyalios* bzw. dessen weiblicher Entsprechung *Enyo* verschmolzen, wie sein gleichlautender Beiname belegt. **Name und Herkunft**

● Er ist, wie Hephaistos, eine im olympischen Pantheon (G) eigentlich fremde Gestalt, barbarisch, stürmisch und in seiner Mordlust unersättlich, die Personifikation des Blutrauschs in der Schlacht, in die ihn seine Schwester *Eris* („Streit") und seine Söhne *Deimos* („Grauen", „Panik") und *Phobos* („Schrecken"), die ihm Aphrodite gebar, begleiten. Selbst seinem Vater Zeus ist er verhasst, weil er nur an Streit und wütendem Getümmel Lust und Freude findet. **Ares' Wesen als Kriegsgott**

Als Inbegriff ungezügelter Blutgier steht er in deutlichem Gegensatz zu Athena und ihrer von klarer Überlegung, planvollem Handeln und Taktik geprägten Haltung im (Verteidigungs-)Kampf (S. 59). Entsprechend war seine Rolle vor Troia mehrfach unrühmlich bis kläglich. Lächerlich wirkte er auch in der Erzählung seiner heimlichen Liebschaft mit Aphrodite, als die Götterrunde über ihn genauso schallend lachte wie über den

gehörnten Hephaistos (S. 67), desgleichen in der Auseinandersetzung mit den Aloaden (s. unten).

Ares in Kriegsrüstung, schwarzfiguriger Krater (G), um 570 v. Chr., Museo Archeologico, Florenz

Mythologische Erzählungen

● A. gilt als Sohn des Zeus und der Hera, doch wissen andere Erzählungen von vaterloser Geburt wie bei Hephaistos: Zornig auf Zeus, unternahm die Göttin alles, um von selbst schwanger zu werden. Gaia berührte sie mit einer fruchtbar machenden Blume und so empfing Hera den Kriegsgott. In Thrakien wurde er geboren und, nach einer Version, zur Erziehung dem Priapos (S. 99) übergeben, der ihn zunächst zum vollendeten Tänzer ausbildete, ehe er ihn das Kriegshandwerk lehrte. Als A. noch jung war, brachten ihn Otos und Ephialtes, die Aloaden, beinahe

A. und die Aloaden

um, als sie ihn, um ungestört den Himmel stürmen zu können, in einem ehernen Kessel dreizehn Monate lang eingesperrt hielten, bis ihn Hermes auf einen Hinweis Eriboias, der Stiefmutter der beiden, stehlen konnte.

Von seinem Bruder Hephaistos schmählich geschlagen, kehrte er auf den Olymp zurück, nachdem er ihn hatte zwingen wollen, die gefesselte Hera zu befreien, vor Hephaistos' Feuer aber fliehen musste (S. 39).

Als Alkippe, die dem A. den Aglauros geboren hatte, vom Poseidon-Sohn Halirrhothios vergewaltigt wurde, erschlug Ares diesen sofort, doch saßen daraufhin die olympischen Zwölfgötter über ihn zu Gericht, an der Stelle, die noch heute *Areopag*, „Ares-Hügel", heißt. Mangels Beweisen wurde er freigesprochen, nach anderer Version musste er jedoch ein Jahr Sklavendienst bei einem Sterblichen tun.

Personale Züge des A. zeigen sich im Kampf vor Troia, auf dessen Seite er stand. Athena lenkte den Speer des Diomedes auf ihn und verwundete ihn (S. 59), später wehrte sie mit der Aigis seinen Speer ab und streckte ihn mit einem Steinwurf nieder. Siebenhundert Fuß lang lag er da, wälzte sich im Staub und brüllte verwundet so laut wie zehntausend Männer. Auch Herakles verletzte ihn, als er in dessen Kampf mit Kyknos eingriff (S. 188).

A. hatte keine Gemahlin, aber so manche Liebschaft, vor allem mit Aphrodite, eine Verbindung, die vielfach allegorisch gedeutet wurde: Die ungebändigte Kriegslust bringt in Verbindung mit der sanften Liebesgöttin „Harmonia" (vgl. S. 54) hervor. Neben Kyknos hatte er eine Reihe weiterer kriegerischer Söhne, so die Thraker Diomedes und Lykaon, den Argonauten Askalaphos, den Apollon-Feind Phlegyas und weitere Heroen. Die Amazonen und deren Königin Penthesilea (S. 180; S. 209) führten ihre Herkunft auf A. zurück. Auch der Drache, den Kadmos tötete (S. 115), war ein A.-Spross.

● Im griechischen Mutterland lässt sich durchgehend Kultarmut feststellen; dagegen führten viele fremde Kriegsvölker ihren Ursprung auf ihn zurück. Unpopulär blieb A. vor allem deshalb, weil er nur für blindwütige Raserei in der Schlacht stand, während die Rolle des Helfers und Beschützers im Krieg andere Götter wie Zeus und Athena, vielfach aber auch Heroen innehatten.

Kult

Zusammenfassung

Der ursprüngliche Schlachtendämon A. ist der ungestüme Kriegsgott, der Gefallen am blutigen Kampfgetümmel hat.

Manchen gilt er als vaterloser Sohn der Hera.

In einigen Geschichten (Kampf vor Troia, Aloaden, Streit um die gefesselte Hera) erscheint sein Auftreten wenig rühmlich.

Seine wichtigste Liebschaft ist die mit Aphrodite, ihr entstammen bedeutende Nachkommen.

Literatur

Beck, J. (1984): *Ares in Vasenmalerei, Relief und Rundplastik.* Frankfurt/M.

4.7 Hephaistos

Herkunft,
Wesen,
Verbreitung

Nichtgriechischer
Ursprung

● H. verkörpert das Element des Herdfeuers, vielleicht war er ursprünglich ein Feuerdämon des Vulkanbergs Mosychlos auf Lemnos, wo sein Kult beheimatet war. Sein Name ist nichtgriechischen Ursprungs, als griechischer Gott erscheint H. erst in den homerischen Epen. Seine fremde Herkunft spiegelt sich auch in der Geschichte seiner Rückführung auf den Olymp durch Dionysos zur Befreiung Heras (S. 39).

Göttlicher Künstler

Er ist der Künstler, göttlicher Schmied und Metallgießer, begabt mit großer Kunstfertigkeit, der jedoch vielfach nachrangige Handwerksdienste leistet, mehr Zwerg als Riese, hinkend an beiden Beinen und von koboldhafter Ungestalt, daneben der Götter-Clown, von der Gattin betrogen und von allen verlacht: Auch dadurch wirkt er als Fremdling in der Umgebung der hehren olympischen Götter. Seine Missgestalt bei gleichzeitiger zauberischer Fertigkeit setzt ihn in die Nähe zu den Telchinen (S. 44); Bezüge wurden zum etruskischen „Eimermacher" Sethlans, sogar zum altgermanischen Schmied Wieland gesehen.

Patron der
Handwerker

In Griechenland fand H. wenig Verbreitung, in Athen allerdings galt ihm Staatskult. Dort war er, neben Athena und Prometheus, Schutzherr der Schmiede und Handwerker. Später genoss er Verehrung auch in vulkanischen Gegenden des Westens: am Vesuv, auf den Liparischen Inseln und am Ätna, unter dem er, mit den Kyklopen als Helfern (S. 21), seine Werkstatt hatte. Seiner Tätigkeit entsprechen die bildlichen Darstellungen als breitbrüstiger, dünnbeiniger Arbeiter mit verdreckten Füßen in kurzem Rock, mit Hammer, Zange und Blasebalg.

Mythologische
Erzählungen

● Nach einer Version war Zeus H.' Vater, nach einer anderen gebar ihn Hera aus sich allein, um es Zeus gleichzutun, der aus seinem Haupt die Athena hatte entspringen lassen (S. 60). Als seine Mutter die Missgeburt sah, warf sie ihn ins Meer, wo ihn die Nereïden Eurynome und Thetis aufnahmen und pflegten. Neun Jahre blieb er ohne Wissen der anderen Götter bei ihnen und schmiedete Schmuck für seine Retterinnen. Nach anderer Darstellung wollte er seiner Mutter gegen Zeus helfen, als dieser mit ihr wegen ihres Hasses auf Herakles haderte, und wurde

Sturz vom Olymp

von ihm vom Olymp geworfen. Einen Tag flog er durch die Luft, ehe er auf Lemnos niederging, wo ihn die Sintier pflegten, die er dafür das Schmiedehandwerk lehrte.

Zeus wirft Hephaistos aus dem Olymp, römischer Fries, um 150 n.Chr., Staatliche Museen, Berlin

Beide Geschichten erklären seine Lahmheit. Es heißt auch, Hera habe den verkrüppelten Spross nach Lemnos in Erziehung und Schmiedelehre gegeben, zu Kedalion, dem späteren Blindenführer des Orion (S. 75).

Die Geschichte von der Fesselung und Befreiung der Hera begründete auch seine Unglücksehe mit Aphrodite: Die schönste der Göttinnen war der Preis für die Lösung Heras. Aphrodite allerdings betrog ihn fortwährend mit Ares (S. 54). Helios verriet es ihm, H. schmiedete daraufhin ein unzerreißbares, unsichtbares Fesselnetz und brachte es am entehrten Ehebett an. Sodann zog *Zaubernetz des* er sich zum Schein nach Lemnos zurück, Aphrodite und Ares *Betrogenen* aber gingen in die Falle. Als er die beiden ertappte, rief er zornig die Götter zu Zeugen (während die Göttinnen schamhaft zu Hause blieben), erntete aber statt der erhofften Empörung nur unauslöschliches Lachen.

Hermes, von Apollon befragt, ob er unter ähnlich peinlichen Umständen der Liebesgöttin beiwohnen wolle, antwortete, auch dreimal so schlimme würden ihn nur beflügeln. Poseidon löste zuletzt den Streit, indem er sich für eine angemessene Buße für den Gehörnten verbürgte. Aphrodite entwich sogleich nach Zypern, Ares zu den kriegerischen Thrakern.

● Sein künstlerisches Geschick bewies H. auch als Erbauer der **Künstlerische** olympischen Paläste und bei der Herstellung von allerlei Gerät- **Leistungen** schaften zu verschiedensten Anlässen: Für Thetis, seine Amme, fertigte er die Waffen des Achilleus, den er vor Troia auch vor dem Ertrinken rettete, als er mit seinem Feuer den mit Achilleus ringenden Fluss Skamandros austrocknete (S. 209), Aphrodite gab er die Waffen für Aineias, für Zeus machte er das Zepter und die Donnerkeile, für Athena den Schild, die Aigis. Er verfertigte den Sonnenwagen des Helios, die Pfeile für Eros, Artemis und Apollon und das Halsband der Harmonia (S. 115), auch jenes, das Zeus der Europa zum Hochzeitsgeschenk machte. Auf dessen Geheiß formte er aus Erde und Wasser Pandora als schamhaftes Mädchen (S. 108). Auch die Ketten, mit denen Prometheus an den Kaukasus geschmiedet war (S. 108), entstammten seiner Schmiede.

Nachkommen
- Kläglich verlief H.' Werben um Athena (S. 61), die er für seine Geburtshilfe als Frau gefordert hatte. Bedeutendere Kinder hatte er nicht, dazu waren sie meist lahm wie er selbst. Von der Nymphe Aitna war er Vater der Peliken, zweier Kraterdämonen auf Sizilien. Ein missratener Sohn erwuchs ihm in dem bei Epidauros wegelagernden Periphetes, der von Theseus erschlagen wurde (S. 143). H. gilt ferner als Vater des Argonauten Palaimon.

Zusammenfassung

H. ist ein ursprünglich nichtgriechischer Gott, der auf dem Olymp oder unter der Erde kunstvolle Handwerksarbeit verrichtet.

Sein mangelndes Ansehen zeigt sich im Umgang der Götter mit ihm, vor allem, als er von seiner Gattin Aphrodite betrogen wurde.

Berühmt ist die Geschichte vom Zaubernetz, mit dem er sie und Ares der Untreue überführte.

Literatur

Brommer, F. (1978): *Hephaistos, der Schmiedegott in der antiken Kunst.* Mainz

4.8 Hermes

Herkunft, Wesenszüge, Aufgaben
- H. ist einer der ältesten, auch am weitesten verbreiteten Götter und war zunächst Beschützer von Wanderern und Hirten und Garant für Fruchtbarkeit und Gedeihen der Herden (vgl. Darstellungen mit einem Widder um die Schultern), woraus sich der Phallos-Charakter erklärt. Sein Name hängt mit den *hérmaka* zusammen, Steinhaufen als Wegzeichen und Grenzmarken, teils auch als Grabhügel, die von phallischen Vierkantpfeilern,

Hermen *Hermen*, gekrönt waren.

Vielleicht entwickelte sich die Vorstellung vom Gott aus Dämonen, die in solchen Haufen hausten. Später dienten Hermen als apotropäische (G) Halbstatuen an Straßen und vor Häusern (H. (*Pro-*)*Pylaios*), auch auf Sportanlagen (H. *Ephebos*). Größere H.-Heiligtümer sind sehr rar, was mit seinem Bezug zum ländlich-agrarischen Bereich zusammenhängt.

Herme, 1. Hälfte 2. Jh. n.Chr.,
Bardo-Museum, Tunis

H., das männliche Gegenstück zu Iris, ist als Götterbote vom Olymp zur Erde und als Wegführer in höherem Auftrag in dienender Funktion. Vom Drachen Delphyne erbeutete er die Sehnen des Zeus, als dieser hilflos in der Höhle lag (S. 22). Als Seelengeleiter (*Psychopompos*) steht er auch in Verbindung mit dem Hades (H. *Chthonios*), ohne selbst finstere Züge zu haben: In seiner jugendlich-männlichen Schönheit ähnelt er eher seinem Bruder Apollon. Er verhandelte im Auftrag des Zeus über die Rückgabe der Persephone und half Herakles beim Fortschaffen des Kerberos. Eurydike führte er zurück, als Orpheus sich umgedreht hatte. Dionysos rettete er als Säugling vor Heras Zorn, tötete den hundertäugigen Argos, der Io bewachte, begleitete Zeus auf seiner Wanderschaft über die Erde und richtete auftragsgemäß das Paris-Urteil aus. Er geleitete Priamos zu Achilleus (S. 209) und half Odysseus gegen Kirke (S. 230).

Hermes als Helfer und Diener

Seine Attribute sind Flügelschuhe und geflügelte Kappe sowie der Zauber- (später Herolds-)Stab mit dem achtförmig verschlungenen Ende. Diesen trug er in Erinnerung daran, dass er ihn einmal zwischen zwei kämpfende Schlangen legte, die sich darum schlängelten. H. ist zugleich der listige Schmeichler und Zauberer, der einschläfert, aufweckt und als Schlafgott Träume sendet. Er galt als trickreicher Herdenvermehrer (und Rinderdieb) und die Kaufleute bezeichneten – wie die Diebe – einen redlichen oder auch unredlichen Gewinn als *hérmaion*.

H.-Stab

● H.' Charakterzug des gewaltlos Listigen belegt vor allem der homerische H.-Hymnus: Maia gebar ihn als geschicktesten der Zeus-Söhne, nach einem Liebesspiel in finsterer Höhlennacht, während Hera schlief. Kaum geboren, verließ der Neugeborene Wiege und Höhle, fing eine Schildkröte und bastelte aus ihrem Schild die erste Leier. Alsdann stahl er Apollons Rinder, trieb sie rückwärts in die Höhle, legte sich zurück in seine Wiege und rollte sich in die Windeln ein. Als ihm Apollon auf die Schliche kam und ihn packte, ließ der Kleine einen mächtigen Furz und nieste dazu, so dass Apollon ihn gleich wieder fallen ließ. Hartnäckig und meineidig leugnete er auch noch, als die Sache vor Zeus verhandelt wurde und er eine haarsträubende Verteidigungsrede hielt, die selbst den Göttervater zum Lachen brachte. Nach ande-

Mythologische Erzählungen

Erfinder der Leier

Diebstahl der Rinder Apollons

rer Version soll H. zudem während der Verhandlung Apollons Bogen und Köcher gestohlen haben. Zeus durchschaute die Angelegenheit und hieß H. Apollon zu den Rindern führen – ein Befehl, dem auch er sich nicht entziehen konnte. Nun aber spielte er so berückend auf der Leier, dass Apollon im Tausch gegen die-

Leiertausch mit Apollon ses Instrument, bei dessen Klang sich Frohsinn, Liebe und süßer Schlaf einstellen, nicht nur bereit war, den Rinderraub zu vergessen: Auf den Schwur hin, ihm die Leier nie zu stehlen, schenkte er seinem Halbbruder Hirtenstab und -würde und betraute ihn mit dem Amt des Seelengeleiters. Auch die Titel „Gefährte der Nacht" und „Führer der Diebe" sind ihm von Apollon verliehen. Nur die Weissagekunst, das Verkünden von Zeus' Willen, blieb Apollon selbst vorbehalten.

H.' Schelmerei zeigt sich auch in jener Geschichte, nach der er sich schon als Säugling als Heras Sohn Ares ausgab, sich ihre Mutterbrust erschlich und sie ihn fortan wie ihren eigenen Sohn behandeln musste, obwohl er Spross des Zeus von einer anderen Göttin war.

H. gilt neben Pan auch als der Erfinder der Syrinx. Es heißt ferner, er habe das erste Opfer eingerichtet und dazu das Feuer erfunden: Aus Lorbeer schlug er es und briet darauf zwei der geraubten Rinder Apollons; dann nahm er die Zwölfteilung für die olympischen Götter vor, ohne selbst davon zu essen, so sehr ihn auch gelüstete.

Liebschaften ● Besonders eng verbunden mit H. ist – neben Persephone – Aphrodite. Sie wurden als Geschwisterpaar betrachtet und zeugten nach einer Version den Eros sowie den Hermaphroditos (S. 55). Durch eine Nymphe wurde H. Vater des Pan, des phal-

Vater des Pan lischen Naturgotts. (Auch er selbst soll in heftigstem Ausmaß erregt gewesen sein, als er Persephone bzw. Aphrodite erstmals erblickte.) Die Verbindung zu Naturwesen zeigt sich zudem in seiner Rolle als Reigenführer der Nymphen und Chariten, oft findet man ihn auch in Gesellschaft der Satyrn.

Eine weitere Nymphe gebar ihm den Hirten Daphnis (S. 57). Als er sich in die sterbliche Herse verliebte, eine Tochter des Kekrops (S. 141), verstellte deren Schwester Aglauros H. den Weg zu Herses Bett, worauf er sie in Stein verwandelte. Herse gebar ihm den Kephalos (S. 58).

Mit Chione, die er in Schlaf versetzte und missbrauchte, zeugte er, in derselben Nacht wie Apollon den begnadeten Musiker Philammon, dessen Zwillingsbruder Autolykos, den er mit

Peter van der Borcht (1540–1608), *Hermes verwandelt Aglauros in Stein*, Kupferstich

der Kunst des Diebstahls begabte. Dessen Enkel war der listen-reiche Odysseus.

● Als *Trismegistos* (der „Dreimalgrößte") vertritt H. in spätgrie-chischer Zeit die Rolle des ägyptischen Toth und ist somit Künder geheimen Wissens, Stifter der Wissenschaften und des klugen Erfindertums. Als solcher wurde er auch zum Schutzpatron der Redner. Später sah man in ihm den mystischen Allgott.

Spätere Entwicklung

H. Trismegistos

Zusammenfassung

H., ursprünglich ein Fruchtbarkeits- oder Todesdämon, wurde zu einem der verbreitetsten griechischen Götter.

Als Seelengeleiter und bei einer Reihe ihm übertragener Aufgaben zeigt er sich als williger Helfer des Zeus, den er einmal sogar rettete.

Seit seiner Geburt und dem Raub von Apollons Rindern gilt H. als der listige Gott der Diebe und Kaufleute.

Sein bedeutendster Nachkomme ist der Naturgott Pan.

In späterer Zeit wurde H. zum Gott der Wissenschaft und der Redekunst, zuletzt zum Allgott.

Literatur

Deichgräber, K. (1952): *Der listenreiche Trug des Gottes.* Göttingen
Kerényi, K. (1944): *Hermes der Seelenführer.* Zürich
Zanker, P. (1965): *Die Wandlung der Hermesgestalt in der attischen Vasenmalerei.* Bonn

4.9 Artemis

Die Geburt
Apollons und
der Artemis

● Leto, die stets milde und gnädige, angenehmste der olympischen Gottheiten, Tochter des Titanen Koios („Himmelskugel") und der Phoibe (ein anderer Name für die Mondgöttin), empfing in Didyma bei Milet von Zeus Zwillinge und suchte einen Ort zum Gebären. Auf Geheiß der eifersüchtigen Hera aber, die wusste, dass Letos Kinder bedeutender als ihre eigenen würden, durfte sie nur dort gebären, wohin die Sonne noch nicht geschienen hatte. Zudem sandte ihr Hera den Drachen Python hinterher. Nach Leto wollte Zeus auch deren Schwester Asteria (die spätere Mutter der Hekate, S. 87) verführen, doch floh sie als Wachtel (*órtyx*) und stürzte, während Zeus sie in Adlergestalt verfolgte, als Stein ins Meer. Auf dieser noch unbeschienenen Insel Ortygia (eine alte Bezeichnung für Delos) gebar Leto ihre Zwillinge nach neuntägigen Wehen. Da nunmehr Hera der Gebutsgöttin Eileithyia zu helfen verbat, ermöglichte erst deren Bestechung mit einem goldenen Halsband die Geburt.

Zeus und Leto mit ihren Zwillingskindern, schwarzfigurige Vase, 6. Jh. v. Chr., British Museum, London

Auf ihren folgenden Wanderungen wurde Leto auch einmal in Lykien, als sie ihre Kinder im Fluss Xanthos waschen wollte, von Hirten vertrieben und verwandelte sie deshalb in Frösche.

● A., die unnahbare Jungfrau, die bogenbewehrte, fackeltragen- *Wesen, Wirkungs-*
de Jägerin und Todesgöttin, vereinigt eine Reihe von Aspekten *bereiche,*
verschiedener vorgriechischer Gottheiten: Als *Lochia* ist sie jung- *Epiklesen*
fräuliche Geburtshelferin, daneben Göttin der freien Natur und
pótnia therón („Tierherrin"), tötende wie lebenspendende Mut- *Jägerin und*
tergöttin (somit konträre Einheit von Jungfrau und Mutter, wie *Herrin der Tiere*
eine Reihe kleinasiatischer Göttinnen), als welche sie die schaf-
fende und die zerstörende Kraft der Natur repräsentiert. Ihr Be-
gehren nach Blutopfern wird als kultische Entsprechung zur Gier
der jungfräulichen Göttin nach der Lebenskraft ihres männlichen Partners gedeutet, wie sie in den Geschichten von Orion
und Aktaion (s. unten) durchscheint. Die Geißelung spartani-
scher Knaben an ihrem Altar gilt als Ersatz für ein früheres Jüng-
lingsopfer. Ihr Name weist vielleicht auf eine grausame, Tiere
mordende, Menschenopfer fordernde Gottheit; oder er meint die
Mutter der Bären, die, neben den Hirschen, in besonderer Beziehung zu A. standen. A.' urtümliche Erscheinungsform ist in
verschiedenen Kulten bewahrt, so in Brauron in Attika (Bärin),
in Sparta (Pferdeherrin) und in Kolophon (Stierherrin). Ihre Verbindung mit Vegetationskulten zeigt sich in Aitolien, wo ihr als
A. *Laphria* Früchte und lebende Tiere auf dem Scheiterhaufen
verbrannt wurden. In Unteritalien und Sizilien wurden phalli-
sche Kulttänze für sie aufgeführt, die A. *Karyatis* freute sich an *Karyatiden*
den Ekstasen reigentanzender Mädchen, die, als wären sie tanzende Pflanzen, Körbe aus jungem Schilf auf dem Kopf trugen,
und die A. *Kordaka* genoss die grotesk-vertrackten (weiblichen)
Bewegungen der den Kordax tanzenden Männer. Auch an den
Reigentänzen ihrer sie stets umgebenden Nymphen fand sie Gefallen, ebenso aber an Jagdlärm und wilder Hatz auf Hirsche
und Eber. Sie ist einerseits Beschützerin der Neugeborenen, der
jungen Mädchen und Männer, alles Schwachen sowie des wil- *Schutzherrin der*
den Getiers, gilt als große Heilerin und schenkt den Frauen ra- *Schwachen*
sche, schmerzlose Geburt und sanften Tod. Doch bringt sie auch,
in unberechenbarer Grausamkeit oder aus Rachelust, jähes Verderben dem, der sie provoziert, beleidigt oder nur in ihre Nähe
kommt.

● Aktaion, den großen, von Chiron erzogenen Jäger, der sie *Mythologische*
zufällig beim Bad mit ihren Nymphen sah, verwandelte sie aus *Erzählungen*
Angst, er könne sich brüsten, die Göttin nackt gesehen zu haben, in einen Hirsch und ließ ihn von seinen eigenen Hunden *Aktaion*
zerfleischen.

Cavaliere d'Arpino (1568–1640), *Diana verwandelt Actaeon in einen Hirsch*, Museum der Bildenden Künste, Budapest

Nach einer früheren Geschichte, die jedoch genauso endet, näherte er sich ihr in einem Hirschfell, vielleicht um sie zu vergewaltigen.

Kallisto   Unerbittlich verteidigte A. die eigene Jungfräulichkeit und die ihrer Begleiterinnen, war jedoch auch gnadenlos, wenn eine ihr Keuschheitsgelübde brach: Als Kallisto – ursprünglich wohl die bärengestaltige A. selbst – von Zeus in der Gestalt Apollons (oder der A.) verführt (oder vergewaltigt) worden war, verwandelte sie sie in eine Bärin und trieb sie mit ihren Pfeilen davon.

Orion   Auch Orion, großer Jäger wie Aktaion, stand in enger Verbindung zu A.

Orion

Weil die Ehe des boiotischen Königs Hyrieus kinderlos blieb, lud er Zeus, Hermes und Poseidon ein und bat um Abhilfe. Sie hießen ihn das Fell des für sie geopferten Stieres holen und darüber sein Wasser lassen, dann gruben sie es ein. Nach neun Monaten wuchs an der Stelle ein Knabe: Orion, der bald zum schönen Riesen gedieh, so groß, dass er, den Kopf über Wasser, auf dem Meeresboden gehen konnte. Oder er hatte von Poseidon die Gabe bekommen auf den Wogen zu wandeln. Weil sich seine Frau Side aus Eitelkeit mit Hera maß und früh in den Hades musste, zog O. nach Chios, das er für die Hand der Königstochter Merope von wilden Tieren befreien wollte. Um seinen Lohn jedoch betrogen, betrank er sich und vergewaltigte Merope, worauf ihn deren Vater blendete und an den Strand warf. O. watete nach Lemnos und bekam von Hephaistos den Knaben Kedalion als Blindenführer. Mit ihm auf der Schulter zog er nach Osten und erhielt von He-lios das Augenlicht wieder. Als er nun im Gefolge der Artemis jagte, verliebte sich Eos in ihn und entführte ihn, worauf er auf Geheiß der eifersüchtigen Götter von Artemis getötet wurde. Oder er hatte versucht, sich an Opis, einer von Artemis' Nymphen, oder an der Göttin selbst zu vergehen, die ihm deshalb einen riesigen Skorpion sandte, an dessen Stich er starb. Nach anderen geschah dies, weil er sich gebrüstet hatte, alles Wild zu erlegen. Noch im Hades verfolgt er das Wild mit seiner ehernen Keule. Es heißt auch, Artemis sei in ihn verliebt gewesen und ihr eifersüchtiger Zwillingsbruder Apollon habe sie heimtückisch dazu gebracht, ihn zu erschießen, als er im Meer schwamm, worauf er, wie Kallisto (als große Bärin), von ihr mit seinen Hunden an den Himmel versetzt wurde. Dort scheint das Sternbild O. noch immer die Pleiaden zu jagen, die gleichfalls in Sterne verwandelt wurden, als sie, die Töchter des Atlas, mit ihrer Mutter vor dem liebestollen O. flohen.

Ein Pfeilschuss der A. bedeutete auch das Ende für die Königstochter Koronis, die, von Apollon bereits mit Asklepios schwanger, einen Sterblichen geheiratet hatte. Dem aitolischen König Oineus, der A. beim Erntefest vergessen hatte, schickte sie den kalydonischen Eber, der die Ländereien verheerte, bis ihn Meleagros erlegte (S. 184). Weil Admetos das für A. übliche Opfer vor der Hochzeit unterließ, füllte sie sein Schlafgemach und Ehebett mit Schlangen. Agamemnon befahl sie die Opferung seiner Tochter Iphigeneia, weil er behauptet hatte, ein ebenso guter Jäger zu sein wie A. (oder ein Gelübde verletzt hatte, S. 199). *Koronis*

Zweimal rächte sie ihre Mutter Leto: Als der von Hera angestiftete Gigant Tityos Leto vergewaltigen wollte, wurde er durch *Rache an Tityos und an Niobe*

einen Pfeilschuss der A. und einen Donnerkeil des Zeus niedergestreckt und im Hades an die Erde gefesselt, wo ihm seither Geier unablässig an der Leber fressen. Niobe, die Tochter des Tantalos, die sich ihrer vierzehn Kinder brüstete und Leto verhöhnte, weil sie nur zwei habe, verlor ihre sieben Töchter und sieben Söhne durch die Pfeile der A. bzw. Apollons und versteinerte vor Schmerz.

Niobe und eine ihrer Töchter, antike Kopie eines griechischen Originals, um 300 v. Chr., Uffizien, Florenz

Andererseits stand A. dem Hippolytos zur Seite, weil er sich Aphrodite versagt und ihrem Dienst verschrieben hatte (S. 150), und Prokris, die, von ihrem Gatten Kephalos getäuscht und betrogen, als Jägerin die Berge durchzog, beschenkte sie nach einer Version mit dem Hund Lailaps und einem unfehlbaren Speer (durch den Prokris freilich zuletzt selbst zu Tode kam, vgl. S. 58).

Kulte der Artemis ● Vermutlich ist A. ursprünglich auch eine chthonische, von der Erd-Mutter abstammende Gottheit, woraus sich ihre Nähe zu Hekate erklärt. Vielfach wird sie mit der Mondgöttin Selene gleichgesetzt (daher ihr Beiname *Phoibe*; vgl. auch *Phoibos Apollon*): A. war gegenwärtig, wenn der Mond schien. Ihrem Kult entspricht in Kleinasien der Kybele-Kult; ihr Kultbild in Ephesus **A. Ephesia** (A. *Ephesia*) stellt die Vegetationsgottheit dar, deren viele „Brüste" inzwischen als Stierhoden gedeutet werden, die nach dem Opfer der Tiere an die hölzerne Statue genagelt wurden.

Auf Kreta wurde A. unter den Namen *Diktynna* oder *Britomartis* verehrt. Minos verliebte sich in die jagdliebende Nymphe und Zeus-Tochter Britomartis und stellte ihr neun Monate nach

(S. 146). Fliehend stürzte sie ins Meer, wurde aber durch die Netze von Fischern gerettet. Als sie einer von ihnen im Boot nach Aigina brachte und vergewaltigen wollte, verbarg sie sich im Wald und blieb verschwunden. (Von dieser Geschichte hat der dortige Aphaia-Tempel (von *aphanós*, unsichtbar) seinen Namen.)

Artemis von Ephesos, hellenistische Kultstatue, Museo Archeologico Nazionale, Neapel

Zusammenfassung

Die Geburt der A. und Apollons wurde wegen Heras Machenschaften für Leto zur langen Qual.

A. gilt als Göttin der unschuldigen Natur sowie aller schwachen Kreatur und erscheint in verschiedenen Tiergestalten.

Grausam wird sie, sobald ihre Bereiche gestört oder ihre Keuschheit bzw. die ihrer Nymphen behelligt wird. Aktaion und Orion finden deswegen durch sie den Tod.

An Niobe und Tityos nimmt sie grausame Rache für die Beleidigung ihrer Mutter.

A. wird gleichgesetzt mit der Mondgöttin und mit der kleinasiatischen Kybele.

Literatur

Bruns, G. (1929): *Die Jägerin Artemis*. München
Fleischer, R. (1978): *Artemis von Ephesos*. Leiden
Hoenn, K. (1946): *Artemis. Gestaltwandlung einer Göttin*. Zürich

4.10 Apollon

Name, Wesen und Wirkungsbereiche

● A.s Name ist nicht geklärt, vielleicht bedeutet er „Unheilabwehrer", „Glänzender" oder „Rufer". Falsch ist die Deutung als „Vernichter" (wegen seiner großartig düsteren Macht). Die Bereiche dieses ehrfurchtgebietenden, furchteinflößenden Gottes *Gott des Lichts, der Mantik, des Schönen* sind das Licht, die Mantik (G), Musik und Poesie, alle schönen Künste (als *Musagetes* ist er Anführer der Musen), Schönheit und Beherrschung, jedoch tritt er auch als strafender Vollstrecker der Gerechtigkeit auf.

Apollon vom Zeustempel in Olympia, um 460 v. Chr., Museum, Olympia

Zugleich neben seinen schützenden und heilenden Eigenschaften vereinigt er als A. *Smintheus* die des Pestbringers mit der des Vertilgers von Mäusen und anderem Ungeziefer. Der Paian ist der ihm als *Paieon*, dem Heilsbringer, zugeeignete magisch-apotropäische (G) Gesang. Neben den Musen steht er auch den Nymphen und Chariten vor. Der Bogen – A. ist auch Todesgott – und die Leier sind seine Attribute und symbolisieren die ihm innewohnende Ambivalenz von elementarer Gewalt und deren Überwindung *Bogen und Leier* durch Kunst und Harmonie. Bei Dichtern und Wahrsagern erregt er die heilige Begeisterung. Verbunden ist er, obwohl Schutzherr der Hirten, mit dem Wolf, ferner mit Schwan, Delphin und Geier.

Später wird *Phoibos* A. häufig mit Helios verglichen oder gleichgesetzt (wie seine Schwester Artemis mit Selene) und so zum Lenker des Sonnenwagens. Vielleicht kommen in A. prähellenisch-indogermanische und kleinasiatisch-mediterrane Komponenten zusammen: der bogenführende Heil- und Todesgott der Nordvölker, der im Wolf symbolisierte Unterweltsgott A. *Lykeios*, verbunden mit der Sohn/Bruder-Gestalt als Begleiter der (gleichfalls mediterranen) Jungfrau-Mutter Artemis-Leto.

A.s Kult breitete sich von Delphoi und Delos schnell über
ganz Griechenland aus, wobei er sich zahlreicher Orakel bemächtigte. Als nie irrender Verkünder der Wahrheit führte er die Men-   *Künder der*
schen zur Erkenntnis, Privatleute und Staaten wandten sich mit   *Wahrheit*
Fragen zu allen Lebensbereichen an den Gott in Delphoi, der so
auf sämtliche Formen menschlicher Ordnung größten Einfluss
ausübte.

● Leto kam auf ihrer Wanderung zuletzt nach Delos, der früher   **Geburt und erste**
unscheinbaren, jetzt reichen Insel, die nach Artemis' und A.s   **Taten**
Geburt (S. 72) von Poseidon mit einer Säule im Meer verankert
wurde. Den Neugeborenen nährte die Titanin Themis mit Nektar
und Ambrosia; nach wenigen Tagen zog er auf Suche nach einer
Stelle für sein Orakel aus: Er wollte den Sterblichen den Willen
des Zeus künden. Zunächst tötete er den Drachen Python, der,
von Hera geschickt, Leto verfolgt und seine Geburt zu verhindern
versucht hatte (S. 72). Seine Orakelpriesterin in Delphoi erhielt
hiervon den Namen Pythia. Oder er tötete einen weiblichen Drachen namens Delphyne, der dort mit dem männlichen Typhon
(S. 22), den Hera aus Zorn ohne Zeus geboren hatte, zusammen
hauste. Demnach wurde Typhon selbst als Wächter des *omphalos*, des „Nabels der Welt" (S. 21), von A. verschont. Als Buße für
die Tötung der Delphyne musste A. im Tempe-Tal Dienst bei
Admetos tun (S. 80), nach anderer Erzählung für die Tötung der
Kyklopen (s. unten).

● Die Gründung seines Tempels in Delphoi geschah folgender-   **Die Gründung des**
maßen: A. schnellte in Gestalt eines Delphins auf das Schiff kre-   **delphischen**
tischer Seeleute und lenkte es zum Hafen von Delphoi. Von dort   **Orakels**
enteilte er an die heilige Orakelstätte, kehrte als furchterregender
Jüngling zurück und weihte die Kreter zu seinen Priestern. Einen
ersten Tempel, von Bienen aus Wachs und Federn gebaut, schickte er zu den Hyperboreern, die er alljährlich besuchte; einen anderen zündete, eines missliebigen Orakels wegen, der Ares-Sohn
Phlegyas an, wofür ihn A. mit Pfeilen erschoss.

● Als Asklepios, A.s Sohn, von Zeus mit dem Blitz vernichtet   **Weitere mythologi-**
worden war (S. 81), erschlug A. die Kyklopen, die Söhne des Zeus,   **sche Erzählungen**
die diesem seine Blitze schmiedeten. Zeus wollte A. deshalb zu-
nächst in den Tartaros stoßen, beließ es dann aber bei der Buße,
König Admetos in Thessalien zu dienen. Wegen seines Aufbe-
gehrens gegen Zeus musste er auch dem Troianer-König Laome-   *Dienst bei*
don dienen, dem er gegen Belohnung Stadtmauern bauen sollte.   *Sterblichen*

Um seinen Lohn betrogen und mit Verstümmelung und Sklaverei bedroht, schickte A. die Pest, stand im Troianischen Krieg aber gleichwohl auf Seiten der Troianer (B.8.5). So tötete er Achilleus mit einem von Paris geschossenen Pfeil. Die Priamos-Kinder Helenos und Kassandra hatten von ihm prophetische Gaben (S. 218–220). Als aber Kassandra sich ihm verweigerte, obwohl er, sie umwerbend, ihr die Sehergabe zum Geschenk machte, bestrafte er sie damit, dass ihr niemand glaubte, obwohl sie stets die Wahrheit prophezeite.

Idas und Marpessa

Sibylle von Cumae

Wie diese endeten auch andere Liebesgeschichten A.s unglücklich oder tödlich. Häufig hatten seine Geliebten einen erfolgreicheren Nebenbuhler. So entschied sich Marpessa für den messenischen Königssohn Idas, aus Furcht, der stets jugendliche Gott werde sie im Alter verlassen (S. 27). Die kumäische Sibylle wies ihn zurück, obwohl er ihr so viele Lebensjahre versprach, wie sie Sandkörner in der Hand halte, worauf er sie dazu verurteilte, tausend Jahre zu leben und immer weiter zu altern.

Daphne

Weil A. sich über Eros' Schmächtigkeit und lächerliche Waffen lustig gemacht hatte, schoss ihm dieser einen Pfeil mit goldener Spitze ins Herz und ließ ihn so in wahnsinnige Liebe zu Daphne, eine der Artemis ähnliche Nymphe, verfallen; diese selbst traf er mit einem stumpfen, der sie für Liebe unempfindlich machte. Von A. verfolgt, suchte sie Rettung bei ihrem Vater, dem Flussgott Peneios, und wurde von ihm in einen Lorbeerbaum verwandelt. Seither ist der Lorbeer A.s Lieblingsbaum, dessen Zweige er selbst als Kranz trägt, zum Schmuck für Leier und Köcher machte und für das Haupt jedes Sängers bestimmte. (Die Leier hatte ursprünglich Hermes erfunden, S. 69.)

Dryope

Der Dryope wegen verwandelte sich A. in eine Schildkröte, die, als die Nymphe sie sich an den Busen legte, zur Schlange wurde. Als Dryope aber dem A. den Amphissos gebar, war sie bereits mit dem sterblichen Andraimon verehelicht.

Kyrene

Kyrene, auch sie eine große Jägerin wie Artemis, von der sie zwei Jagdhunde bekam, hütete in den Wäldern des Pelion die Herden ihres Vaters Hypseus. Als A. sie waffenlos mit einem Löwen ringen sah, verliebte er sich in sie und entführte sie auf den Rat des Kentauren Chiron hin nach Nordafrika, wo später die gleichnamige Stadt gegründet wurde. Chiron prophezeite dem Paar die Geburt eines zweiten Zeus und eines zweiten A., der zur Freude der Menschen der „beste Gott", *Aristaios*, werde. A. ließ ihn von Chiron erziehen, die Musen lehrten ihn Heilkunst und Weissagung und machten ihn zum Hüter ihrer Herden. Aristaios

Aristaios, der Erfinder

gilt als erster Fallensteller und als Erfinder der Käsezubereitung, der Ölpresse sowie der Bienenzucht. Mit der Kadmos-Tochter Antinoë wurde er Vater des Aktaion (S. 73). Weil er die Schuld an Eurydikes Tod hatte (S. 166), starben seine Bienenvölker. Um die Ursache zu erfahren, überlistete er den Meeresalten Proteus, der ihm die nötigen Opfer nannte. Alsdann tauchten seine Bienenschwärme wieder auf. Genannt wird Aristaios auch als Begleiter des Dionysos und als dessen Ernährer am Berg Nysa (S. 94).

Mit Koronis, der Tochter seines Feindes Phlegyas, zeugte A. zwar nochmals (wie den Aristaios) einen „zweiten A.", nämlich den Asklepios, der die Rolle des Schutzherrn der Heilkunst vom *Asklepios, Sohn A.s* Vater erbte und diese Kunst auch an seine Söhne Machaon und *und der Koronis* Podaleirios weitergab, die vor Troia die verwundeten Griechen versorgten (S. 214). Aber auch Koronis heiratete den Sterblichen Ischys. Als A. die Nachricht davon erhielt, war er so verstimmt, dass er den bis dahin weißen Raben – seinen Lieblingsvogel neben dem Greif – schwarz werden ließ. A.s Schwester Artemis tötete Koronis und andere Phlegyerinnen mit ihren Pfeilen, Asklepios selbst wurde von seinem Vater vom Scheiterhaufen der Mutter gerettet und gleichfalls dem Chiron übergeben, der ihn die Heilkunst lehrte. Nach anderer Überlieferung setzte ihn seine Mutter, die den kriegerischen Vater auf die Peloponnes begleitete, auf einem Berg aus, wo ihn, gesäugt von einer Ziege, bewacht von einem Hund, umgeben von Blitzstrahlen, ein Hirte fand. Hygieia, die Göttin der Gesundheit, galt als Asklepios' Tochter oder Gattin. Weil er – vielleicht mit dem Blut der Gorgo Medusa (S. 137) – den Hippolytos von den Toten erweckte (S. 150), tötete Zeus den göttlichen Arzt mit seinem Blitz. A. verstirnte ihn als den Schlangenträger (*Ophiuchos*): Schlangen waren ihm heilig, in ihnen soll er sich verkörpert haben.

Statue des Asklepios, römische Kopie eines griechischen Originals, Archäologisches Museum, Rhodos

A. wird auch als Vater des Orpheus und des Musikers Linos genannt.

Dass es mit Lebensgefahr verbunden war, von ihm geliebt zu werden, zeigen auch seine Beziehungen zu schönen Knaben: Die Muse Kleio gebar dem Pieros den Hyakinthos, nachdem Aphrodite sie in ihren eigenen Vater verliebt gemacht hatte, aus Rache, weil die Muse sie wegen ihrer Liebe zu Adonis schalt (S. 56). Der Sänger Thamyris soll mit dem zarten Knaben Hyakinthos zum Begründer der Knabenliebe geworden sein und auch A. liebte ihn, traf ihn jedoch tödlich beim Üben mit dem Diskus, den der

A. und Hyakinthos

Tizian (1488–1576), *Die Schindung des Marsyas*, Schlossgalerie Kroměříž

eifersüchtige Windgott Zephyros aus der Bahn blies. Aus dem Blut des Getöteten entsprang die wildwachsende dunkelblaue Hyazinthe.

Wie Hyakinthos ist auch Kyparissos ursprünglich ein Dop- *A. und Kyparissos* pelgänger A.s. Als er versehentlich einen der Artemis (oder A. selbst) heiligen Hirsch mit goldenem Geweih, der sein lieber Begleiter war, mit dem Speer getötet hatte, wollte er in ewiger Be- trübnis leben oder sterben, weswegen ihn A. in den trauernden, immergrünenden Zypressenbaum verwandelte.

Auch A.s Aufenthalt bei Admetos (5.4) wurde als homoeroti- sche Geschichte erzählt.

Zu der Zeit, als ihm Hermes sein Vieh stahl (S. 69), warb er um Hymenaios, der seinen Namen nach dem Refrainruf „Hy- men" in den Hochzeitsliedern hatte und als hermaphroditischer Gott (vgl. S. 55) die Hochzeit verkörperte.

Als grausamer Rächer frevelhafter Überhebung erscheint A. *Schindung des* in der Erzählung von Marsyas: Athena hatte, um die Klage der *Marsyas* Gorgonen um Medusa (S. 137) nachzuahmen, eine Doppelflöte gefertigt, sie jedoch fortgeworfen, weil ihr beim Spielen das ei- gene Gesicht mit den aufgeblasenen Backen missfiel. Der Satyr Marsyas fand das Instrument und erlangte darauf solche Meister- schaft, dass er A. herausforderte, unter der Bedingung, der Sieger dürfe mit dem Besiegten nach Lust und Laune verfahren. Die Musen waren Schiedsrichter und befanden Marsyas zunächst als ebenbürtig, doch scheiterte er, als A. forderte, das Instrument ver- kehrt herum zu spielen, was mit der Lyra mög- lich war, nicht aber mit Marsyas' Flöte. A. häng- te den Unterlegenen an einer Pinie auf und zog ihm die Haut ab, aus den Tränen des Geschun- denen und denen seiner Freunde entstand der Fluss Marsyas.

Zum Kampf zwischen A. und Herakles kam es, weil diesem in Delphoi die Entsühnung verweigert wurde (S. 186).

Apollon, Tonkopf aus Sparta, um 700 v.Chr., Nationalmuseum, Athen

Zusammenfassung

A. ist der lichte Repräsentant von Maß und Ordnung, Schönheit, Ernst und Würde, der Verderben bringen, aber als Heilgott auch abwehren kann. Er ist ferner untrüglicher Künder von Zeus' Willen.

Für die Tötung der Delphyne (oder der Kyklopen) und für seine Aufsässigkeit gegenüber Zeus musste er bei Sterblichen Dienst tun.

Die meisten seiner Liebschaften, auch die mit Jünglingen, endeten unglücklich, der Gott musste die Geliebte mehrfach sterblichen Nebenbuhlern überlassen.

A.s bedeutendste Nachkommen sind der geschickte Erfinder Aristaios und der göttliche Arzt Asklepios.

Literatur

Bömer, F. (1963): *Gedanken über die Gestalt des Apollon und die Geschichte der griechischen Frömmigkeit.* In: Athenaeum 41, S. 275 ff.

Gagé, J. (1955): *Apollon Romain.* Paris

Mellink, M. J. (1943): *Hyacinthus.* Utrecht

Pfeiff, K. A. (1943): *Apollon.* Frankfurt/M.

Fragen

1. Nennen Sie die wesentliche Funktion Poseidons!

2. Wie heißen die drei jungfräulichen Göttinnen?

3. Worin haben die Eleusinischen Mysterien ihre Grundlage und wie zeigt sich ihr Verheißungscharakter?

4. Welche konträren Wesenszüge weisen Hera und Aphrodite auf?

5. Vergleichen Sie Athena und Artemis nach drei Gesichtspunkten!

6. Woran lässt sich erkennen, dass Hephaistos ursprünglich nicht zum olympischen Pantheon (G) gehörte?

7. Beschreiben Sie das Verhältnis zwischen Hermes und Apollon!

8. Nennen Sie wichtige Wesenszüge und Funktionen Apollons!

Hades und die Unterwelt   5.

Name und Wesen   5.1

H. ist die düstere Entsprechung zu den Lichtgöttern Zeus und Helios. Der Name fällt mit der Bezeichnung für den Aufenthaltsort zusammen und bedeutet der „Unsichtbare" oder auch der „unsichtbar Machende". Dargestellt ist er gelegentlich mit nach rückwärts gerichtetem Kopf als der, den man nicht ansehen darf (den Unterweltsgöttern opferte man mit abgewandtem Gesicht), da er alles Leben in die Finsternis verschwinden lässt. Einer seiner Beinamen ist *Pluton*, der „Reiche" oder „Reichtumspender", weil er als Gott unter der Erde auch die Pflanzenwelt nährt und den Menschen den Schatz der Metalle bietet.

Aussehen und Ordnung der Unterwelt   5.2

Verschieden sind die Vorstellungen von Einrichtung und Aussehen der unterirdischen Gefilde: Odysseus bekommt bei einer schaurigen Opferzeremonie in nebeltrüber Umgebung Einblick in eine trostlos-graue, licht- und freudlose Welt voller halblebendiger Schattenseelen (S. 230). Doch gab es seit alter Zeit auch Erzählungen von den Inseln der Seligen und den vom „Strom des Vergessens" (*Lethe*) umflossenen Elysischen Gefilden, wo Kronos bzw. Rhadamanthys herrscht und die Götterlieblinge unter Weihrauchbäumen ewig ein lustvolles Dasein mit Reiten, Würfeln und Lautenspiel genießen. Im sonnenlosen Land der Kimmerier, umgeben von Dunst und Nebel, ist der Eingang zum Haus des Hades, dort, wo die Flüsse *Pyriphlegethon* (der „Feuerbrennende"), *Kokytos* (der „Klage-Strom") und die Styx in den *Acheron* (den „Jammer-Strom") münden.

Unterweltsströme

   Die *Styx* (die „Verhasste") ist ursprünglich eine Okeanos-Tochter und stand bei Zeus ihrer Hilfe gegen die Titanen wegen in höchstem Ansehen. Bei ihr schwor man und in ihrem Namen wagten nicht einmal die Götter meineidig zu werden. Neunmal

Styx

umfließt sie die Unterwelt, an ihr nimmt der rohe Fährmann Charon die Verstorbenen von Hermes (S. 70) entgegen, um sie gegen einen Obolus als Fährgeld (den man den Toten in den Mund legte) mit seinem Kahn endgültig ins Jenseits zu bringen.

Pierre Subleyras (1699–1749), *Charon fährt die Toten über den Styx*, Louvre, Paris

In späterer Zeit befanden die drei Richter Minos, Rhadamanthys und Aiakos über das weitere Schicksal der Seelen, während Minos davor die Streitereien der Seelen untereinander schlichtete. H. regierte zusammen mit Persephone, der Tochter von Zeus und Demeter, die er einst raubte und die seither ein Drittel des Jahres in der Unterwelt zubringen musste (S. 50 f).

Hades und Persephone, Flachrelief, 5. Jh. v. Chr., Museo Nazionale, Reggio di Calabria

Gestalten der Unterwelt   **5.3**

● Hekate ist Persephones ständige Begleiterin: eine Titanin   **Hekate und Lamia**
und Tochter der Nacht, die, fackelbewehrt, auch als Mondgöttin
erscheint und Anteil an Erde, Meer und Himmel hat. Als Herrin   *Hekate*
der Unterwelt und aller Gespensterschar schwärmt sie nächtens
mit den Totenseelen umher, umlärmt von Hundegeheul (oder
auch selbst in Hundsgestalt), und treibt ihr bedrohliches Unwe-
sen.

*Hekate leuchtet Hades und
Persephone auf dem Weg in die
Unterwelt, apulischer Krater (G),
ca. 350 v.Chr., British Museum,
London*

Oft war ihr Bild an Weggabelungen aufgestellt, als Dreifach-Sta-
tue mit Gesichtern in die drei Richtungen, und die Vorüberge-
henden spendeten ihr das sogenannte Hekate-Mahl. Sie war als
Göttin der unheimlichen Mächte der Unterwelt und der Finsternis Patronin der Zauberinnen und Giftmischerinnen. Empusa ist   *Empusa*
ein anderer Name für sie, doch erscheint diese auch eigenständig
als grause Hadeswächterin, wandelbar in allerlei Tiergestalten
und darin dem Schrecksgespenst Lamia verwandt, der „Ver-
schlingerin", die von Hera ihrer Kinder, die sie mit Zeus hatte,
beraubt wurde. Seither war sie vor Kummer hässlich und mannstoll, vor allem aber stahl sie anderen Müttern die kleinen Kinder.

Die Erinyen ● Von anderer Wirkungsmacht sind die Erinyen oder Eumeniden, drei weibliche Zorn- und Rachegeister mit Schlangenhaar und schwarzer Haut, die aus den Blutstropfen des Uranos hervorgingen (S. 19) oder echte Töchter der Nacht sind, nach manchen auch des H. und der Persephone selbst. Sie sind Verbündete der Moiren, raffende Weibsgeister, in der Unterwelt zu Hause, von unerträglicher Ausdünstung, umwölkt und mit giftigem Geifer im Auge. Ihr Hundegebell rückt sie in die Nähe der Hekate. Bewehrt mit Peitschen und Fackeln rächen sie vor allem beleidigte oder getötete Mütter, verteidigen aber auch die Rechte höherrangiger Familienmitglieder. Dem Hades entsprungen, treiben sie den Schuldigen ruhelos umher und zuletzt in den Wahnsinn (vgl. S. 223).

Kerberos ● Anerkannter, unerbittlicher Wächter an den Toren der Unterwelt ist der schrecklichste aller mythischen Hunde, Kerberos, ein Spross der riesengestaltigen Echidna. Mit metallenem Gekläffe und drohendem Schlangenschwanz vertreibt er jeden, der es wagt, den Pforten des Hades nahe zu kommen. Nur Herakles konnte ihn überwältigen (S. 183), wobei er eine der von den Göttern festgelegten Grenzen verletzen musste: die zwischen Leben und Tod, über die das geifernde, dreiköpfige Scheusal wacht. Schwanzwedelnd begrüßt er die, welche auf Charons Kahn ankommen und im Hades bleiben sollen, frisst aber jeden auf, der sich drücken und zurück will. Nur als er Herakles sah, flüchtete er sich winselnd unter H.' Thron (S. 184).

Die großen Leidenden ● In den Tiefen des Tartaros (wie *Erebos* eine andere Bezeichnung für den Hades) finden sich auch die „großen Leidenden", deren Qualen von beispielloser Grausamkeit sind, weil sie ewig dauern, gleichzeitig aber vollkommen sinnlos und vergeblich *Sisyphos* sind: Sisyphos wälzt mühsam einen Felsblock auf den Gipfel eines Hügels, muss kurz vor dem Ziel jedoch immer wieder aufs neue erleben, dass der Stein wuchtig zurückrollt.

Exkurs

Sisyphos

Sisyphos war Sohn des Windgottes Aiolos und gehörte zu jenen Urbewohnern der Erde, die noch die Götter belauschen konnten. Weil er aber einen Mädchenraub des Zeus verriet, schickte ihm dieser Thanatos, den Tod. Sisyphos aber erspähte ihn rechtzeitig und überlistete und fesselte ihn, worauf niemand mehr starb, bis Ares, der Kriegsgott, den Ge-fangenen befreite und ihm Sisyphos übergab. Dieser aber übertölpelte den Tod ein zweites Mal mit der Bitte, letztmalig mit seiner Frau sprechen zu dürfen. Ihr trug er auf, keine Opfer mehr für die Unterirdischen zu bringen. Als diese sich über das Ausbleiben der Ga-ben wunderten, betörte Sisyphos Per-sephone mit List und Schläue, bis sie einwilligte, ihn nach oben zu entlassen, damit er wieder für Opfer sorgen könne. Freilich kam er nicht wieder. Er starb zu-letzt an Altersschwäche, wogegen auch keine List mehr half, und es folgte die späte Strafe.

Der Zeus-Sohn Tantalos steht in einem Teich, das Wasser bis zu den Knien. Versucht er zu trinken, verschwindet es und lässt die schwarze Erde sehen, in der er steckt. Zudem hängen die köstlichen Früchte eines Baumes auf seinen Kopf herab; doch greift er nach ihnen, wirft ein Windstoß sie bis zu den Wolken hinauf. *Tantalos*

Exkurs

Tantalos

Tantalos wurde an die Tafel der Götter geladen und auch sie ließen sich von ihm bewirten. Allerdings wollte er sie auf die Probe stellen, indem er ihnen sei-nen zerstückelten und gekochten Sohn Pelops auftischte. Die Götter durch-schauten den grausen Plan, die Göttin Rhea (oder Hermes) setzte den Buben wieder zusammen und so konnte er aus dem Kochgeschirr glänzend wiederauf-erstehen, allerdings mit elfenbeinerner Schulter: Die war zu ersetzen gewe-sen, weil Demeter, in Kummer über den Raub der Persephone (S. 50), geistes-abwesend vom Knabenfleisch gekostet hatte. Es heißt auch, Tantalos habe nicht schweigen können und den Menschen verraten, was an der göttlichen Tafel-runde gesprochen wurde, aber nicht für sterbliche Ohren bestimmt war. Ja sogar die Götterspeisen Nektar und Ambro-sia habe er gestohlen, um vor seinen Freunden damit zu prahlen. Schwer wog auch seine Vermessenheit, als Zeus ihm einen Wunsch freigab und er verlang-te, ein Leben wie die Götter führen zu dürfen. Zeus gewährte ihm die zugesag-te Bitte, ließ ihm aber einen gewaltigen Felsen über den Kopf hängen, so dass er nun zwar alles hatte, aber nichts da-von unbeschwert genießen konnte. Ort seiner Bestrafung war zunächst der Welt-raum, wo er zwischen Himmel und Erde schwebte oder gar die Sonne als feuri-gen Stein über dem Haupt hatte. Später wurde er der Schar der reuigen Büßer im Hades beigesellt.

Danaiden   Die fünfzig Danaiden tragen zur Strafe auf ewige Zeiten in der Unterwelt unablässig Wasser in zerbrochenen Krügen oder füllen mit Sieben ein bodenloses, löchriges Fass.

Exkurs

Die Danaiden

Die Danaiden sind ursprünglich kriegerische, männerfeindliche Frauen, im Sagenkreis um die Stadt Argos Töchter des Danaos, des Zwillingsbruders des Aigyptos, der hinwieder fünfzig Söhne hatte. Trotz gerechter Aufteilung des Erbes durch den Vater gerieten die Brüder in Streit, Danaos floh mit seiner Töchterschar nach Argos und wurde dort wohlwollend aufgenommen. Gleichwohl stellten sich die Verfolger ein, worauf Danaos zum Schein in den geforderten fünfzigfachen Ehebund einwilligte. Doch heckten Vater und Töchter eine schreckliche List aus: Jedes der Mädchen nahm einen Dolch mit ins Brautbett, 49 ermordeten ihren Bräutigam und schnitten ihm den Kopf ab. (Hypermestra, die einzige, die sich in ihren Bräutigam verliebte, wurde Urahnin des Perseus und des Herakles.)

Ixion   Der Ares-Sohn Ixion war in uralten Zeiten König der Lapithen (S. 151) und brachte seinen Schwiegervater auf grausige Weise um, als dieser die Brautgeschenke einforderte: der erste Verwandtenmord unter den Sterblichen. Daraufhin mit Wahnsinn geschlagen, fand er schließlich das Erbarmen des Zeus, der ihn entsühnte und sogar an die himmlische Tafel lud. Dort aber verliebte er sich in Hera, die Zeus die Absichten des Gastes hinterbrachte. Um ihn zu erproben, schuf Zeus ein Nebelbild seiner Gattin, dem Ixion tatsächlich beiwohnte. So zeugte er den Stammvater der Kentauren. Zur Strafe wurde Ixion an ein geflügeltes Feuerrad gebunden und treibt seither in ewigem Wirbel durch die Fluchten und Gänge des Hades, wobei er ständig die Worte wiederholt: *„Du sollst dem Wohltäter mit Dank vergelten!"*

Tityos   Weil er die Göttin Leto verschleppen und vergewaltigen wollte, liegt der Riese Tityos, getroffen vom Blitz des Zeus (oder den Pfeilen der Artemis), in seiner ganzen Länge von neunhundert Fuß ausgestreckt in der Unterwelt, während ihm zwei Geier an der Leber fressen (S. 75 f).

Peirithoos   Der Ixion-Sohn Peirithoos büßt seine Absicht, sich Persephone als Braut zu rauben, indem er auf dem Felsenthron des Vergessens festgewachsen ist (S. 152).

Dem Tod entrissen: Alkestis   5.4

Auch die Herakles-Geschichte von der Verschleppung des Kerberos ist, wie andere Erzählungen über die Unterwelt, verbunden mit einer „Hadesfahrt", der üblichen Darstellung, um das eine und andere über diesen den Lebenden unzugänglichen Bereich mitzuteilen. Mehrere solcher Geschichten sind bekannt, in denen der Held Einblick oder gar Zugang in die Unterwelt bekommt: Odysseus musste sich auf Geheiß der Zauberin Kirke von der Seele des Sehers Teiresias die Route seiner Heimkehr weissagen lassen (S. 230). Orpheus bezauberte die Unterweltsgötter mit seiner Musik und kehrte doch verzweifelt zurück (B.6.2). Herakles holte nicht nur für seinen Auftraggeber Eurystheus den Kerberos in Ketten ans Licht (S. 183), sondern entwand den Totengöttern sogar die Seele der toten Alkestis.

Apollon diente, um den Mord an der Drachin Delphyne zu sühnen, ein „großes Jahr" lang beim thessalischen König Admetos als Hirte und Pferdepfleger (S. 79 f) und half ihm auch, seine Gattin Alkestis zu gewinnen, indem er ein höchst ungewöhnliches Gespann, einen Löwen und einen Eber, vor den Brautwagen zusammenspannte und so die Bedingung des Brautvaters Pelias erfüllte. Bei der Hochzeit selbst machte Apollon die Moiren (S. 29) betrunken und erwirkte von ihnen als Hochzeitsgeschenk für Admetos, dass sie

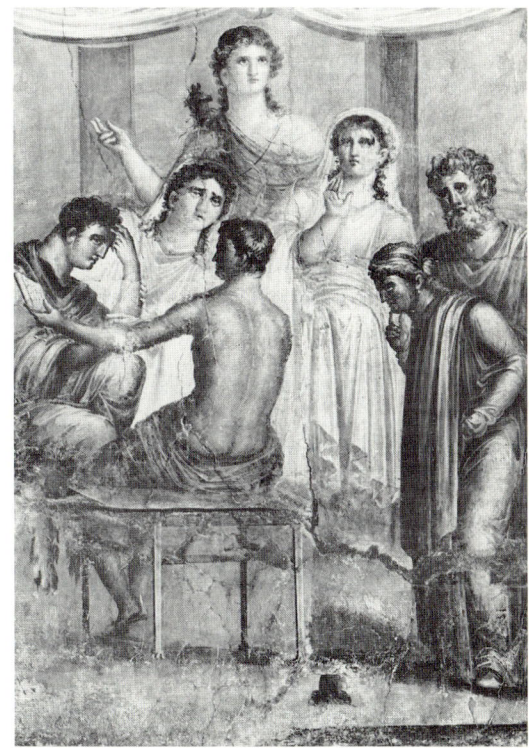

Admetos erfährt im Beisein Apollons, der Moiren und der Alkestis, dass er sterben muss, Wandmalerei aus Pompeji, 1. Jh. n.Chr., Museo Archeologico Nazionale, Neapel

sein kurzes Leben verdoppelten, unter der Bedingung, dass an dem Tag, an dem er ursprünglich sterben sollte, ein anderer an seiner Statt freiwillig in den Tod gehe.

Dieser Tag war bald gekommen, doch niemand, auch seine greisen Eltern nicht, war bereit, für den jungen König aus dem Leben zu scheiden – außer Alkestis, die, nach schmerzlichem Abschied von ihrer Familie, tot aus dem Haus getragen wurde. In diesem Augenblick kam der alte Gastfreund Herakles hinzu, erfuhr, was geschehen war, und entriss dem Tod in gewaltigem Ringen seine Beute. Nach anderer Version entließen die Unterweltsgötter selbst die junge Frau, aus Erstaunen über die Opferbereitschaft und ihre freiwillige Ankunft im Hades – die einzige (spät entstandene) Geschichte, nach der die unerbittlichen Herren der Unterwelt eine Menschenseele, die ihre ehernen Pforten überschritten hatte, wieder zurück ins Leben ließen.

5.5 Geteilter Aufenthalt: Dioskuren, Adonis

Andere durften, obschon dem Hades verfallen, doch auch eine Zeit auf der Oberwelt zubringen, wie Persephone selbst.

Die Zwillingsbrüder Kastor und Polydeukes, die *Dioskuren* („Söhne des Zeus"), als Sternbild („Zwillinge") die Schutzpatrone der Seefahrer, als rasche berittene Helfer die Zuflucht der Menschen in jeder Gefahr, sind, wie Helene, Kinder der Leda. Nachdem sie als Rossebändiger (Kastor) und Faustkämpfer (Polydeukes) an vielen Abenteuern teilgenommen hatten (S. 157 f), gerieten sie mit ihren Vettern, dem Riesen Idas und dem scharfäugigen Lynkeus, eines Mädchenraubs wegen in Streit. Kastor wurde getötet, weshalb sein Zwillingsbruder von Zeus gleichfalls den Tod erbat. Nun erfuhr er, dass nur er Sohn des Zeus sei, Kastor aber Sohn des sterblichen Tyndareos. Sein Vater stellte ihn vor die Wahl, fortan entweder bei den Göttern oder zusammen mit seinem Bruder einen Tag unter der Erde, den anderen im Olymp zu leben. Er entschied sich für Letzteres und seither haben sie auf alle Zeiten im Wechsel Anteil am Licht und am Dunkel.

Auch Adonis hatte geteilten Aufenthalt (S. 56) und musste ein Drittel des Jahres bei Persephone, eines bei Aphrodite sein. Über das dritte durfte er selbst verfügen und zog freilich die Liebesgöttin dem trüben Hades vor.

Literatur

Felten, W. (1975): *Attische Unterweltsdarstellungen des VI. und V. Jahrhunderts v. Chr.* München

Anton, H. (1967): *Der Raub der Proserpina.* Heidelberg

Zusammenfassung

H. lässt alles Lebendige verschwinden, ist als unterirdischer Nährer jedoch auch Spender von Reichtum.

Die Vorstellungen von der Unterwelt reichen vom düsteren Schattenreich bis zu den Inseln der Seligen.

H. und Persephone beherrschen den von drei Strömen umflossenen Ort ohne Wiederkehr, an den der Fährmann Charon die toten Seelen bringt.

Bevölkert wird die Unterwelt von allerlei Schreckgestalten wie Hekate und den Erinyen; der Hund Kerberos ist der gnadenlose Torwächter.

Der Hades ist auch Leidensort schwerer Sünder (Sisyphos, Tantalos, Ixion), die sich gegen die Götter vermaßen.

Die Geschichten um die Dioskuren und um Adonis verweisen auf alte Vegetationskulte und sind Sinnbild für das Sterben und Wiedererwachen der Natur.

Fragen

1. Nennen Sie einige der wichtigsten Gestalten der Unterwelt!

2. Nennen Sie drei der großen Leidenden und die Art ihrer Strafe!

3. Erläutern Sie den Begriff *Vegetationsgottheit* anhand eines Beispiels!

Dionysos und sein Gefolge   6.

Geburt und Erziehung   6.1

D. ist der jüngste von Zeus' unsterblichen Söhnen, auch *Zagros* („Jäger") oder *Bakchos* („Spross") genannt. Zumeist gilt die Sterb-

Sohn der Semele   liche Semele als seine Mutter: Hera nahm, als sie vom Verhältnis des Gatten mit ihr erfuhr, die Gestalt von Semeles Amme an und beredete sie, Zeus in seiner wahren Gestalt zu empfangen. Als der olympische Liebhaber ihr den Wunsch gewährte, verbrannte sie im göttlichen Blitzstrahl. Zeus trug jedoch die sechs Monate alte Leibesfrucht in seinem Schenkel aus und Hermes übergab den Neugeborenen den Nymphen von Nysa, fern im Osten, zur Pflege. Demnach bedeutet der Name *Dio-nysos* „Sohn des Zeus vom Berg Nysa". Das Amt des Erziehers übernahm als-

Silenos, Erzieher   bald Silenos (S. 97), der in späterer Zeit als Glatzkopf, Dickbauch
des D.   und Stumpfnase zur komischen Figur verkam. Oder der Gott zog bereits damals, efeu- und lorbeerbekränzt, in Begleitung der Nymphen durch die Wälder. Es heißt auch, D. habe seine Mutter gesucht, in den Sümpfen von Lerna den Eingang zur Unterwelt gefunden, sie heraufgeholt und unter dem Namen *Thyone* oder *Thyias* unsterblich gemacht.

6.2   Orphische (G) Geschichten

Nach einer Geschichte der Orphik, jener archaischen (G) Geheimlehre, die immer eng mit dem D.-Kult verbunden war, ist D.
Sohn der   Zeus' Sohn von Demeter oder von seiner eigenen Tochter Per-
Persephone   sephone: Während das Mädchen in einer Höhle einen Mantel wob, näherte sich ihr, auf Anstiften der eigenen Mutter, Zeus in Gestalt einer Schlange und zeugte mit ihr den Gott, welcher der auf Zeus folgende sechste Weltherrscher sein sollte. Persephone brachte in dieser Höhle das gehörnte Kind zur Welt.

Die eifersüchtige Hera hasste indes auch diesen Spross des Zeus und rächte sich fürchterlich: Sie stiftete zwei Titanen an, den spielenden Buben zu überfallen und in sieben Stücke zu zerreißen oder zu zerschneiden. Die Stücke warfen sie in einen Kessel, kochten das Fleisch und brieten es mit sieben Spießen über dem Feuer. (Es handelt sich um eine genaue Entsprechung zur Schlachtungszeremonie von Zicklein oder Kälbchen in gewissen Gegenden.) Zeus schleuderte die Titanen zurück in den Tartaros und übergab die Glieder dem Apollon, der sie in Delphoi beisetzte.

Nach späterer Darstellung sammelte Demeter die Glieder wieder (womit auf die Entstehung des Weinstocks angespielt ist). Der Wein, so die Orphiker, sei die letzte Gabe des Gottes, jener edle Trank, der, wie das Brot, nach uralter Vorstellung ein Mittel gegen tierische Rohheit ist.

In allen Erzählungen ist davon die Rede, dass Zeus das Herz des D. rettete. Eine andere Version verbindet die beiden Erzählungen: Zeus habe das noch zuckende Herz des zerrissenen D. Semele verschlucken lassen und so sei der „jüngere" D. empfangen worden. *Di-meter*, „der mit zwei Müttern", ist einer von D.' Beinamen. Nach anderen vertraute Zeus dies Herz der Göttin Rhea an, damit sie es in einem Getreidekorb auf dem Kopf trage. Am Grund dieses Korbs jedoch befand sich ein Phallos. Wenn es heißt, der *Liknites* („der aus dem Getreidekorb") werde von den Dienerinnen des D. immer wieder „erweckt", ist damit ein Hinweis auf D. als Gott der sexuellen Erregung und des Rausches gegeben.

Geschichten von der Durchsetzung des Dionysos-Kultes   6.3

Auf dem Parnass wurde alle zwei Jahre die Wiedergeburt des Gottes gefeiert, Beleg dafür, dass auch D. in den Kreis der Vegetationsgottheiten gehört. Bei seiner Verehrung blieben die Frauen unter sich: Efeugeschmückt, Rehfelle über dem langen Gewand, mit Thyrsosstäben (G) bewehrt, überließen sie sich, vom Gott begeistert, als Bakchantinnen dem orgiastischen Taumel, traten aus der gezügelten Wesensart heraus und zerfleischten im Rausch der entgrenzten Sinne Rehkälbchen oder auch in rasendem Wahn Menschen. *Lyaios*, der „Löser", bezeichnet diese entfesselnde Wirkung des D. *,Dionysischer' Rausch und Taumel*

Der Gott selbst, als Bock oder Stier anwesend, ließ Milch, Wein und Honig aus dem Boden sprudeln. Hatten den D. als Kind und Jugendlichen noch göttliche Frauen gewartet, so erschienen seine Begleiterinnen jetzt als *Mainaden*, die „Wütenden".

Die erklärenden Erzählungen dazu belegen zugleich, dass der Kult des D. sich gegen heftigen Widerstand streng geordneter aristokratischer Gesellschaften durchsetzen musste:

Als die braven Töchter des boiotischen Königs Minyas jene Frauen, die sich dem Thiasos (G) anschlossen, beschimpften, *Minyas-Töchter* erschien der Gott selbst, verwandelte sich vor ihnen in Stier, Löwe und Leopard, ließ Efeu und Wein um ihre Webstühle ranken und brachte die drei dazu, das Kind der einen zu zerreißen und sodann heulend dem Festschwarm in die Berge nachzueilen, wo sie ihrer Bluttat wegen in Fledermaus, Eule und Krähe verwandelt wurden.

Proitos-Töchter   Die Töchter des Königs Proitos von Tiryns verweigerten sich den dionysischen Riten, hielten sich für Kühe und wurden mannstoll. So durchschwärmten sie nachts die Peloponnes und rissen scharenweise andere Frauen mit sich, die ihre Kinder umbrachten und die Familien verließen, ehe sie geheilt wurden.

Augaue und Pentheus   Urbild der Bakchantinnen sind jedoch Semeles Schwestern Agaue, Autonoë und Ino: Sie zweifelten an der Göttlichkeit ihres Neffen, wurden von ihm veranlasst, ihn wie echte Mainaden zu feiern, und zerrissen Pentheus, den Sohn der Agaue. Um dem wilden Treiben bei Theben Einhalt zu tun, hatte dieser den D. eingekerkert, doch fielen die Ketten von ihm und die Verliestür sprang auf. D. führte den neugierig gewordenen Pentheus in Frauenkleidern zum Festplatz und verbarg ihn auf einem Baum. Die Frauen entdeckten ihn, hielten ihn für einen Berglöwen und rissen ihn in Stücke, allen voran seine Mutter.

Lykurgos   Der thrakische König Lykurgos verfolgte die Ammen des D., auf der Flucht sprang der kleine Gott ins Meer (und in den Schoß der Thetis, S. 193). Der Verfolger aber verfiel in Raserei, wollte sich im Weinrausch an der eigenen Mutter vergehen und zerhackte seinen Sohn, weil er seine Beine für Rebstöcke hielt, ehe er selbst aufgrund eines Orakels wilden Pferden vorgeworfen wurde.

Ikarios   Widerstand gegen den Gott und seine Gaben zeigt sich auch in der Geschichte von Ikarios, einem einfachen Mann, den D. den Weinbau gelehrt hatte. Als er seine Nachbarn kosten ließ und sie betrunken wurden, glaubten sie sich vergiftet und brachten ihn um.

Oineus   Andererseits soll D. in Aitolien so freundlich von König Oineus aufgenommen worden sein, dass er ihn mit der Kenntnis des Weinbaus beschenkte – und seine Gattin mit der Tochter Deianeira (S. 188).

So erscheint D. als grausam getötetes und wiedergeborenes Kind (nach einer sehr alten Geschichte soll ihn Perseus getötet und in die abgrundtiefe Quelle der Lerna geschleudert haben), dann als verfolgter Gott, dies auch in jener Erzählung, die berichtet, Kadmos (S. 115) habe seine Tochter Semele in einer Truhe ins Meer werfen lassen, als er ihre Schwangerschaft bemerkte. Semele sei, als die Küstenbewohner den Kasten fanden, tot gewesen, seine Tante Ino aber habe D. gewartet (S. 40). Eine weitere Begründung für die Ansicht, D. sei kein einheimischer griechischer Gott, liefert auch jene Erzählung, wonach Piraten D., den sie als schönen Jüngling auf einer Landzunge entdeckten, auf ihr

Schiff lockten, um ihn als Sklaven zu verkaufen. Plötzlich aber
war das Schiff von Weinstöcken bedeckt, Trauben hingen an Segeln und Mast sowie in den Haaren der jungen Burschen, zu
deren Füßen wilde Tiere spielten. Schließlich verwandelte sich
D. in einen Löwen, bedrohte mit Gebrüll die verschreckte Pira-
tenschar und packte den Schiffsherrn. Die Seeleute stürzten sich
in Todesangst ins Meer und wurden in Delphine verwandelt: die
erste Epiphanie (G) des Gottes, die fortan verbunden war mit
seinem triumphalen Auftritt, begleitet von buntem, vielfältigem
Gefolge.

Der Triumphzug des Dionysos und seine Begleiter   6.4

● Zu D.' Gefolge gehörten nicht nur die Bakchantinnen, son- *Der Triumphzug*
dern auch deren derb-männliche Entsprechung, die Satyrn und *mit Ariadne*
Silenen, ferner durch Wein gezähmte Raubtiere wie Löwen, Panther und Leoparden, auch traubenfressende Ziegenböcke. D.'
„Triumph", *thriambos*, ist nichts anderes als ein Beiname des
Gottes und die Bezeichnung eines Hymnus auf ihn, ein Hinweis
zugleich auf den Siegeszug, den D. in der Zeit des Hellenismus (G) antrat, als er Züge des Licht- und Sonnengottes annahm
und sein Kult als oberste Gottheit zur Erlösungsreligion wurde.
Mit dem triumphierenden Gott ist fast ausschließlich *eine* feste
Gefährtin verbunden: Ariadne, die von Theseus verlassene Toch- *Ariadne*
ter des Minos (S. 149), die in tiefen Schlaf versunken war, als
D. auf Naxos als Retter und Bräutigam erschien, um mit ihr auf
der Insel Dia Hochzeit zu feiern und sie in seinem Wagen zum
Himmel hinaufzufahren.

● Der junge D. war dem Silenos zur Erziehung übergeben *Silenos*
worden, dem Sohn des Pan und einer Nymphe, berühmt für seine Lebensweisheit und Weissagekunst, ein halbmenschlicher,
bärtiger Zweibeiner mit Pferdeohren, -schwanz und -hufen. Silene, ursprünglich unheimlich-wilde Naturdämonen, reiten oft auf
Eseln, treten meist im Rudel auf und begleiten den *Thiasos*, den
Festschwarm des D. Später traten auch jugendlich-bartlose Silene in Erscheinung. Nur schwer zu unterscheiden ist zwischen
Silenen und Satyrn, da sie sich äußerlich ähneln, ihres nichts-
nutzigen Treibens wegen gleichermaßen getadelt werden und
alle in derb-sinnlicher Angriffslust, in hemmungsloser Lüstern-
heit hinter den Nymphen her sind; entsprechend sind sie häufig
ithyphallisch (G) dargestellt: *satyroi* sind die „Vollen" im Sinne

sexueller Erregung, wohingegen als *silenoi* ursprünglich Tänzer bei Fruchtbarkeitsriten bezeichnet wurden, die sich einen Pferdeschweif anbanden. Gleich ob menschlichen oder göttlichen Ursprungs, galten Silene wie Satyrn als sterblich.

Exkurs

König Midas

Es heißt, lydische Bauern hätten den alten Silenos, der sich im Rausch verlaufen hatte, zum phrygischen König Midas gebracht, der ihn zu Dionysos zurückbrachte und dafür einen Wunsch freibekam. Er bat, alles solle zu Gold werden, was er berühre. Bald aber, als auch seine Nahrung so verwandelt wurde, betete er inständig um Befreiung von der unseligen Gabe. Dionysos gab ihm Weisung, sich im Fluss Paktolos zu waschen, der seither Goldstaub mit sich führt.

Eine andere Geschichte erzählt, Silenos habe nachts aus Midas' Brunnen getrunken, worauf der König Wein in das Wasser pumpte und den schwer Betrunkenen gefangennahm, um ihm seine Weisheiten zu entlocken, die er auch neidlos mitteilte, etwa die, dass es für den Menschen das Beste sei, nie geboren zu werden, das Zweitbeste, so bald wie möglich zu sterben.

Midas wird auch als Schiedsrichter beim Wettstreit zwischen Apollon und dem Satyrn Marsyas (nach anderen: Apollon und Pan) genannt (S. 83). Wegen seiner Dummheit, dem wilden Waldbewohner Marsyas den Sieg zuzuerkennen, bestückte Apollon den Midas mit Eselsohren (die er seither mit der Phrygermütze verbarg).

Nymphen ● *nymphe* bezeichnet eigentlich das Mädchen, das den Mann in der Brautnacht zum Mann macht. Im Festschwarm des D. sind Nymphen das weibliche Gegenstück zu den Satyrn. Göttlichen oder halbgöttlichen Ursprungs, oft Töchter des Zeus, wohnen sie in bestimmten Naturerscheinungen. Sie sind jugendlich-schöne Frauen, oft in göttlicher Gesellschaft, wenn auch nicht immer unsterblich: Die Dryaden, die in einzelnen Bäumen wohnten, starben mit ihrer Behausung, ebenso die Naiaden (Wasser- oder Quellnymphen). Daneben unterschied man die Meliai (Eschennymphen, S. 19), die Oreaden (Bergnymphen) und die Nereïden (Meeresnymphen). So geneigt sie gemeinhin der Liebe waren, konnten sie doch auch grausam sein. Unter den großen Göttern ist Hermes Sohn einer Nymphe, Nymphen sind häufig Ammen von Göttern und Helden, siehe D. selbst. Oft erscheinen sie aber auch ganz für sich allein, manchmal in Dreizahl, geführt von Hermes.

● Als Sohn des Hermes gilt auch Pan, einer aus der Vielzahl **Pan**
phallischer Götter, die im Zusammenhang mit Fruchtbarkeit und
Wachstum zu sehen sind. Hermes musste, wie Apollon bei Admetos, in Arkadien bei einem König Dienst tun, verliebte sich in
die Nymphe Dryope und zeugte mit ihr ein Wunderkind: lärmend
und lachend aus wildem Gesicht, über und über behaart, mit Zie-
genfüßen und Bockshörnern, ein Anblick, der die Mutter entsetzt
davoneilen ließ, während Hermes sein Söhnchen auf den Olymp
trug und dort zum Gaudium der Unsterblichen vorstellte, von
denen D. die größte Freude an dem absonderlichen Kleinen hatte. Im Gefolge des D. erscheint Pan gelegentlich als Anführer
der Satyrn, jedoch auch vervielfältigt: Paniskoi (auch weibliche)
sind die bocksgestaltige Variante der pferdeartigen Satyrn. Pans
Wesen ist dunkel und schreckenerregend, bösartig jedoch nur,
wenn zur Mittagsstunde sein Schlaf gestört wird. Dann fährt er
auf und treibt die Herden in wilder Flucht auseinander. Auch
unter kämpfenden Heeren kann er durch sein jähes Erscheinen
„Panik" verbreiten, etwa unter den Giganten, die er während des
Kampfes mit den Göttern durch einen ungeheuren Schrei verschreckte. (Nach der Schlacht bei Marathon (490 v. Chr.) soll er
auch unter den Persern Panik verbreitet haben, weshalb ihm in
Athen ein Heiligtum gestiftet wurde.) Verantwortlich war er auch
für die Fruchtbarkeit der Herden: Vermehrten sie sich nicht, so
wurde sein Standbild mit Meerzwiebeln gepeitscht.

Mit Leidenschaft verfolgte er Nymphen, nicht immer mit
dem gewünschten Erfolg: Pitys verwandelte sich in eine Fichte,
Syrinx wurde vor der Vergewaltigung nur durch Verwandlung in   *Syrinx*
Schilfrohr gerettet, aus dem Pan sich zum Trost die erste mehr-
rohrige Hirtenflöte fertigte.

Es heißt auch, Echo sei, von ihm verfolgt, zur bloßen Stimme
geworden (S. 57). Pan ist wörtlich der „All"-Gott (weil alle im
Olymp an ihm Vergnügen fanden). Später wurde er tatsächlich
mit dem All gleichgesetzt. Eine andere Deutung sieht in ihm
Paon, den „Nährer" oder „Hirten".

● Der Geburt des Pan nachgebildet scheint die des Priapos   **Priapos**
(sein Vater ist D. oder Zeus): Auch er ist eine Missgeburt, die
seine Mutter Aphrodite von sich schleuderte, als sie das verwach-
sene Ungetüm mit roter Zunge, dickem Bauch und gewaltigem
Phallos sah. Ein Hirte las das kleine Monster auf und bewahrte es
bei sich, bis es sich D. anschloss, der erkannte, dass das Geschöpf
jeder Form von Fruchtbarkeit nur dienlich sein konnte. Später

war Priapos' Rolle beschränkt auf die eines grotesken Gartengottes, einer rot bemalten obszönen Vogelscheuche, die auch Diebe abschrecken sollte.

Einige Geschichten wurden ihm angedichtet, etwa die, er habe über die schlafende Göttin Hestia (oder die Nymphe Lotis) herfallen wollen, sei jedoch durch einen Eselsschrei verraten worden. Auch hieß es, er habe den kleinen Ares zur Erziehung erhalten (S. 64). Diese Erzieherrolle verbindet ihn mit Silenos.

Zusammenfassung

D. ist Zeus' jüngster Sohn von einer Sterblichen (Semele), erzogen von Nymphen und Silenos.

Er soll von Titanen zerrissen, von Demeter aber wieder zusammengefügt worden sein.

Als Gott des Rausches, der sexuellen Erregung und der Ekstase ist er Herr des Thiasos, des dionysischen Festschwarms, dem neben Mainaden (Bakchantinnen) auch wilde Tiere und allerlei Naturwesen angehören.

Silenen, Satyrn, Pan und Priapos repräsentieren in verschiedenen Gestalten ungebändigt-triebhaftes Verlangen, dessen Ziel zumeist die Nymphen sind.

D.' „Triumph" bezieht sich auf die prunkvolle Heimführung der Ariadne.

Eine Reihe von Geschichten belegt, dass sich der D.-Kult gegen mancherlei Widerstände durchsetzen musste.

Literatur

Emmerling-Skala, A. (1994): *Bacchus in der Renaissance*. Hildesheim
Kerényi, K. (1961): *Der frühe Dionysos*. Oslo
Otto, W. F. (1933): *Dionysos. Mythos und Kultus*. Frankfurt am Main
Schöne, A. (1987): *Der Thiasos. Eine ikonographische Untersuchung über das Gefolge des Dionysos in der attischen Vasenmalerei des 6. und 5. Jahrhunderts v. Chr.* Göteborg

Fragen

1. Worauf könnte sich die Bezeichnung des D. als „leidender Gott" stützen?

2. Welche Gestalten bilden den Thiasos?

Helios   7.

Wesenszüge   7.1

H. verkörpert die aus dem Anblick der Sonne erwachsende Vorstellung einer personalen Gottheit, die am Morgen aus dem Okeanos aufsteigt und abends in ihn zurück oder unter die Erde taucht,
wo sie in anderen Reichen herrscht. Nach anderer Erzählung
steigt H. dazu in einen großen Goldbecher und fährt schlafend
in schneller Fahrt von den Hesperiden (S. 182) zu den Aithiopen. Unermüdlich lenkt er seinen Wagen (zunächst ein Stier-,
später ein Rossegespann) über den Taghimmel. Er ist Herr über   *Lenker des Sonnen-*
den Tages- und Jahresablauf und zeugender Vater der Sonnen-   *wagens*
strahlen, der alles sieht und alles hört und somit als wissender
Zeuge der menschlichen Taten gilt. Unrecht bringt er ans Licht,
weshalb er auch bei Schwüren angerufen wurde. Als Gott des
Augenlichts schlägt er Schuldige mit Blindheit, heilt aber auch
von ihr. H. steht auch für schöpferische Kraft. Er schenkt den
Menschen die Lebenstage.

Helios im Sonnenwagen, apulischer Krater, um 430 v. Chr.,
British Museum, London

7.2 Gattinnen und Nachkommen

H. ist der einzige Titan unter Zeus' Herrschaft, Sohn zweier Titanen, des Hyperion und der Theia, wobei der Name seines Vaters häufig selbst in der Bedeutung von „Sonne" verwendet wird. *Phaëthon* ist gelegentlicher Beiname des H., aber auch der Name seines Sohnes. Mehrere Gattinnen werden genannt, darunter Perse, die unterweltliche Züge trägt, und Selene, mit der er sich bei Neumond vereint. Seine Töchter Lampetia und Phaëthusa hüten ihm die Rinder, deren Zahl den Tagen eines Mondjahrs entspricht. Als sich Odysseus' Gefährten an den Rindern vergingen, wurde ihnen zur Strafe der „Tag der Heimfahrt" genommen (S. 232). Auch die Chariten und die „Heliaden" Kirke (S. 230), Pasiphaë (S. 145) und Medeia (S. 159 ff) gelten als H.-Töchter.

7.3 Mythologische Erzählungen

Weil ihm Aphrodite des entdeckten Betrugs an Hephaistos wegen zürnte (S. 67), verlief, wie manche andere, auch H.' Liebschaft
Leukothea   mit Leukothea unglücklich: Er verführte sie, indem er ihr als ihre Mutter erschien, doch verriet Klytia, die er Leukotheas wegen verlassen hatte, alles deren Vater, der seine Tochter daraufhin lebendig begrub. H. verwandelte sie in den Weihrauchbaum, Klytia in ein Veilchen, das mit großem Auge stets dem Lauf der Sonne folgt.

Als H. mit Poseidon um Korinth stritt, sprach ihm der als Schiedsrichter bestellte Hundertarmer Briareos Akrokorinth zu, wo später sein Sohn Aietes, der sterbliche Ziehvater der Medea (S. 159), eine Zeitlang herrschte.

Phaëthon   In der bekanntesten Geschichte von Phaëthon ist H. sein Vater, die Okeanine Klymene seine Mutter. Eines Morgens bestieg der Knabe heimlich den väterlichen Wagen, während der Fahrt aber packte ihn heillose Angst und er stürzte in den Eridanos. Ein Blitz des Zeus vernichtete ihn und steckte die Erde in Brand, den Zeus mit der Sintflut löschte, um das prometheische Menschengeschlecht zu verderben (8.4). Phaëthons Schwestern, die Heliaden, wurden in Pappeln verwandelt, sein Freund Kyknos, der sich einfand, um mitzuklagen, in einen Schwan. Nach anderer Version schickte ihn seine Mutter zu H., um die versprochene Erfüllung einer Bitte einzufordern, und der entsetzte Vater musste dem Knaben den Sonnenwagen überlassen. Als die Pferde durchgingen, verursachte er zunächst einen gewaltigen Riss im

Himmel (woraus nach dieser Darstellung die Milchstraße entstand; vgl. aber S. 40) und verursachte, als die Rosse nach unten tauchten, Dürre und Brand auf der Erde. (Die Äquatorbewohner sind seither schwarz.) Nun schleuderte ihn Zeus mit dem Donnerkeil aus dem Wagen. Die Tränen seiner Schwestern wurden zu Bernstein, dem *élektron*. (*Eléktor* ist eine weitere Bezeichnung für Helios.)

Phaëthon stürzt aus dem Sonnenwagen, bemalter Teller aus Faënza, 16. Jh., Musée du Petit Palais, Paris

Darstellungen und Kult   **7.4**

Im Mythos ist H. ansonsten ohne wesentliche Rolle. Er wohnt nicht auf dem Olymp, enge Verbindungen zu Kultstätten sind kaum bekannt, bis auf die Peloponnes und Rhodos: Während Zeus die Länder an die Götter verteilte, ging H. leer aus, weil er gerade mit seinem Gespann über den Himmel fuhr. Als Entschädigung bekam er die Insel Rhodos, wo er seither besondere Ehren genießt.

Beim berühmten „Koloss von Rhodos" handelte es sich um ein Standbild des H. *Eleuthérios* (des „Freiheitbringers"). Sonstige Darstellungen zeigen ihn meist mit der Strahlenkrone um das Haupt, Eos und Selene gehen seinem geflügelten Rossegespann voraus. Die geringe kultische Verehrung erklärt sich auch daraus, dass Gestirnkult den klassischen Griechen als „barbarisch" galt und H. sehr früh mit einem anderen „strahlenden" Gott, Apollon, verschmolz, der bald auch den H.-Beinamen *Phoibos* übernahm und selbst als H. bezeichnet wurde.

Verschmelzung mit Apollon

Zusammenfassung

Als Erzeuger der Sonnenstrahlen ist H. Herr über den Taghimmel und bringt alles „ans Licht", vor allem auch jedes Unrecht.

Seine bedeutendsten Nachkommen sind die Heliaden und Phaëthon.

Diesem musste er einmal den Sonnenwagen überlassen, womit der Knabe seinen eigenen Untergang heraufbeschwor.

Die Insel Rhodos ist für H. Ersatz, nachdem er bei der Verteilung der Länder vergessen worden war.

Hinsichtlich mancher Funktionen verschmolz H. bald mit Apollon.

Literatur

Kerényi, K. (1943): *Vater Helios.* In: Eranos-Jahrbuch 10
Kerényi, K. (1944): *Töchter der Sonne.* Zürich

Fragen

1. Geben Sie die Phaëton-Geschichte in groben Zügen wieder!

8. Prometheus

8.1 Die Entstehung der Menschen
8.2 Herkunft, Wesen und Wirken des Prometheus
8.3 Der Zwist mit Zeus
8.4 Das Schicksal des Menschengeschlechts: Deukalion und Pyrrha
8.5 Die Weltalter

8.1 Die Entstehung der Menschen

In allen Landstrichen Griechenlands gab es Geschichten, wonach die große Muttergöttin Erde aus sich Wesen gebar, die zu den Ahnen der Menschen wurden (so wie schon die Giganten, Erinyen und Eschennymphen aus den Blutstropfen des Uranos entstanden waren, S. 19): Urgötter, wie zum Beispiel die Kureten (S. 26) und Telchinen (S. 44), die zugleich Urmenschen wurden, wenn sie (sterbliche) Gattinnen bekamen und nicht mehr Gatten der Muttergöttin waren. So konnte es heißen, Sterbliche und

Unsterbliche stammten von *einer* gemeinsamen Mutter ab. Erst allmählich erfolgte die klare Scheidung von den Göttern, wobei die Menschen nach und nach als begrenzte Mängelwesen erschienen, die nun ihrerseits, um trotz dieser Hinfälligkeit menschenwürdig leben zu können, eines göttlichen Helfers bedurften. *Gemeinsamer Ursprung von Göttern und Menschen*

Die Vorstellung erdentsprosster Menschen findet sich, auf ein ganzes Volk bezogen, in der Geschichte der Myrmidonen: Nachdem Aigina auf der nach ihr benannten Insel dem Zeus den Aiakos geboren hatte (S. 34), litt dieser, herangewachsen, schwer an der Einsamkeit auf dem menschenleeren Eiland, weshalb Zeus die Ameisen (*mýrmekes*) in das Volk der Myrmidonen verwandelte und seinem Sohn schenkte. Oder er ließ es spontan aus der Erde hervorwachsen, wie nach einer Darstellung auch Pandora (S. 108) entstand.

Herkunft, Wesen und Wirken des Prometheus   8.2

P. entstammt dem ob seiner Verwegenheit berüchtigten Geschlecht des Iapetos, seine Mutter ist die Titanin Klymene (oder Themis), seine Brüder sind der überhebliche, angriffslustige, von Zeus in den Tartaros geschleuderte Menoitios, ferner Epimetheus und der „harte" Atlas.

Exkurs

Atlas

Der Name *Atlas* bedeutet „Träger" oder „Dulder". Seine ihm von Zeus auferlegte Arbeit ist es, am westlichen Rand der Welt auf der Schulter jene Säule zu tragen, die den Himmel stützt. Herakles erfuhr von ihm den Weg zu den Hesperiden (S. 182). Nach anderer Darstellung holte Atlas sie selbst und wollte sie auch persönlich zu Eurystheus bringen, in der Absicht, Herakles die Last zu lassen, die er ihm für die Zeit seiner Abwesenheit aufgebürdet hatte. Der Heros aber gab vor, die Weltkugel in bequemere Lage bringen zu müssen. Nachdem Atlas sie ihm dafür nochmals abgenommen hatte, dachte Herakles nicht mehr daran, sie sich abermals aufzubürden.

Nach anderen war Atlas damals bereits (zum Atlas-Gebirge) versteinert: Demnach war er ein Riese und König von Mauretanien, den Perseus nach der Tötung der Medusa (S. 137) um gastliche Aufnahme bat. Weil Atlas aber ein Orakel erhalten hatte, es werde einer kommen, die Äpfel der Hesperiden zu stehlen, wies er Perseus ab, da er ihn für den angekündigten Dieb hielt. Dieser versteinerte ihn hierauf mit dem Medusenhaupt.

Töchter des Atlas sind die Hesperi-

den, die Pleiaden (S. 75) und die Hya-
den, Nymphen, denen von Zeus der
kleine Dionysos zur Pflege übergeben
wurde (S. 94). Sie schützten ihn auch

während der Verfolgung durch Lykurgos (S. 96), wofür sie als Sterne an den
Himmel versetzt wurden.

Atlas mit dem Himmelsgewölbe, spätrömi-
sche Plastik, Museo Archeologico Nazionale, Neapel

Hinter P. steckt ein uralter Handwerker- und Töpfer-
gott namens *Ithax* oder *Ithas*. Er gilt als Herold (G) der
Titanen und weist manche Gemeinsamkeiten mit Hephaistos auf, der jünger ist als er: den Bezug zu Feuer
und Handwerk, die Rolle des Geburtshelfers für Athena und die des von ihr später abgewiesenen Verehrers.
Mit Hermes verbindet ihn einer seiner prägnantesten
Wesenszüge, die Schlauheit.

Als die anderen Titanen im Vertrauen auf rohe Gewalt P.'
Plan ablehnten, Zeus mit List zu überwinden, schlug er sich
auf dessen Seite und verhalf ihm zur Herrschaft, geriet mit ihm
hinterher jedoch der Menschen wegen in Streit und wurde zum
rebellischen Vorkämpfer des Menschengeschlechts gegen feind-
selige Götter.

Mit Epimetheus bildete er eine Art Doppelwesen, in deren
Geschichte das Märchenmotiv der ungleichen Brüder eingegan-
gen ist. Beide haben sprechende Namen: *Pro-metheus* ist der „Vor-
denker" mit „Vorbedacht", *Epi-metheus* der, der zu spät erkennt
oder „unbedacht" ist, wodurch er das schlaue Planen des P. wieder aufhebt. So kommt zum Ausdruck, dass die Menschen als
Mängelwesen der Vorsorge bedürfen und zugleich durch Unbedacht gefährdet sind.

Schläue und „krumme Gedanken" sind typisch für P. und
verbinden ihn mit Kronos, aber auch mit anderen „Urmenschen"
wie Alalkomeneus, der Rat wusste, wie Zeus die verärgerte Hera
wiedergewinnen könne (S. 38). Beide Brüder gehörten als eine
Art „erstes Menschenpaar" jenem Geschlecht an, das nur aus
Männern bestand. Pandora als Ur-Frau wurde erst später geschaf-

fen, von ihnen selbst oder von Hephaistos, oder sie tauchte aus der Erde hervor. Aus P.' Mittelstellung zwischen Göttern und Menschen ergaben sich seine beiden zentralen Aufgaben: die Vervollkommnung des schwachen Geschlechts der Sterblichen und die Befestigung und Klärung von deren Verhältnis zu den Göttern nach vertraglicher Regelung, dies im Wettstreit mit Zeus, worin P. letztlich unterliegen musste.

Als Helfer, Freund und Wohltäter der Menschen brachte er ihnen das kulturstiftende Element des Feuers, als Förderer materieller Zivilisation lehrte er sie die Künste sowie allerlei Fertigkeiten, von der Schifffahrt über das Reiten bis zur Metallbearbeitung. Später wurde er gar zum Schöpfer der Menschen, indem er aus Lehm und Wasser Männer und Frauen schuf und sie beseelte (oder von Athena beseelen ließ), nach manchen Darstellungen im Auftrag des Zeus oder zumindest mit dessen Duldung. *Schöpfer und Helfer der Menschen*

Ins Burleske gewendet erscheint die Geschichte in einer äsopischen Fabel: Weil P. für die Formung der Tiere zuviel Material verwendet hatte, reichte es nicht mehr für die Menschen, weshalb er auf Zeus' Befehl einige Tiere umbilden musste; daher wir zwar menschliches Äußeres, aber Tierseelen haben.

In Athen war P. Schutzpatron der Töpfer, während des *Prometheia*-Fests fanden ihm zu Ehren Fackelstafetten statt. Verehrung genoss er neben Athena auch in der Akademie.

Der Zwist mit Zeus 8.3

● P. lebte stets in der Besorgnis, Zeus wolle das Menschengeschlecht seiner Gebrechlichkeit wegen austilgen, um ein neues, besseres zu schaffen. So soll der Göttervater auch versucht haben die Menschen auszuhungern, indem er beim Opfer die besten Stücke für sich einforderte. In Mekone fanden sich, um das Opfer endgültig zu regeln, Götter und Menschen ein. P. schlachtete einen Stier, packte die wertvollen Fleischstücke und die Innereien in den unansehnlichen Magen, die minderwertigen Reste und Knochen aber in eine verlockend glänzende Fetthaut und überließ Zeus die erste Wahl. Ob dieser nun den Trug durchschaute oder nicht, er nahm, weil er bereits Böses gegen die Menschen plante, die Fetthaut, weshalb seither beim Opfer den Göttern nur Fett und Knochen verbrannt werden. Damit war das Zusammenleben von Göttern und Menschen dauerhaft auf eine gültige vertragliche Grundlage gestellt. **Die Opferlist**

Der Diebstahl des Feuers ● Zeus aber zürnte P. wegen seiner List und enthielt den Menschen das Feuer vor, worauf P. sich vermaß, es für die Menschen zu stehlen: Im Stengel des Narthex, einer Art Riesenfenchel, verbarg er den Funken, den er von Zeus' Blitz oder vom olympischen Herd entwendet hatte, und schwang die Staude unentwegt, damit der Funke am Glimmen bleibe. Oder er entzündete eine Fackel am Rad des Sonnenwagens bzw. in der Schmiede des Hephaistos. Als Ausgleich nahm er den Menschen das Wissen um die Zukunft, das sie bis dahin gehabt hatten, das ihnen aber im Weiteren unerträglich geworden wäre.

Pandora ● Als Zeus auf der Erde die vielen Lichter sah, ersann er zornig ein Übel als Gegengewicht: Er hieß Hephaistos ein herrliches Frauengeschöpf aus Erde und Wasser fertigen, mit menschlicher Stimme und Kraft, sehnsuchterweckend wie Göttinnen, von Aphrodite mit allem Liebreiz ausgestattet, von Athena im Weben unterwiesen, von Hermes aber in Schamlosigkeit und Hinterlist: Pandora, „das Geschenk aller Götter" oder die „Allesgeberin". Wehrloses Staunen ergriff die Menschen, als das begehrenswerte, aber mit allen Fehlern ausgestattete Geschöpf an ihren Versammlungsort mit den Göttern geführt wurde.

Obwohl P. seinen Bruder mehrfach gewarnt hatte, nie von Zeus ein Geschenk anzunehmen, nahm Epimetheus sie zur Gemahlin. Pandora öffnete auf seinen neugierigen Wunsch hin jenes Tongefäß, das ihr Zeus mitgegeben hatte, und heraus flogen unwiederbringlich alle Übel und Leiden der Menschen, auch die Krankheiten, weshalb die Menschen seither sterblich sind; und damit war endgültig die Trennung von Menschen und unsterblichen Göttern vollzogen. Einzig die Hoffnung blieb, nach Zeus' Willen, im Gefäß zurück.

,Büchse der Pandora'

Hinter Pandora, der „Allesgeberin", verbirgt sich möglicherweise eine alte Erdgöttin, mit der sich P. verband, um das Menschengeschlecht zu zeugen. Es gab auch alte Erzählungen, wonach P. und Epimetheus die Erde mit Hämmern bearbeiteten und so Pandora aus der Erde auftauchen ließen.

Fesselung und Befreiung ● P. selbst ließ Zeus zur Strafe für den dreisten Feuerdiebstahl von Hephaistos und seinen Helfern Kratos („Kraft") und Bia („Gewalt") an den Kaukasus schmieden. Ein Adler fraß ihm täglich an der nächtens wieder nachwachsenden Leber. Nach anderer Darstellung trieb Zeus zusätzlich einen Pfahl durch den Titanen hindurch.

Atlas und der gefesselte Prometheus, schwarz-figurige Trinkschale, um 550 v.Chr., Museo Etrusco Gregoriano, Vatikan

Ursprünglich war die harte Strafe für den empörerischen Hochmut des Menschenfreunds P., wie die der großen Leidenden in der Unterwelt, für ewig gedacht, doch kannte P. von seiner Mutter Themis jenes Orakel, wonach Thetis einen Sohn gebären werde, der mächtiger sein werde als sein Vater (S. 193). Zeus und Poseidon, die sie umwarben, suchten, als sie von P. davon erfuhren, für die Okeanine sogleich einen verdienten Sterblichen als Gemahl. Als Gegenleistung für die Warnung ließ Zeus seinen Sohn Herakles den Adler durch einen Pfeilschuss erlegen und erlöste P. von den Qualen. Zum Dank gab P. Herakles Hinweise, wie er die Äpfel der Hesperiden bekommen könne (S. 182).

Bedingung für die Befreiung war allerdings, dass an P.' Stelle ein Unsterblicher leidend in die Unterwelt eingehen müsse. Dazu fand sich Chiron bereit, der Sohn des Kronos und einer Nymphe, ein im Unterschied zu seinen wilden Artgenossen weiser, gerechter und menschenfreundlicher Kentaur, der Asklepios die Heilkunst lehrte und als Erzieher vieler Heroen galt, darunter Achilleus, Theseus und Iason. Er wurde, als die übrigen Kentauren zu ihm vor Herakles flohen, von diesem versehentlich mit einem Giftpfeil getroffen und litt seither an einer nie heilenden, entsetzlich schmerzenden Wunde. Um von seinen Qualen befreit zu werden, verzichtete er zugunsten des P. auf seine Unsterblichkeit.

Chiron

Vielfach ist die Rede vom Trotz des P. gegenüber Zeus, der sich auf seinen Widerstand gegen den tyrannischen Weltbeherrscher, aber auch auf sein Wissen um dessen Gefährdung durch den Sohn der Thetis gründete. Es heißt auch, P. habe Zeus, bereits gefesselt, verlacht und sei von ihm samt Felsen in den Tartaros geschleudert worden.

8.4   Das Schicksal des Menschengeschlechts: Deukalion und Pyrrha

Mit Deukalion, dem Sohn des P., und seiner Gattin Pyrrha, der Tochter von Epimetheus und Pandora, ist die Geschichte von einer der drei großen Sintfluten verbunden. Wegen der Verruchtheit der dritten – der ehernen – Menschheitsgeneration (S. 111) oder wegen der Gewalttaten des Lykaon und seiner Untertanen

Sintflut (S. 27) wollte Zeus die Menschheit endgültig auslöschen. P. ließ Deukalion einen großen Kasten bauen, in dem er mit seiner Gemahlin den neuntägigen Regen überlebte. Als sie am Parnass strandeten, stellten sie fest, dass sie die einzigen verbliebenen Menschen waren, weshalb sie bei einem Orakel Rat suchten oder durch Hermes das Versprechen übermittelt bekamen, Zeus wolle ihnen einen Wunsch erfüllen. Auf ihre Bitte um ein neues Menschengeschlecht erging das Gebot, sie sollten, verhüllten Haupts und mit gelöstem Gürtel, die Gebeine ihrer Mutter über die Schultern hinter sich werfen. Während sich Pyrrha weigerte, die Totenruhe ihrer Mutter Pandora zu stören, erkannte Deukalion, dass es sich um Steine, die „Gebeine" der gemeinsamen Mutter Erde, handeln müsse. Als sie, wie geheißen, Kiesel hinter sich warfen, entstanden aus denen des Deukalion Männer, aus denen der Pyrrha Frauen: das neue Menschengeschlecht.

Andrea Schiavone (ca. 1510–1563), *Deukalion und Pyrrha*, Galleria dell'Accademia, Venedig

8.5   Die Weltalter

Von einer Reihe ausgelöschter Menschengeschlechter berichtet Hesiod in seiner Erzählung von den Weltaltern: Sorglos, ohne Jammer lebten sie im goldenen, als gute Menschen in friedlicher Gemeinschaft, da die Erde von sich aus alles bot, und sie starben wie von Schlaf übermannt. Nach Zeus' Willen verschwanden sie von der Erde und wandeln seither auf ihr als gute Geister.

Die des silbernen Zeitalters lebten nach hundertjähriger Erziehung bei der Mutter nur noch kurz, kindisch, dumm und leidvoll. Herrschsüchtig waren sie gegeneinander und ehrten die Götter nicht, weshalb Zeus auch sie verschwinden ließ.

Die des ehernen stammten von den *Meliai* ab, den Eschennymphen, kannten nur Krieg und Gewalt und schlugen sich mit ihrer Riesenkraft gegenseitig tot.

Es folgten, als Vierte, die Heroen, das göttliche Geschlecht der großen Kämpfer um Theben und Troia. Sie waren gerecht und kamen nach ihrem Tod auf die Inseln der Seligen, wo Kronos herrscht.

Das schlimmste, bereits dem Untergang nahe, ist das gegenwärtige eiserne Geschlecht, geprägt von Sittenlosigkeit und schamloser Gewalt.

Zusammenfassung

Erst nach und nach wurde in den mythologischen Erzählungen zwischen Göttern und schwachen, hilfsbedürftigen Menschen unterschieden.

P., ursprünglich ein Handwerkergott, wurde im Streit mit Zeus zum rebellischen Vorkämpfer dieser Menschen.

Als ihr Wohltäter lehrte er sie eine Reihe von Fertigkeiten und schenkte ihnen das Feuer.

Weil dies gegen Zeus' Willen geschah, und weil er den Göttervater auch bei der Festlegung des Opferritus betrog, wurde zur Strafe Pandora, die erste Frau, geschaffen, die alles Leid und vor allem die Sterblichkeit in die Welt brachte.

P. wurde an den Kaukasus geschmiedet, wo ihm ein Adler täglich an der Leber fraß, später aber von Herakles befreit.

Der P.-Sohn Deukalion und die Epimetheus-Tochter Pyrrha gründeten nach der großen Sintflut ein neues Menschengeschlecht.

Literatur

Duchemin, J. (1974): *Prométhée. Histoire du mythe, de ses origines orientales à ses incarnations modernes.* Paris

Fränkel, J. (1910): *Wandlungen des Prometheus.* Bern

Raggio, O. (1958): *The Myth of Prometheus.* In: Journal of the Warburg and Courtauld Institutes 21, S. 44 ff.

Fragen

1. Welche Urvorstellungen von der Erschaffung des Menschen finden sich in der griechischen Mythologie?

2. In welchem Zusammenhang steht der Bestand von Zeus' Herrschaft mit der Befreiung des P.?

3. Welche Erklärung liefert der P.-Mythos für das Leid in der Welt?

Heroengeschichten   B.

Einleitung

Heroen sind charakterisiert durch ihre Zwischenstellung zwischen Göttern und Menschen. Im Zeitraum von der Deukalionischen Flut (S. 110) bis zur Generation nach dem Troianischen Krieg (B.8.) bilden sie ein eigenes Geschlecht und reichen somit bis an die Grenze zur historischen Zeit. (Vergeblich bleiben musste freilich der Versuch von Mythographen, alle Heroengeschichten in eine chronologische Ordnung zu bringen, wobei die grundsätzliche *Alterslosigkeit* der Gestalten außer Acht blieb: Odysseus und Penelope etwa müssten, rechnet man alle Jahre der Trennung zusammen, bei ihrem Wiedersehen zwischen fünfzig und sechzig gewesen sein!)

Die Hauptkennzeichen der Heroen sind:

– ein unverwechselbares, einzigartiges Schicksal, das angelegt ist in den teils übermenschlichen Fähigkeiten und göttlichen Zügen, die der Heros aufgrund seiner Abstammung von einem Gott und einer Heroine (G) trägt;
– gesteigerte menschliche Möglichkeiten im Guten wie im Schlechten, vor allem was die Fähigkeit betrifft, dauerhaft auch schwerste Leiden zu bewältigen (vgl. B.7.);
– eine zumeist besondere, bemerkenswerte Form des Todes, dem alle Heroen (bis auf Herakles) anheim fallen und der zu Kultformen ähnlich denen für die chthonischen (G) Götter führte;

– eine meist lokal begrenzte, auf ein besonderes Grab konzentrierte Verehrung nach dem Tod, oft verbunden mit dem Heiligtum einer olympischen Gottheit.

Aus der Erdentiefe entfalten die im Totenkult fortlebenden Heroen ihre Wirkungsmacht, zum Beispiel als Beschützer der Stadtgemeinschaft, als Segenspender für den Einzelnen oder auch als Rächer von Missetaten, und zeigen auch hier ihre Mittelstellung: Sie haben Anteil am Glanz göttlicher Macht *und* am Schatten der Sterblichkeit; und in dieser Verbindung gelten sie als Urbilder wie die Götter selbst. Da sie mit diesen in beständiger Verbindung stehen, erscheinen alle göttlichen Züge an ihnen natürlich und selbstverständlich.

Als Leidender unterscheidet sich der Heros auch vom ‚Helden‘ des Märchens, das stets auf ein versöhnlich helles, das Leid aufhebendes Ende zielt, während die heroische Lebensbahn in das Dunkel schicksalhafter Tragik eingebettet bleibt. Nur Herakles, dem ‚göttlichen Heros‘, gelingt die Apotheose (G) und so wird er zum Gegenstück des ‚heroischen Gottes‘ Dionysos (vgl. A.6.), dessen Triumph erst nach schrecklichem Sterben und langen Leiden möglich wird.

1. Thebanische Sagen

1.1 Kadmos

Die Suche nach Europa ● Nachdem Zeus Europa, die Tochter des phoinikischen Königspaars Agenor und Telephassa, nach Kreta entführt hatte, beauftragte der Vater Kadmos und seine anderen Söhne, die Schwester zu suchen, mit dem Befehl, nicht ohne sie zurückzukehren. Auch Telephassa machte sich mit auf den Weg, starb aber in Thrakien. Die Brüder gaben die Suche bald auf und ließen sich in verschiedenen Ländern nieder.

Nach dem Tod der Mutter erhielt Kadmos vom Orakel in Delphoi den Auftrag, eine Kuh mit mondförmigem Fleck an der Flanke aufzuspüren und ihr so lange zu folgen, bis sie sich niederlasse; dort solle er eine Stadt gründen. Er fand die Kuh und trieb sie vor sich her, bis sie in *Boiotien* („Rinderland") am Fluss Asopos zusammenbrach. Zunächst wollte er sie Athena opfern. Als er aber Diener zum Wasserholen an eine nahe Quelle schickte, fraß der sie bewachende Drache, ein Spross des Ares, die meisten auf. Kadmos tötete den Drachen mit Steinwürfen (oder mit der Lanze).

Kadmos tötet den Drachen, lakonische Schale, um 550 v.Chr., Louvre, Paris

Da erschien Athena und hieß ihn dem Drachen die Zähne ausbrechen: Die eine Hälfte nahm sie an sich, die andere ließ sie Kadmos aussäen. Aus ihnen erwuchsen Riesenkrieger, *Sparten* (die „Gesäten"), unter die Kadmos Steine warf, worauf sie einander umbrachten, da sie sich gegenseitig verdächtigten. Fünf überlebten den Kampf, sie waren fortan Kadmos' treue Begleiter und wurden zu den Ahnherrn des thebanischen Adels.

Acht Jahre musste Kadmos danach wegen der Tötung des Drachen Bußdienst für Ares leisten, dann erbaute er die Kadmeia, die Burg von Theben, und erhielt Harmonia, die Tochter von Ares und Aphrodite, als Gattin.

Bei der Hochzeit waren, wie sonst nur noch bei Thetis und Peleus (S. 195), alle olympischen Götter anwesend. Die Chariten überreichten als Brautgabe ein herrliches Gewand, Hephaistos eine von ihm gefertigte Halskette – zwei Geschenke, die Ursache manchen Unglücks wurden (S. 124 f). Hermes schenkte dem Bräutigam eine Lyra (G), Demeter brachte Getreide.

In schroffem Gegensatz zu Kadmos' gerechter und glücklicher Herrschaft stehen die schlimmen Geschichten um seine vier Töchter und deren Nachkommen: Semele, die sterbliche Mutter des Dionysos, verglühte im Blitz des Zeus (S. 94), Agaue zerriss mit anderen Mainaden ihren eigenen Sohn Pentheus (S. 96), Ino sprang, von Hera mit Wahnsinn geschlagen, mit ihrem Sohn ins Meer (S. 40), Autonoë war die Mutter des Aktaion, der von seinen eigenen Hunden zerfleischt wurde (S. 73). (Der Kadmos-Sohn Polydoros wurde vermutlich später eingefügt, um eine direkte Linie von Kadmos zu Oidipus (1.3) herzustellen.)

Das spätere Schicksal von Kadmos und Harmonia ● Kadmos galt allgemein als Kulturbringer, besonders als Übermittler der phoinikischen Schrift. Nach dem schauerlichen Tod seines Enkels Pentheus, der ihn in der Herrschaft abgelöst hatte, wollte er nicht wieder auf den Thron. Er wanderte mit Harmonia nach Illyrien aus und wurde mit ihr zuletzt, in Schlangen verwandelt, ins Elysium entrückt.

1.2 Von Labdakos bis Laios

Labdakos und Lykos ● Als Polydoros starb, war Labdakos noch ein Kind, weshalb Nykteus, sein Großvater mütterlicherseits, an seiner Stelle regierte. Erwachsen geworden, übernahm er selbst die Herrschaft, fiel aber in einem Krieg gegen Athen. Da sein Sohn Laios erst ein Jahr alt war, übernahm Nykteus' Bruder Lykos, der bereits nach dessen Tod die Herrschaft innehatte, abermals die Regentschaft. Bevor er sich aber, wie beabsichtigt, anstelle des Laios zum König machen konnte, wurde er von den Zeus-Söhnen Amphion und Zethos hingerichtet. Sein Sohn, gleichfalls mit Namen Lykos, brachte später Kreon (1.4) um und wurde dafür von Herakles getötet.

Amphion und Zethos ● Laios, der rechtmäßige Thronanwärter, wurde an den Hof des Pelops in Pisa gebracht oder verbannt, weil nach der Bestrafung des Lykos und der Dirke für die schändliche Behandlung ihrer Mutter Antiope (S. 33 f) Amphion und Zethos die Macht beanspruchten. Allerdings war deren Regiment nur von kurzer Dauer: Amphion brachte sich nach dem Tod aller seiner Kinder und der Versteinerung seiner Gattin Niobe (S. 76) auf der Stelle um. Oder er überfiel im Rachewahn einen Apollon-Tempel und wurde vom Gott dafür getötet. Zethos starb aus Kummer über den Tod seines Sohnes Itylos, den seine Gattin Aëdon versehentlich umbrachte, als sie, neidisch auf den Kinderreichtum ihrer Schwägerin Niobe, deren ältesten Sohn ermorden wollte. Ihrer anhaltenden Klage wegen wurde sie in die Nachtigall (gr. *aëdón*) verwandelt.

Die Zwillingsbrüder galten, so ungleich sie waren, als die „thebanischen Dioskuren", als die „Schimmelreiter" (gr. *leukopōlō*), die, trotz gegensätzlicher Lebensführung, doch ein großes Werk zusammen vollbrachten: die Errichtung der siebentorigen Stadtmauer Thebens, nachdem zuvor nur die Burg Kadmeia existiert hatte. Zethos, der kraftstrotzende Rinderhirte, schaffte mit physischer Kraft die Steine heran, der Musensohn Amphion brachte durch den Klang seiner Lyra (G), des Geschenks von Hermes, auch die größten dazu, sich von selbst aneinander zu fügen. So erwarb er erstmals die Anerkennung des Bruders, der sich bislang über seinen beschaulichen Lebenswandel lustig gemacht hatte. Über seine Gattin, die Tochter des Lyder-Königs Tantalos, war Amphion mit der lydischen Musik vertraut geworden und hatte seiner viersaitigen Lyra drei weitere Saiten hinzugefügt: daher die sieben Tore der Stadt, die ihren Namen nach Thebe erhielt, welche, wie Aëdon, als Gemahlin des Zethos genannt wird.

Bau der Mauern Thebens

● Laios hatte sich inzwischen am Hof in Pisa in Pelops' Sohn Chrysippos verliebt. Bevor er nach Theben zurückkehrte, raubte er ihn während einer Lehrstunde im Wagenrennen und behielt ihn bei sich, doch erhängte sich der Jüngling alsbald aus Scham. Nach anderer Darstellung wurde Chrysippos mit Gewalt von Pelops zurückgeholt, dann jedoch von seinen Halbbrüdern Atreus und Thyestes getötet, auf Anstiften seiner Stiefmutter Hippodameia, die befürchtete, Pelops könne ihn den eigenen Kindern bei der Nachfolge in der Herrschaft vorziehen (S. 129).

Laios und die Sphinx

Schon als Laios Chrysippos raubte, hatte ihn Pelops verflucht, er möge ohne Erben bleiben oder durch Sohneshand sterben. Später, als Laios' Ehe mit Iokaste, der Menoikeus-Tochter aus thebanischem Uradel, tatsächlich kinderlos blieb und er sich deshalb nach Delphoi wandte, erfuhr er vom Orakel, er solle nie ein Kind zeugen: Der eigene Sohn werde ihn töten, Unheil werde über sein ganzes Haus kommen. Von Brunst und Trunkenheit hingerissen, zeugte er gleichwohl einen Sohn und setzte ihn der verhängnisvollen Weissagungen wegen augenblicklich aus.

Bald darauf schickte Hera, da der Raub des Chrysippos ungesühnt geblieben war, eine schlimme Plage über Theben: die Sphinx.

Die Sphinx

Die Sphinx gehört ihrem Wesen nach, wie Harpyien oder Sirenen, zu den Todesdämonen und erscheint oft als Wappentier oder als Apotropaion (G). Ursprünglich ein orientalisches Mischwesen (männlich in Ägypten, weiblich in Vorderasien) aus Löwenleib und Menschenkopf, wurde sie in variierter Form mit sichelförmigen bzw. Vogelflügeln von den Griechen übernommen. War sie in Ägypten Ausdruck des besonderen Wesens des Königs, nämlich der Vereinigung von höchster physischer Kraft mit höchstem Denkvermögen, so galt die thebanische Sphinx als Tochter der Echidna, eines Fabelwesens halb Weib, halb Schlange, und des schrecklichen Drachen Typhon (S. 22). Sie war zunächst ein menschenraubender Berggeist, der physisch zu bezwingen war. Erst später kam das anspruchsvolle Rätsel hinzu.

Lauernd saß sie vor Thebens Mauern auf einem Felsen (oder inmitten der Stadt auf einer Säule) und tötete jeden, der ihre Frage nicht beantworten konnte. Nach anderer Version hatte sie auch bereits Kreons Sohn Haimon getötet.

Laios' Tod ● Ihretwegen machte sich Laios erneut auf, um das Orakel in Delphoi zu befragen, nach anderen, weil er gehört hatte, sein Sohn lebe noch. Am Parnass, an einem der (immer unheimlichen) Dreiwege, begegnete er einem wandernden jungen Mann, der ihm und seinem Geleit nicht aus dem Weg gehen wollte. Es kam zum Handgemenge, bei dem er dem Burschen einen Stockhieb versetzte, worauf er von ihm mitsamt seinen Dienern erschlagen wurde. Nur einer entkam und meldete in Theben, der König sei von Räubern ermordet worden.

1.3 Oidipus

Der Findling in Korinth ● Als Oidipus am Parnass auf seinen Vater stieß, kam er aus Delphoi. Dort hatten ihn die Priester davongejagt, als sie den Spruch vernahmen, er werde seinen Vater töten und seine Mutter heiraten. Aufgesucht hatte er das Heiligtum, weil in Korinth, seiner vermeintlichen Heimat, während eines Gelages einer der Mitzecher gespottet hatte, er sei nicht der Königssohn, für den er sich halte.

Sogleich nach seiner Geburt hatte Laios den Säugling von einem Hirten aussetzen lassen, mit durchbohrten Füßen, um sein

Ende zu beschleunigen oder um nach dem Tod seinen Geist am Laufen zu hindern. Aus Mitleid tat der Hirte jedoch nicht, wie ihm geheißen, sondern übergab das Knäblein einem anderen Hirten, der es zum kinderlosen König Polybos nach Korinth brachte. Von ihm und seiner Gemahlin Merope wurde Oidipus an Sohnes Statt angenommen und erzogen. Trotz deren Versicherungen überwogen nach dem höhnischen Hinweis des Zechgenossen in Oidipus die Zweifel und es trieb ihn nach Delphoi. Aufgrund des Orakels aber kehrte er nicht mehr nach Korinth zurück, da er Polybos und Merope nach wie vor für seine leiblichen Eltern hielt.

● So kam es zum verhängnisvollen Zusammentreffen mit seinem Vater Laios, bei dem sich bereits der erste Teil des Orakels erfüllte.   *Mörder seines Vaters und Gatte seiner Mutter*

Auf dem Weg nach Theben begegnete er der Sphinx, die auch ihn vor das Rätsel stellte: „Es gibt ein Wesen, vier-, zwei- und dreifüßig, stets mit demselben Wort bezeichnet. Als einziges Lebewesen ändert es seine Gestalt und am langsamsten ist es, wenn es sich auf die meisten Füße stützt." Nach kurzem Besinnen gab Oidipus die Antwort: „Du meinst den Menschen, der, kaum geboren, auf allen Vieren kriecht, alsdann aufrecht auf zwei Beinen geht, unter der Last des Alters aber als dritten Fuß den Stock gebraucht."   *Rätsel der Sphinx*

Oidipus und die Sphinx, rotfigurige Schale, um 560 v. Chr., Vatikanische Museen, Rom

Hierauf stürzte sich die Sphinx, deren Dasein mit der Lösung des Rätsels beendet war, von ihrem Felsen (oder von der thebanischen Akropolis) in den Tod, Oidipus gab ihr den Gnadenstoß.

Kreon, Iokastes Bruder und Interimsregent nach Laios' Tod, hatte dem die Königin zur Gemahlin versprochen, der die Stadt von dem Scheusal befreie, und so erfüllte sich der zweite Teil des Orakels.

Die Entdeckung seines Schicksals ● Nun herrschte Oidipus mit Iokaste als Gattin, die ihm vier Kinder gebar, Antigone und Ismene, Polyneikes und Eteokles. Als Jahre später die Pest ausbrach, schickte Oidipus seinen Schwager Kreon nach Delphoi, der mit der Antwort zurückkam, der Mörder des Laios weile in Theben. Dem Seher Teiresias, der sich zunächst scheute, die Wahrheit zu sagen, setzte Oidipus unerbittlich zu, bis er die Zusammenhänge entdeckte und ihn als Mörder nannte, worauf der Betroffene, unterstützt von Iokaste, seinen Schwager

Kreon und Teiresias des Komplotts bezichtigte. Auch beruhigte er sich bei der Nachricht vom Tod des Polybos, der ihm noch immer als Vater galt. Als jedoch ein Bote bestätigte, er, Oidipus, sei dessen angenommener Sohn, und ein Hirte Oidipus' thebanische Herkunft bekräftigte, lag die Erfüllung seines entsetzlichen Schicksals klar und unwiderleglich vor aller Augen. Iokaste brachte sich um, Oidipus blendete sich mit der Spange ihres Gewands.

Oidipus blendet sich, während Iokaste sich erdolcht, Illustration einer *Seneca*-Ausgabe von 1475, Bibliotheca Marciana, Venedig

---

Exkurs

Teiresias, der Seher

Der Seher T., Sohn des Sparten Udaios und der Nymphe Chariklo, war von Kadmos bis Kreon hilfreich an der Seite der thebanischen Herrscher. Als Dionysos von Pentheus zurückgewiesen wurde (S. 96), schloss sich T. mit Kadmos den Umzügen des Gottes an. Pentheus' grässlicher Tod lässt sich auch damit erklären, dass er dem Rat des T. nicht folgen wollte. Kreon dagegen hörte zu spät auf den Rat des T. und verlor so Gattin, Sohn und Schwiegertochter (S. 124 f). Beim Angriff der „Sieben" rettete der Seher Theben durch die Empfehlung, ein thebanischer Adliger solle sich selbst opfern (S. 123). Die Epigonen ließ er hinhalten, während die Einwohner die Stadt räumten (S. 126), er selbst starb auf der Flucht nach einem Trunk aus der Quelle Tilphusa, nach anderen, als ihn die Epigonen zusammen mit seiner Tochter Manto nach Delphoi schleppten und dort beide opferten.

T. bewahrte als einziger Schatten nach dem Tod das Denkvermögen (ein Geschenk der Persephone) und konnte Odysseus bei dessen Aufenthalt in der Unterwelt wertvolle Ratschläge geben und ihm die fernere Zukunft prophezeien.

Für seine Blindnis werden drei Ursachen genannt: Entweder verriet er göttliche Geheimnisse oder Athena blendete ihn, weil sie zusammen mit ihren Nymphen, darunter seine Mutter Chariklo, versehentlich nackt beim Bad gesehen hatte. Auf Bitte seiner Mutter wurde er jedoch durch die Gabe entschädigt, die Vogelsprache zu verstehen. Auch gab sie ihm einen harten Stock, der ihn so sicher führte, als könne er sehen. Am bekanntesten ist die Geschichte, nach der er bei einer Wanderung im Kithairon-Gebirge zwei sich paarende Schlangen beobachtete. Als er mit seinem Stock das Weibchen erschlug, wurde er selbst zur Frau, sieben Jahre später, als er abermals ein Schlangenpaar fand und das Männchen tötete, wieder zum Mann. Da ihn deswegen, weil er beides, Mann *und* Frau, gewesen war, Zeus und Hera entscheiden ließen, wer beim Geschlechtsverkehr mehr Lust empfinde, und er der Frau neunmal mehr Lust zusprach als dem Mann, blendete ihn Hera aus Zorn (S. 38), Zeus aber schenkte ihm als Ausgleich die Gabe der Weissagung.

● Es heißt, Oidipus blieb, eingesperrt von seinen Söhnen, in Theben, fluchte ihnen aber ihres beleidigenden Verhaltens wegen, da sie ihm seine Ehrenrechte vorenthielten und sich gleichgültig zeigten, als die Stadt seine Ausweisung beschloss. Verbannt wurde er demnach erst von Kreon, nachdem er noch hatte miterleben müssen, wie sich Eteokles und Polyneikes im Zuge seines Fluchs gegenseitig töteten. **Verbannung und Tod**

Nach anderer Version wurde er von seinen Söhnen in die Verbannung geschickt und machte sich, geleitet von Antigone, auf den Weg nach Athen, wo er im Hain der Eumeniden (ein Euphemismus (G) für die Erinyen) auf Kolonos Zuflucht suchte. Dort erfuhr er aus dem Mund Ismenes vom Bruderzwist. Auch Kreon erschien, weil er ihn zurückholen wollte: Ein Orakel hatte verkündet, Theben bleibe vom Untergang nur verschont, wenn Oidipus in seinen Mauern sterbe. Der Athener-König Theseus vereitelte jedoch Kreons Pläne. Polyneikes trat hinzu und erbat vom Vater Hilfe gegen den Bruder, worauf Oidipus, verbittert und verhärtet, beide verfluchte und wünschte, sie sollten sich gegenseitig umbringen. Aus Dankbarkeit für seine Hilfe gegen

Kreon versprach Oidipus Theseus, er werde Attika für immer schützen. Geläutert wurde er am Ende zu den Göttern entrückt, die ihn, als Ausgleich für sein namenloses unverschuldetes Leid, zum Heros machten.

Es heißt auch, Iokaste (auch: Epikaste) habe sich, als sie das Verhängnis erkannte, erhängt, Oidipus dagegen habe trotz Gram über seine Schuld noch lange Jahre in Theben geherrscht. Oder Iokaste erlebte nach der Entdeckung des Inzests den Bruderkampf ihrer Söhne, die sie vergeblich auszusöhnen versuchte, und tötete sich über ihren Leichen.

Märchenhafte Züge des Oidipus-Mythos zeigen sich in der schicksalhaften Geburt eines unheilbringenden Kindes, der Aussetzung, die das vorhergesagte Unglück fördert, statt es zu vereiteln, und in der Gewinnung der Braut durch Beseitigung eines Ungeheuers bzw. durch die Lösung eines Rätsels.

1.4 Die Sieben gegen Theben

Ursachen des Kriegszugs ● Infolge des väterlichen Fluchs entzweiten sich Eteokles und Polyneikes schnell wegen der Herrschaft: Nach einer Version vertrieb Eteokles den Bruder, nach einer anderen beanspruchte Polyneikes den Thronschatz und ging aus freien Stücken. Zumeist heißt es, Polyneikes habe, wie vereinbart, nach einem Jahr die Regentschaft an Eteokles abgetreten, dieser sie aber nicht mehr zurückgegeben.

Polyneikes begab sich daraufhin zu Adrastos nach Argos. Als dieser eines Nachts durch den Lärm einer Schlägerei um den Schlafplatz in der Vorhalle seines Palastes geweckt wurde, erkannte er in den beiden Streithähnen Polyneikes, der ein Löwenfell, und Tydeus, der ein Eberfell trug, die durch ein Orakel angekündigten Schwiegersöhne, vermählte sie mit seinen Töchtern Argeia und Deïpyle und versprach ihnen die Rückführung in die Heimat. Auch der Aitoler Tydeus, der Vater des Diomedes, war nämlich nach dem Totschlag an seinem Halbbruder flüchtig geworden.

Zu den dreien gesellten sich die Heroen Kapaneus, Parthenopaios, Mekisteus sowie der Seher Amphiaraos. Gelegentlich werden auch andere Namen genannt.

Halt in Nemea: Hypsipyle ● Nach dem Aufbruch machten die Sieben mit ihren Heeren Halt in Nemea. Dort führte sie Hypsipyle zu einer Wasserstelle und verursachte so den Tod des kleinen Opheltes.

Hypsipyle

Hypsipyle war Enkelin des Dionysos-Sohnes Thoas von Lemnos. Als sich die lemnischen Männer von ihren Frauen abwandten und sich thrakische holten, weil Aphrodite alle Lemnierinnen mit unerträglichem Geruch geschlagen hatte, brachten diese die ehemaligen Gatten samt ihren Geliebten um. Hypsipyle sollte Königin des neuen Frauenstaats werden. Inzwischen hatte Aphrodite die Strafe wieder von den Frauen genommen. Sie nahmen die Argonauten für ein Jahr freundlich auf und Hypsipyle gebar dem Iason Zwillinge (S. 156). Doch als entdeckt wurde, dass sie seinerzeit ihren Vater gerettet hatte, wurde sie des Landes verwiesen (oder als Sklavin verkauft) und gelangte an den Hof des Lykurgos in Nemea, wo sie Amme des Königssohns Opheltes wurde.

Hypsipyle legte das Kind, als sie die Ankömmlinge zur Quelle führte, in ein Petersilienbeet, wo es von einer Schlange getötet wurde. Die Sieben schlugen das Untier tot, traten für Hypsipyle bei Lykurgos ein und konnten sie vor der drohenden Todesstrafe bewahren. Aus den prunkvollen Leichenfeiern für Opheltes gingen die panhellenischen Spiele (G) der Nemeen hervor. *Tod des Opheltes: Nemeische Spiele*

Amphiaraos freilich erkannte in dem schrecklichen Vorfall ein böses Vorzeichen für die eigene Unternehmung und einen Hinweis auf deren Scheitern, weshalb er das Kind *Archemoros*, „Anfang des Unheils", nannte.

● Vor Theben angekommen, begannen die Sieben, verteilt auf die sieben Tore, mit dem Angriff. Iokaste versuchte vergeblich zu vermitteln, der Thebaner Menoikeus wählte durch einen Sprung von der Mauer den freiwilligen Opfertod, den Teiresias als notwendig für die Rettung der Stadt geweissagt hatte. *Kampf und Niederlage der Sieben*

Kapaneus prahlte, er werde Theben auch gegen den Willen des Zeus in Asche legen, erkletterte die Mauer und wurde von Zeus' Blitz niedergestreckt. Euadne, seine Gattin, stürzte sich in die Flammen seines Scheiterhaufens. (Kapaneus soll zu jenen gehört haben, die Asklepios mit dem Blut der Gorgo, das er von Athena erhalten hatte, gegen den Willen des Zeus wieder zum Leben erweckte, vgl. S. 137).

Beim Zweikampf zwischen Eteokles und Polyneikes starben beide, Mekisteus, Adrastos' Bruder, fiel durch Melanippos, Parthenopaios wurde mit einem Stein erschlagen.

Tydeus war bereits als Unterhändler in Theben gewesen, wo er, seinem Wesen nach ein Berserker, zunächst die Thebaner zu Kampfspielen gefordert und sie allesamt besiegt hatte. Als sie ihm auf dem Rückweg mit fünfzig Mann einen Hinterhalt legten, schlug er alle mit dem Beistand der Athena tot, bis auf einen, den er als Boten seiner Heldentat zurückschickte. Athena wollte ihn unsterblich machen und hatte bereits Zeus' Einverständnis, doch entschied sie sich kurz vor seinem Tod anders: Nach seinem Kampf mit Melanippos lagen beide bereits tödlich verwundet da. Da schlug Amphiaraos, der Tydeus als Kriegstreiber hasste, dem Thebaner den Kopf ab und warf ihn Tydeus vor, der ihm das Hirn ausschlürfte. Dieser kannibalischen Scheußlichkeit wegen wandte sich Athena voll Abscheu von ihrem einstigen Liebling ab.

Als einzige entkamen Adrastos auf seinem Wunderross Areion (S. 45) und Amphiaraos: Dieser hatte, da er das Unglück vorhersah, nur mit Ränke zur Beteiligung am Kriegszug bewegt werden können. Mit Adrastos war er nach Thronstreitigkeiten wieder versöhnt und hatte dessen Schwester Eriphyle zur Frau erhalten, mit der Abmachung, sie dürfe fortan jeden Zwist der beiden schlichten. Als Amphiaraos den Kriegszug nicht begleiten wollte, entschied sie, von Polyneikes mit dem Halsband der Harmonia bestochen, er müsse mitziehen, und verriet sein Versteck. Ausdrücklich hatte er seiner Gattin verboten, Geschenke von Polyneikes anzunehmen. Zum Abschied ließ er seinen Sohn Alkmaion schwören, ihn an der Mutter und an den Thebanern zu rächen. Nach der Eroberung Thebens durch die Epigonen erfüllte Alkmaion den Schwur, wurde dafür aber von den Erinyen gejagt (S. 125). Amphiaraos selbst verschwand auf der Flucht mit Ross und Wagen in der von Zeus' Blitz gespaltenen Erde und lebte fortan als Gott in der Unterwelt.

Der Streit um die Toten: Antigone ● Nach der Niederlage der Sieben entbrannte Streit um die Herausgabe der Toten, da Kreon, der nach Eteokles' Tod als Bruder der Iokaste das Herrscheramt innehatte, ihre Auslieferung verweigerte. Es heißt, Adrastos habe die Athener gebeten, die Auslieferung zu erzwingen, was durch Theseus geschah.

Nach anderer Version ließ Kreon Eteokles mit allen Ehren bestatten, die Leiche des Polyneikes aber den Tieren zum Fraß liegen. Antigone, die mit ihrer Schwester Ismene nach Oidipus' Heroisierung aus Athen zurückgekehrt war, vollzog symbolisch das Begräbnis des Bruders, indem sie ihn mit ein paar Handvoll Erde bestreute, weshalb sie von Kreon zum Tode verurteilt wurde. Auch Haimon, Antigones Verlobter, konnte den Vater nicht umstimmen; erst Teiresias brachte ihn zum Umdenken, doch war es nun bereits zu spät: Die eingemauerte Antigone hatte sich erhängt und Haimon gab sich ebenso den Tod wie Kreons Gattin.

Nach wieder anderer Darstellung half Polyneikes' Witwe Argeia Antigone dabei, nächtens dessen Leiche zum Scheiterhaufen des Eteokles zu schaffen, doch wurden sie ertappt und zum Tode verurteilt. Es wird erzählt, der Anmarsch des athenischen Heeres unter Theseus habe sie gerettet. Nach anderen beauftragte Kreon seinen Sohn Haimon mit der Vollstreckung des Todesurteils, da nach altem Brauch der Gatte oder Bräutigam an der Frau die Strafe zu vollziehen hatte. Haimon meldete bald Vollzug, hatte Antigone aber bei Hirten untergebracht. Dort soll sie einen Sohn Maion geboren haben. Ihn aber erkannte Kreon an einem für alle „Fluchbeladenen" typischen Muttermal und ließ ihn töten, worauf ihm die Eltern in den Tod folgten. Oder Dionysos bzw. Herakles baten um ihr Leben und sie wurden begnadigt.

Einer weiteren Erzählung nach kam die Tat erst später auf und Antigone wurde von Kreons Nachfolger Laodamas mit Ismene im Hera-Tempel, wohin sich die Schwestern geflüchtet hatten, verbrannt.

Die Epigonen („Nachkommen")   1.5

● Zehn Jahre nach dem Scheitern der Sieben übten deren Söhne Vergeltung und zerstörten Theben unter Führung des Amphiaraos-Sohnes Alkmaion. Ihn und seinen Bruder Amphilochos bewegte, wie schon ihren Vater, Eriphyle zur Teilnahme: Thersandros, Polyneikes' Sohn, bestach sie, diesmal mit dem Brautgewand der Harmonia.

Vorgeschichte zum Rachefeldzug

● Nach der Rückkehr vollzog Alkmaion die dem Vater zugeschworene Rache an der Mutter (S. 124), doch verfolgten ihn jetzt die Erinyen. In Psophis heiratete er die Phegeus-Tochter Arsinoë und schenkte ihr die verhängnisvollen Brautgaben der Harmonia. Endlich entsühnte ihn der Flussgott Acheloos und gab ihm seine Tochter Kallirhoë zur Gattin, die ihn bewegte, mit List und Tücke die Schmuckstücke seiner früheren Gattin bzw. dem Phegeus wieder abzunehmen. Als dieser den Betrug entdeckte, ließ er Alkmaion durch seine Söhne töten, die wiederum von denen des Alkmaion umgebracht wurden. Sie endlich weihten Halsband und Gewand dem delphischen Apollon.

Geschichte Alkmaions

● Neben Thersandros, Alkmaion und Amphilochos nahmen am Kriegszug teil: der Adrastos-Sohn Aigialeus, der von Loada-

Die Teilnehmer am Kriegszug

mas als einziger getötet wurde (aus Kummer über seinen Tod starb Adrastos auf dem Rückweg); Diomedes, der Sohn des Tydeus, einer der Haupthelden vor Troia (S. 211); dessen späterer Wagenlenker, Helfer und Freund Sthenelos, der Sohn des Kapaneus; ferner Promachos, der Sohn des Parthenopaios, und Euryalos, der Sohn des Mekisteus.

Der Untergang Thebens ● Nachdem ihr König Laodamas von Alkmaion getötet worden war, verließen die Thebaner die Stadt in Richtung Thessalien und Illyrien, ins Land der *Encheleer* (der „Aale"), bei denen schon Kadmos und Harmonia Zuflucht gefunden hatten (S. 116). Dies *Tod des Teiresias* geschah auf Anraten des Teiresias, der unterwegs starb. Einen Teil der Beute, darunter auch Manto, die Tochter des Teiresias (nach anderen auch diesen selbst), opferten die Eroberer dem delphischen Apollon. Die Mauern wurden geschleift und Theben blieb lange Zeit menschenleer.

Zusammenfassung

Auf der Suche nach seiner Schwester Europa gründete Kadmos mit Athenas Hilfe Theben.

Seine Gattin Harmonia erhielt von den Göttern zur Hochzeit wertvolle, aber verhängnisvolle Geschenke.

Mit den „thebanischen Dioskuren" Amphion und Zethos ist der Bau der siebentorigen Mauer verbunden.

Nach dem frühen Tod der beiden erlangte Laios die Herrschaft.

Seiner Schandtat an Chrysippos wegen lastete auf ihm ein alter Fluch, der sich mit seiner Tötung durch den eigenen Sohn Oidipus erfüllte.

Auch die mordende Sphinx war eine Strafe für Laios' Vergehen.

Oidipus erhielt durch die Lösung ihres Rätsels Iokaste zur Gattin, womit sich das delphische Orakel erfüllte, er werde seinen Vater töten und seine Mutter heiraten.

Einst von seinem Vater ausgesetzt und in Korinth erzogen, hatte er sich dieses Orakels wegen aufgemacht, um dem schrecklichen Schicksal zu entgehen.

Nach der Entdeckung der Zusammenhänge – unter anderem durch den Seher Teiresias – blendete sich Oidipus, seine Gattin und Mutter tötete sich. Auf Kolonos bei Athen erlangte er zuletzt Frieden und Aussöhnung mit Göttern und Schicksal.

Im Zuge der Thronstreitigkeiten seiner Söhne kam es zum Eroberungszug der „Sieben gegen Theben", der jedoch scheiterte. Beim Rachefeldzug von deren Nachkommen, den „Epigonen", wurde Theben ausgelöscht.

1. Nennen Sie die wesentlichen Ereignisse, die zur Gründung Thebens führten!

2. Welche verhängnisvolle Rolle spielen die Geschenke der Götter für Kadmos' Gattin Harmonia?

3. Welche Züge griechischen Götter- und Schicksalsglaubens zeigen sich im Mythos um Oidipus?

Pelops, Atreus und die Atriden   2.

Pelops, Hippodameia und ihre Söhne   2.1

● Nachdem P. von seinem Vater Tantalos geschlachtet, gekocht und, um ihre Allwissenheit zu prüfen, den Göttern zum Mahl vorgesetzt worden war, erweckten ihn Hermes' Zauberkünste (oder die der Rhea) wieder zum Leben und die Götter ersetzten das Schulterstück, von dem Demeter unbedacht gekostet hatte, durch Elfenbein (S. 89). Seither haben seine Nachkommen an der Schulter ein weißes Mal. **Kindheit und Jugend des Pelops**

Es heißt auch, Tantalos sei nie mit den Göttern beim Mahl gesessen, vielmehr habe sich Poseidon in den Knaben P. verliebt und ihn als Mundschenk auf den Olymp entführt. Demnach kehrte er, von Poseidon mit einem Gespann geflügelter Rosse beschenkt, nach dem Tod seines Vaters als Herrscher nach Lydien zurück, wurde jedoch von Ilos, dem Gründer Troias, aus Kleinasien vertrieben.

● Als P. herangewachsen war, warb er um Hippodameia, die Tochter des Königs Oinomaos von Elis. Sei es, dass dieser selbst in seine Tochter verliebt war oder von einem Orakel erfahren hatte, dass er von der Hand seines Schwiegersohns sterben werde: Alle Freier seiner Tochter mussten auf der 150 km langen Strecke zwischen Pisa und Korinth im Wagenrennen gegen ihn antreten, wobei er den Bewerbern einen Vorsprung ließ, sie aber allesamt mit seinen unsterblichen Pferden, einem Geschenk seines Vaters Ares, einholte und mit einem Stich durch die Schulter tötete. **Die Brautwerbung um Hippodameia**

Bereits zwölf Köpfe unterlegener Bewerber hatte er an das Dach seines Hauses (oder an den First eines Tempels) genagelt, als P. sich zur Brautwerbung einfand.

Verrat und Tod des Myrtilos

Damit, dass er ihm eine Liebesnacht mit Hippodameia und die Hälfte des Reiches versprach, bestach P. Oinomaos' Wagenlenker Myrtilos, einen Sohn des Hermes, die Achsstifte durch Wachs zu ersetzen. Oder Hippodameia war in P. verliebt und traf selbst die Vereinbarung mit Myrtilos. So wurde Oinomaos nach kurzer Fahrt vom Wagen geschleudert und von seinen Rossen zu Tode geschleift. Nach anderer Darstellung kehrte P. um und tötete den hilflosen Oinomaos mit dem Speer. Dieser erkannte in Myrtilos den Verräter, verfluchte ihn und sagte ihm seinen Tod durch P. voraus. Tatsächlich stürzte dieser bald darauf Myrtilos, der Hippodameia vergewaltigen wollte, ins Meer, auch um sich des Mitwissers zu entledigen. Sterbend verfluchte Myrtilos P. und seine Nachkommen.

Pelops entführt Hippodameia, attische Amphora, um 410 v. Chr., Museo Civico, Arezzo

Entsühnung und Herrschaft des Pelops

● Aus Reue über seine Schandtaten suchte P. Entsühnung durch Hephaistos und errichtete ein Mahnmal für Myrtilos in Olympia, wo er auch zu Ehren des Oinomaos das Wagenrennen einrichtete. Nach anderen gilt er, neben Herakles, überhaupt als Begründer der Olympischen Spiele. Myrtilos' Vater Hermes versuchte er durch Verbreitung seines Kults zu versöhnen.

Elis, Arkadien und andere Landstriche wusste er nach und nach seinem Reich einzugliedern, so dass zuletzt der ganze südliche Teil von Hellas nach ihm *Peloponnesos* („Insel des Pelops") genannt wurde. Nachdem er dem Arkader-König Stymphalos Freundschaft vorgeheuchelt und ihn dann grausam getötet hatte, brach eine Hungersnot aus. Gemildert wurde sie nur durch die inständigen Gebete des Aiakos (S. 34; S. 105), der später seiner Frömmigkeit und Gerechtigkeitsliebe wegen zum dritten Unterweltsrichter neben Minos und Rhadamanthys bestellt wurde.

P. hatte zahlreiche Söhne, die sich über die ganze Peloponnes verstreuten und viele Städte gründeten: Pittheus war König von Troizen, das er so nach seinem toten Bruder und Mitregenten nannte. Durch seine Tochter Aithra wurde er Großvater des Theseus (S. 142), den er an seinem Hof erzog und zum Thronerben bestimmte. Als Theseus König von Athen wurde, übergab er die Herrschaft seinem Sohn Hippolytos.

Kinder des Pelops:
Pittheus

Alkathoos war wegen seiner Beteiligung an der Ermordung des Chrysippos (S. 117) nach Megara geflohen. Weil er den kithaironischen Löwen erlegte, der den Sohn des Königs Megareus getötet hatte, erhielt er dessen Tochter und den Thron. Er baute die von Minos zerstörte Stadtmauer wieder auf. Als ihm einst sein jüngerer Sohn den Tod des älteren melden wollte, der bei der kalydonischen Eberjagd umgekommen war (S. 184), und ihn deshalb beim Opfer störte, erschlug ihn der Vater mit einem Scheit. Nach dem Tod seiner Söhne überließ Alkathoos das Reich seinem Enkel Aias (S. 210).

Alkathoos

Chrysippos, den die Nymphe Astyoche gebar, war P.' Lieblingssohn, weshalb seine Stiefmutter Hippodameia fürchtete, P. könne ihn bei der Nachfolge ihren eigenen Söhnen Atreus und Thyestes vorziehen, und ihn von diesen umbringen ließ. Vom Vater verflucht, flüchteten die beiden nach Mideia in der Argolis, das ihnen König Sthenelos von Mykenai als Herrschaftsbereich überließ. Dort erhängte sich ihre Mutter, die mit ihnen geflohen war.

Chrysippos

Es heißt auch, Chrysippos habe sich selbst aus Scham getötet (S. 117) oder er sei seiner Schönheit wegen von Zeus entführt worden.

Über P.' Ende gibt es keine Erzählungen. Die Olympischen Spiele sollen nach seinem Tod Leichenspiele ihm zu Ehren gewesen sein, auch wurde im Heiligtum von Olympia sein Grab gezeigt. Seine Gebeine galten nach einigen als unentbehrlich für Troias Fall (S. 204). Auch Zepter, Schwert und Rennwagen des P. wurden in Olympia aufbewahrt.

Der Zwist der Brüder Atreus und Thyestes

2.2

● Durch den Mord an ihrem Halbbruder hatten Pelops' berühmteste (und berüchtigtste) Söhne erstmals schwere Schuld und den väterlichen Fluch auf sich geladen. In Mideia heiratete A. die kretische Königstochter Aërope, die ihr Vater Katreus als Sklavin verkauft hatte, weil er nach einem Orakel glaubte,

Der Betrug mit dem goldenen Vlies

eines seiner Kinder werde ihn umbringen. Es heißt auch, A.'
Sohn Pleisthenes habe sie geheiratet und sei also Vater von Agamemnon und Menelaos, A. aber habe sie nach Pleisthenes' Tod
erzogen.

A. hatte das Gelöbnis getan, Artemis alljährlich sein schöns-
tes Lamm zu opfern. Um ihn zu prüfen, sandte ihm die Göttin
eines mit goldenem Fell, das A. jedoch aus Gier tötete, das Fell
verbarg er in seiner Schatztruhe. Aërope aber verliebte sich in
ihren Schwager Thyestes, entwendete das goldene Vlies und vertraute es dem Geliebten an.

Nach dem Tod des Königs Sthenelos und seines Erben Eurystheus erhielten die Mykenaier vom delphischen Orakel den
Auftrag, sie sollten einen der Herrscher von Mideia wählen,
doch konnte man sich auf keinen der beiden Brüder einigen.
Th. schlug deshalb vor, die Wahl solle auf den fallen, der ein
goldenes Vlies vorweisen könne. In der Meinung, das Vlies sei
noch unter seinen Schätzen, willigte A. natürlich ein und musste
entsetzt mitansehen, wie Th. das Lammfell präsentierte.

Zweites Wunder und Verbannung des Thyestes ● Weil Zeus den Ehebruch der Aërope missbilligte, sandte er
Hermes mit dem Auftrag zu A., er solle mit Th. vereinbaren,
dass er nur dann den Thron behalten dürfe, wenn er, A., nicht
ein noch größeres Wunder als ein goldenes Lammfell vorweisen könne, und kündigte die Umkehr des Sonnenlaufs an. Th.,
der seinen Bruder für wahnsinnig hielt, willigte ein, Zeus aber
ließ tatsächlich die Sonne im Osten untergehen und die Pleiaden rückwärts wandern. A. schickte nun Th. in die Verbannung,
doch gelang es diesem, A.' Sohn Pleisthenes zu entführen, den er
großzog, um ihn als Rächer zu missbrauchen: Als jungen Mann
schickte er ihn mit dem Mordauftrag zu A., der dem Anschlag
jedoch zuvorkam und so unwissentlich seinen eigenen Sohn tötete.

Das Schreckens-mahl ● Als A. den Betrug mit dem goldenen Vlies entdeckte, stürzte
er Aërope ins Meer. Auch reute ihn jetzt seine Milde gegenüber
dem Bruder, den er nun, Versöhnungswillen heuchelnd, mit seinen drei Söhnen einlud. Diese schlachtete er, obwohl sie am Altar
Zuflucht gesucht hatten, zerstückelte sie und setzte sie dem Vater
beim Bankett vor. Anschließend zeigte er ihm Köpfe und Hände,
damit er wisse, was er da gegessen habe. (Nach späterer Darstellung änderte dieser Entsetzlichkeit wegen die Sonne ihren
Lauf.)

● Th. ging, seinen Bruder verfluchend, erneut ins Exil. Auf **Thyestes,** seine Frage, wie er sich rächen könne, beschied ihn das Orakel in **Pelopeia und** Delphoi, er müsse ein Kind mit seiner eigenen Tochter Pelopeia **Atreus** zeugen, worauf er sich ihr näherte, ohne dass sie ihn erkannte (nach anderen auch ohne dass er sie erkannte). Dabei entwendete ihm Pelopeia sein Schwert und versteckte es.

Als wegen des Fluchs des Th. und der Verruchtheit des A. eine Hungersnot über Argos hereinbrach und das Orakel in Delphoi A. beauftragte, seinen Bruder heimzuholen, suchte er ihn auf langen Reisen. In Epeiros begegnete er am Hof des Thesprotos Pelopeia, um deren Hand er anhielt, weil Thesprotos die Herkunft der von ihrem Vater Schwangeren nicht verraten wollte und sie als seine eigene Tochter ausgab.

● Als Pelopeia den Aigisthos geboren hatte, hielt A. ihn für **Der Rächer** seinen eigenen Sohn. **Aigisthos**

Mit der Frage, wo Th. sei, schickte er einige Zeit später seine Söhne Agamemnon und Menelaos zum Orakel nach Delphoi, wo sich zur gleichen Zeit auch der Gesuchte aufhielt. Die Brüder schleppten ihn nach Mykenai, A. kerkerte ihn ein und beauftragte den herangewachsenen Aigisthos, ihn zu ermorden, doch gab er ihm zufällig jenes Schwert, das Pelopeia dem Th. weg- und mit zu Thesprotos genommen hatte. Auf Th.' Frage, wem es gehöre, nannte Aigisthos seine Mutter, worauf Th. sich als letzten Wunsch ausbat, sie zu sehen, und ihr die Zusammenhänge erklärte. Aus Scham über den Inzest stürzte sich Pelopeia in das Schwert, A. aber glaubte Aigisthos, als er ihm die blutige Waffe zeigte und behauptete, er habe den aufgetragenen Mord ausgeführt. Während A. jedoch am Strand ein Dankopfer ausrichtete, erschlug ihn Aigisthos, der später auch A.' Sohn Agamemnon tötete. (Homer kennt den Bruderzwist noch nicht. Bei ihm ist neben dem goldwolligen Fell ein Zepter Unterpfand der Herrschaft, das von Zeus über Hermes und Pelops auf A. kam, der es sterbend seinem Bruder übergab.)

Agamemnon und Menelaos 2.3

● Thyestes übernahm nun wieder die Herrschaft über Myke- **Vertreibung und** nai, Agamemnon und Menelaos flohen nach Sikyon. Als junge **Ende des Thyestes** Männer kehrten sie mit einem Heer des Spartanerkönigs Tyndareos zurück und verjagten Thyestes, der auf Kythera Zuflucht suchte und dort starb.

Die Ehen der Brüder ● Herrscher von Mykenai war nun Agamemnon, der die Tyndareos-Tochter Klytaimnestra heiratete, nachdem er ihren ersten Gatten und das kleine Kind der beiden umgebracht hatte. Mit ihr hatte er die drei Töchter Elektra, Iphigeneia und Chrysothemis sowie den Sohn Orestes (S. 223).

Seinen Einfluss auf Tyndareos machte Agamemnon geltend, um seinem Bruder gegen zahlreiche Freier zur Ehe mit Helene zu verhelfen. Auf Anraten des Odysseus leisteten die miteinander streitenden Bewerber allesamt den Eid, im Ernstfall demjenigen beizustehen, den Helene erwählen werde: eine der Voraussetzungen für den großen Heereszug nach Troia (8.; auch S. 226).

Als Helenes Brüder, die Dioskuren Kastor und Polydeukes, zu den Göttern entrückt wurden (S. 92), dankte der alte Tydareos zugunsten des Menelaos als Herrscher in Sparta ab.

(Zur weiteren Geschichte der Atriden s. 8.2. bis S. 224.)

Zusammenfassung

Wie sein Vater Tantalos durch den versuchten Betrug an den Göttern, lud auch Pelops schwere Schuld auf sich, als er im Zuge seiner Werbung um Hippodameia den Brautvater und dessen Wagenlenker zu Tode brachte.

Pelops Söhne gründeten zahlreiche Städte auf der Peloponnes.

Atreus und Thyestes verfluchte er wegen der Ermordung ihres Halbbruders Chrysippos. Beide verübten aneinander zahlreiche Gräueltaten, unter anderem setzte Atreus seinem Bruder dessen Kinder zum Mahl vor.

Thyestes' Sohn Aigisthos wurde zuletzt zum Rächer an Atreus, später auch an dessen Sohn Agamemnon.

Agamemnons Eheschließung mit Klytaimnestra war abermals mit einem Mord verbunden. Seinem Bruder Menelaos half er später, Helene zu gewinnen.

Fragen

1. Erläutern Sie, inwiefern man von den Nachkommen des Tantalos (den *Tantaliden*) als einem „fluchbeladenen Geschlecht" sprechen kann!

2. Nennen Sie die Vertreter des Tantaliden-Geschlechts in genealogischer Reihenfolge!

Bellerophon, Danaë, Perseus   3.

Von Danaos bis Lynkeus und Abas   3.1

Der Streit zwischen den Brüdern Danaos und Aigyptos um die Herrschaft hatte mit der Ermordung von 49 der fünfzig Söhne des Letzteren geendet. Einzig Hypermestra, die älteste der Danaiden (S. 90), hatte ihren Bräutigam Lynkeus bei der Bluthochzeit verschont, ihm zur Flucht verholfen und den Vater zuletzt bewogen, sich mit ihrer Ehe abzufinden. Gleichwohl soll Lynkeus später seinen Schwiegervater und alle Schwägerinnen erschlagen haben. Sein Sohn Abas übernahm nach ihm die Herrschaft in Argos und wurde von Aglaia Vater eines streitbaren Zwillingspaars.

Akrisios, Proitos, Bellerophon   3.2

● Akrisios und Proitos sollen sich schon im Mutterleib gezankt und gerauft haben und hörten damit ihr Leben lang nicht auf. Nach heftigem Kampf, an den eine Pyramide erinnerte, vertrieb Akrisios seinen Bruder, der ihn jedoch mit Hilfe seines Schwiegervaters Iobates aus Lykien zur Teilung des Reiches zwang, nachdem ein Zweikampf erneut keine Entscheidung gebracht hatte. Sieben Kyklopen hatte er aus Lykien mitgebracht, die ihm die gewaltigen Mauern um das neu gegründete Tiryns bauten, während Akrisios in Argos blieb.

Die verfeindeten Brüder

● Der Sisyphos-Enkel Bellerophon (als dessen Vater auch Poseidon genannt wird) hatte eine Schlange (nach anderen einen Tyrannen) Belleros getötet und fand sich eines Tages bei Proitos in Tiryns ein, um sich für den Mord entsühnen zu lassen.

Proitos und Bellerophon

Dessen Gattin Stheneboia aber verliebte sich in den jungen Fremdling und verleumdete ihn, als sie abgewiesen wurde, bei ihrem Gemahl, er habe ihr Gewalt antun wollen.

Da Proitos den Gast nicht selbst zur Rechenschaft ziehen wollte, sandte er ihn zu Iobates nach Lykien, mit der Nachricht in versiegelten Tafeln, er solle den Überbringer töten. Neun Tage wurde Bellerophon freundlich bewirtet, dann öffnete Iobates das Schreiben, doch wollte auch er den Gast nicht beseitigen und stellte ihm stattdessen drei vermeintlich unlösbare Aufgaben.

Zunächst sollte er die Chimaira töten.

Exkurs

Chimaira (Chimäre)

Chimaira nannte man eine Ziege, die erst einmal überwintert hat. *Die* Chimaira, Tochter des Typhon und der Echidna (S. 23), galt als ein scheußliches, schnellfüßiges Mischwesen, das mit seinem Feueratem das Land verwüstete. Es hatte drei Köpfe, den einen in der Mitte auf einem Ziegenleib, vorne den eines Löwen und der Schwanz war eine Schlange.

Chimaira, korinthischer Stater (G), um 350 v. Chr.

Um das Scheusal besiegen zu können, musste Bellerophon zunächst eines Wunderpferds habhaft werden.

Exkurs

Pegasos

Pegasos, das geflügelte Ross, war dem Blut entstiegen, das aus dem Hals der von Poseidon schwangeren, von Perseus enthaupteten Medusa floss (S. 137). Unnahbar zog er seither durchs Land. Zwei Quellen, so heißt es, scharrte er mit seinen Hufen frei: die Dichterquelle Hippukrene auf dem Parnass und die begeisternde Musenquelle Peirene bei Korinth. Erst Bellerophon konnte ihn bändigen. Auf den Rat des Sehers Polyeidos schlief er auf Athenas Altar und ihm träumte, die Göttin schenke ihm ein goldenes Zaumzeug und beauftrage ihn, dem Poseidon einen Stier zu opfern. Als er erwachte, fand er das Geschirr tatsächlich neben dem Altar. Er opferte, wie ihm geheißen, und fand Pegasos an der Peirene-Quelle.

Pferd und Reiter freuten sich und führten einen Waffentanz auf, Bellerophon legte dem Ross das Zaumzeug an und erhob sich mit ihm in die Lüfte.

Bellerophon auf dem Pegasos, korinthischer Stater (G), um 350 v. Chr.

Auf Pegasos also flog Bellerophon über die Chimaira hinweg und spickte sie mit zahllosen Pfeilen.

Als zweite Aufgabe ließ Iobates ihn mit dem kriegerischen Nachbarvolk der Solymer kämpfen, doch blieb Bellerophon abermals Sieger, wie im anschließenden Gefecht mit den Amazonen. Als er während der Rückkehr die besten Lykier, die ihm einen Hinterhalt legten, bis auf den letzten Mann niedermachte, erkannte Iobates seine göttliche Herkunft, schenkte ihm die Hälfte des Reiches und gab ihm seine Tochter Philonoë zur Gemahlin. Auch zog er ihn ins Vertrauen und erzählte von Proitos' Brief.

Nach Tiryns zurückgekehrt, verlockte Bellerophon Stheneboia zu einem gemeinsamen Ritt auf dem Zauberpferd und rächte sich, indem er sie ins Meer stürzte. (Nach anderen tötete sie sich aus Gram oder Scham selbst.)

Später fiel Bellerophon der Vermessenheit anheim und unternahm einen Flug zum Himmel, um in den Götterrat einzudringen, nach anderen, um zu prüfen, ob es überhaupt Götter gebe. Zornig sandte Zeus eine Stechfliege, Pegasos wurde rasend und warf den Reiter in die Tiefe, auf eine menschenleere Ebene in Kleinasien, wo Bellerophon als hinkender Krüppel herumirrte und schwermütig das Menschenlos betrauerte, während Pegasos als Blitzeträger des Zeus oder Diener der Eos an die himmlischen Krippen der unsterblichen Rosse aufgenommen wurde.

● Weil sie den entsprechenden Kult versäumt hatten, wurden die Töchter des Proitos von Hera oder von Dionysos in den Wahnsinn getrieben (S. 96). In lästerlichem Treiben zogen sie, viele andere Frauen ansteckend, durch die Lande, bis sie Melampus mit Nieswurz heilte, dafür aber dem Proitos zwei Drittel seines

Die Töchter des Proitos

Reiches abforderte. Hierauf soll Proitos Akrisios vertrieben haben, wofür ihn dessen Enkel Perseus mit dem Haupt der Gorgo versteinerte.

3.3 Das Schicksal der Danaë

Zeus als goldener Regen
● Nachdem Danaë geboren war, wollte Akrisios vom Orakel in Delphoi wissen, wie er Söhne bekommen könne, und erhielt als Antwort: Der Sohn seiner Tochter werde ihn ums Leben bringen. Daher sperrte er Danaë für immer mit einer Amme, die sie versorgte, in ein unterirdisches Verlies oder in einen ehernen Turm. Zeus aber hatte ein Auge auf sie geworfen und besuchte sie in Gestalt goldenen Regens, der ihr in den Schoß fiel, und das Verlies wurde zur Brautkammer.

Die Aussetzung von Danaë und Perseus
● Als Akrisios das Unheil entdeckte, ließ er Mutter und Kind in eine Kiste sperren und ins Meer werfen. Nach der einen Version geschah dies gleich nach der Geburt des Perseus, nach einer anderen war Danaës Vater auf die Kinderstimme aufmerksam geworden. Die Amme ließ er töten, Danaës Beteuerungen, Zeus sei der Vater, schenkte er keinen Glauben, vielmehr hatte er seinen verfeindeten Bruder Proitos in Verdacht.

Die Landung auf Seriphos
● Die Truhe strandete an der Insel Seriphos, wo der Fischer Diktys, der Bruder des Königs Polydektes, die Schiffbrüchigen gastlich aufnahm. Als der König Danaë begegnete, drängte er auf Heirat, doch weigerte sie sich beständig. (Nach anderer Darstellung war sie mit dem König vermählt und Perseus wurde im Athena-Heiligtum erzogen.) Nun entschloss sich Polydektes, den seinen Plänen hinderlichen Perseus zu beseitigen: Er hatte die Adligen der Insel zu einem Gastmahl geladen und von jedem als Steuer ein Pferd gefordert, da er, mit dieser Rossherde als Brautgabe, bei Oinomaos um die Hand der Hippodameia anhalten wollte (vgl. S. 127). Beschämt musste Perseus gestehen, er könne kein Pferd beisteuern, doch versprach er ein weit bedeutenderes Geschenk: das Haupt der Gorgo Medusa, das zu holen er sich augenblicklich auf den Weg machte. Kaum war er davon, ließ Polydektes Danaë ohne Nahrung einmauern, um ihr Ja-Wort zu erpressen (was ihm nach einer Version auch gelang).

Die Taten des Perseus   **3.4**

● Athena war zornig auf Poseidon und die Gorgo Medusa, da sie   **Die Enthauptung**
ihren Tempel durch Beischlaf entweiht hatten, und erklärte Per-   **der Medusa**
seus, wie er vorgehen müsse, um das Ungetüm zu enthaupten.

Exkurs

Das Haupt der Medusa

Die sterbliche Gorgo Medusa, mit ihren unsterblichen Schwestern Stheno und Euryale Tochter des Phorkys und des Meeresungeheuers Keto (S. 42), war gekennzeichnet durch ein grauenerregendes Äußeres, insbesondere versteinerte ihr ungeschützter Anblick alles Lebendige. Da aus ihrem Blut das Flügelpferd Pegasos aufstieg, wird sie auch selbst in Rossgestalt dargestellt. Agamemnon trug ihre Fratze als Apotropaion (G) auf seinem Schild und Odysseus flüchte-te aus der Unterwelt, weil er fürchtete, Persephone könne ihm das Gorgonenhaupt schicken. Älterer Überlieferung galt sie als Tochter der Gaia; demnach tötete Athena selbst sie während der Gigantenschlacht (Athena *Gorgophone*, die „Gorgo-Töterin"). Die Göttin verlieh an ihre Günstlinge auch Locken und Blutstropfen der Gorgo (S. 81). Seither, oder nachdem Perseus ihr es geweiht hatte, trug sie das grässliche Gorgonenhaupt auf ihrem Schild, der Aigis.

Zunächst schenkte Athena ihm einen spiegelnden Bronzeschild und wies ihm den Weg zu den älteren Schwestern der Gorgonen, den Graiai, auf deren Hilfe als Wegweiserinnen er angewiesen war, drei alten Weibern in den Bergen Afrikas, die zusammen nur über einen Zahn und ein Auge verfügten. Letzteres erhaschte Perseus, als es im turnusmäßigen Wechsel weitergereicht wurde, und erpresste sie, ihm den Weg zu den Nymphen zu zeigen, die ihm weiterhelfen sollten. Um sie zu hindern, ihre Schwestern zu warnen, warf er nach ihrem Hilfsdienst das Auge jedoch in einen See. (Nach anderen gab er es ihnen auf dem Rückweg von den Nymphen oder bei seiner Flucht wieder.)

Von den Nymphen erhielt Perseus eine Tarnkappe, Flügelschuhe und eine *kíbisis*, eine Zaubertasche, von Hermes die *harpe*, die alte Titanenwaffe Sichelschwert (vgl. S. 19).

Mittels Kappe und Schuhen flog er nun in die Nähe der Gärten der Hesperiden, an die Ufer, wo die Nacht beginnt, näherte sich der schlafenden, ahnungslosen Gorgo, wobei er sie, um nicht versteinert zu werden, im Spiegel des glänzenden Schilds betrachtete, und schlug ihr mit dem Sichelschwert den Kopf ab, den er sofort in der Zaubertasche barg. Aus dem Halsstumpf der Schwangeren stiegen der Heros Chrysaor und der geflügelte Pegasos (S. 134) auf.

Edward Burne-Jones (1833–1898), *Die Geburt des Pegasos*, Art Gallery, Southampton

Mit Hilfe der Tarnkappe entkam Perseus den erwachten Schwestern. Oder er flog, als erster Reiter vor Bellerophon, auf dem Pegasos davon. Nach späterer Darstellung wurde von ihm als Erster Atlas wegen eines Irrtums versteinert (S. 105).

Die Rettung der Andromeda ● Über Ägypten flog Perseus nun an die phoinikische Küste (oder nach Aithiopien), wo er die am Abhang einer Steilküste angekettete Königstochter Andromeda erblickte: Ihre Mutter Kassiopeia (Kassiope) hatte geprahlt, sie sei schöner als die Nereïden, welche sich daraufhin bei Poseidon beschwerten. Dieser schickte eine Sturmflut, dazu ein Meeresungeheuer, das Menschen und Vieh fraß und, so ein Spruch des aigyptischen Ammon-Orakels, erst verschwinden werde, wenn ihm Andromeda geopfert sei. Perseus erbat von ihrem Vater Kepheus für die Rettung des Mädchens dessen Hand und schlug dem Untier mit Hermes' Schwert den Kopf ab (oder versteinerte es).

Ebenso verfuhr er mit Andromedas früherem Verlobten Phineus und seinen Mannen, als sie in die folgende Hochzeitsfeier brachen und das Mädchen entführen wollten.

Seinen ersten Sohn von Andromeda ließ Perseus bei Kepheus als dessen Erben: Perses, den späteren Ahnherrn der Perser.

Von Athena wurden alle Beteiligten an den Sternenhimmel entrückt: Andromeda und Perseus, Pegasos und das Seeungeheuer, Kepheus und Kassiopeia, die allerdings ihrer Verfehlung wegen auf dem Rücken liegen muss, die Füße nach oben.

(Wie der Oidipus-Mythos (S. 118 ff) enthält auch der von Perseus eine Reihe von Märchenmotiven: das unheilbringende Kind, Zauberrequisiten wie Tarnkappe und Flügelschuhe, die Befreiung der Königstochter durch Beseitigung eines Ungeheuers und die Vermählung mit ihr.)

● Als er nach einem Jahr nach Seriphos zurückkam, fand Perseus den Fischer Diktys und seine Mutter Danaë am Altar, wohin sie sich vor den Nachstellungen des Polydektes geflüchtet hatten. Da der König ihn auf seinen Hinweis, er habe das Haupt der Gorgo, heftig auslachte, versteinerte Perseus ihn und sein Gefolge. (Seither zählt Seriphos zu den felsenreichsten Inseln des Archipels.) Diktys machte er zum König. Auf Anordnung der Athena händigte er die hilfreichen Waffen Hermes aus.

Die Befreiung der Danaë

● Mit Andromeda und Danaë begab er sich nun nach Argos zurück. Seine Mutter soll sich nach Italien gewendet haben und, in Latium gestrandet, dort zur Städtegründerin geworden sein.

Die Geschehnisse nach Perseus' Rückkehr

Perseus strebte die Aussöhnung mit Akrisios an, doch flüchtete dieser, um dem Orakel (S. 136) zu entgehen, nach Larissa, wohin ihm sein Enkel folgte. Das Orakel erfüllte sich, als sich Perseus bei Leichenspielen mit anderen im Diskuswurf maß und versehentlich seinen Großvater traf.

Tod des Akrisios

In Argos tötete er den Proitos, weil dieser widerrechtlich den Thron seines Bruders nach dessen Tod eingenommen hatte, herrschte der Vorkommnisse wegen dort aber nicht mehr selbst, sondern tauschte die Herrschaft mit Proitos' Sohn Megapenthes und übernahm dessen Thron in Tiryns, von wo aus er Mykenai gründete. Nach anderer Version soll ihn Megapenthes aus Rache für den Mord an Proitos umgebracht haben.

In langer Herrschaft gründete Perseus viele Städte. Seine Gemahlin gebar ihm zahlreiche Söhne, darunter den Elektryon, durch den er zum Ahnen des Herakles wurde.

Streit soll Perseus mit den Anhängern des Dionysos gehabt haben (S. 96): Es heißt, er habe eine Statue des Gottes (oder diesen selbst) in den See von Lerna geworfen oder versucht, den dionysischen Zug aufzuhalten, und viele aus dem Gefolge des Gottes versteinert, darunter auch Ariadne. Später aber habe er sich mit Dionysos ausgesöhnt.

Literatur

Hiller, S. (1970): *Bellerophon. Ein griechischer Mythos in der römischen Kunst.* München

Schauenburg, K. (1960): *Perseus in der Kunst der Antike.* Bonn

Schefold, K. (1987): *Die Urkönige Perseus, Bellerophon, Herakles und Theseus in der klassischen und hellenistischen Kunst.* München

Zusammenfassung

Proitos und Akrisios galten als Muster des verfeindeten Brüderpaars.

Proitos' Gemahlin verleumdete den jungen Bellerophon bei ihrem Gatten, der daraufhin den ungeliebten Gast beseitigen lassen wollte.

Bellerophon sollte das Untier Chimaira töten und bewältigte diese „unmögliche" Aufgabe mit Hilfe des geflügelten Rosses Pegasos.

Nach vollzogener Rache an der Verleumderin verfiel Bellerophon, nach einem Sturz vom Himmel, in Wahnsinn.

Akrisios sperrte eines Orakels wegen seine Tochter Danaë in ein Verlies, doch konnte er nicht verhindern, dass sie von Zeus (als Goldregen) den Perseus empfing.

Mutter und Kind, in einem Kasten auf dem Meer ausgesetzt, strandeten auf Seriphos. Für den dortigen König sollte Perseus später das Haupt der Medusa holen.

Mit Hilfe der Athena, der Graiai und einiger Nymphen gelang es ihm, Medusa zu enthaupten, deren grässliches Antlitz jeden versteinerte.

Dann rettete Perseus die Königstochter Andromeda vor einem Meeresungeheuer und erhielt sie als Gattin.

Das Orakel an Akrisios erfüllte sich, als Perseus ihn versehentlich mit einem Diskus tötete.

Fragen

1. Beschreiben Sie die Fabelwesen Chimaira und Pegasos!

2. Welche Märchenmotive enthält der Mythos um Perseus?

Theseus   4.

Athen bis zu Theseus' Geburt   4.1

● Als erster Gründer eines athenischen Gemeinwesens gilt Ke- **Kekrops**
krops, ein erdgeborener Ureinwohner Attikas, halb Mensch, halb
Schlange. Er war Ziehsohn der Athena (S. 61) und sammelte noch
vor der deukalionischen Flut (S. 110) die über Attika Verstreuten
zu städtischer Gemeinschaft, die bereits 20 000 Köpfe gezählt
haben soll. Die regellose Vermischung von Mann und Frau hob
er auf und führte die Einehe ein. Auch ist sein Name verbunden mit ersten Gesetzen, der Erdbestattung und dem Brauch,   *Kekrops, der*
auf den Begräbnisstätten Korn zu säen, ferner mit dem Ersatz   *Kulturstifter*
blutiger Tier- und Menschenopfer durch Kuchen für Zeus. Mit
Kekrops wurde der Beginn menschenwürdigen Lebens in Attika
gesetzt. Er galt den Athenern allezeit als Schutzheros.
    Unter seiner Herrschaft spielte sich auch der Streit zwischen
Athena und Poseidon um die Vorherrschaft über Attika ab (S. 62).
Es heißt, Kekrops habe, als Ölbaum und Salzquelle erschienen
waren, vom delphischen Orakel erfahren, der Ölbaum sei von
Athena, die Quelle von Poseidon, worauf er alle darüber abstimmen ließ, wem der Vorzug zu geben sei. Frauen durften damals
noch mit abstimmen und wegen der Mehrheit von *einer* ihrer   *Entscheidung für*
Stimmen sei die Wahl auf Athena gefallen. Weil dies Poseidons   *Athena*
Wut entfachte und er Attika überflutete, verzichteten die Frauen,
um ihn zu versöhnen, auf frühere Rechte, auch wurden die Kinder seither mit dem Vaternamen bezeichnet. Nach anderer Version entschied Kekrops allein und zog den Ölbaum, weil einzigar-
tig, dem überall verfügbaren Salzwasser vor. Oder er war nur Zeuge, als die olympischen Götter über den Streit befanden und Zeus
zuletzt wegen Stimmengleichheit für seine Tochter entschied.

● Als Gründer eines neuen attischen Staates nach der großen **Erichthonios und**
Flut galt Erichthonios, den Athena nach dem Tod der Kekrops- **Erechtheus**

Töchter (S. 61) wieder bei sich aufgenommen hatte. Er soll auf der Akropolis das Bildnis der Göttin aus Olivenholz aufgestellt und die Panathenaien, das große Stadtfest mit zahlreichen musischen und gymnastischen Wettkämpfen, eingeführt haben. Auch sein Grab, mitten im heiligsten Bezirk, wo der Ölbaum stand, zeigte die enge Beziehung zu Athena.

Erechtheus, gleichfalls ein erdgeborener Heros, von Hephaistos' Samen der Erdgöttin entstammend (S. 61), war ursprünglich mit Erichthonios identisch, schlangengestaltig wie Kekrops, doch erscheint er in den späteren Königslisten als Mensch.

Tod der Erech-theus-Töchter Als im Krieg mit Eleusis die Thraker unter Eumolpos einfielen, erfuhr Erechtheus vom Orakel in Delphoi, er müsse zur Rettung der Stadt eine seiner Töchter opfern. Da die drei Mädchen geschworen hatten, sie würden, sobald eine von ihnen sterben müsse, dieser in den Tod folgen, ging die Familie unter, als nach der Opferung der Chthonia sich die anderen beiden das Leben nahmen.

Zwar siegte Erechtheus daraufhin über Eumolpos, doch schlug ihn dessen Vater Poseidon mit dem Dreizack in die Erde. Oder er wurde auf dessen Bitte hin von Zeus' Blitz getötet. Später genoss er gleichwohl gemeinsamen Kult mit Poseidon.

Aigeus, Pittheus und Aithra ● Der Urenkel des Erechtheus, Aigeus, galt als sterblicher Vater des Th. Oder er war eine lokale Erscheinungsform des Poseidon, der gemeinhin als Vater des wahren Gründers von Athen genannt wird. Damit erschien, nach zwei Erdentsprossten, mit Th. der Sohn des Meeresgottes.

Aigeus betrog seine drei Brüder Nisos, Pallas und Lykos um die Herrschaft und wurde König in Athen, als Pittheus in Troizen regierte (S. 129). Dessen Tochter Aithra wurde von Athena im Traum aufgefordert, am Grab des Myrtilos (S. 128) auf der vorgelagerten Insel Sphairia zu opfern. Als sie hinüberging, erschien ihr Poseidon als göttlicher Bräutigam. (Später weihte sie der Athena dort einen Tempel und führte den Brauch ein, dass die Bräute vor der Hochzeit ihren Gürtel der Göttin weihen.) Oder Pittheus schickte sie und Aigeus für eine Nacht auf diese Insel. Dieser hatte sich nämlich nach zwei kinderlosen Ehen zum delphischen Apollon begeben, um zu erfahren, wie er endlich Vater werden könne, und die merkwürdige Auskunft erhalten: „Den Fuß des Weinschlauchs löse du nicht eher als in Athen", weswegen er auf dem Rückweg den als weise geltenden Pittheus aufsuchte. Dieser verstand, dass Aigeus, nach Athen zurückgekehrt, gezeugt hätte.

Da jedoch in dem Orakel von einem bedeutenden Sohn die Rede war, wollte er seine Tochter Aithra mit diesem schwanger sehen, machte den Gast betrunken (oder täuschte bzw. überredete ihn) und legte ihn zu Aithra. Am Morgen hinterließ Aigeus sein Schwert und Sandalen, wälzte einen gewaltigen Stein darauf und gab der künftigen Mutter die Weisung: Gebäre sie einen Sohn, stark genug, um den Felsen fortzuwälzen, solle er Schwert und Schuhwerk nehmen und nach Athen kommen, denn so werde er, Aigeus, seinen Sohn erkennen. Th., der Spross dieser Nacht, wuchs die ersten Jahre an Pittheus' Hof wohlgelitten auf, auch genoss er, wie andere große Heroen, die Erziehung des Kentauren Chiron (S. 109).

Th., Sohn des Aigeus und der Aithra

Erste Taten des Theseus   4.2

● Als Th. herangewachsen war, verriet ihm Aithra seine Herkunft. Mühelos schob er den Felsen beiseite, nahm die Erkennungszeichen und begab sich nach Athen, nicht über See, sondern auf dem gefährlichen Landweg, um die dort lauernden Wegelagerer zu beseitigen.

Wegelagerer auf dem Weg nach Athen

In Epidauros erschlug er den Hephaistos-Sohn *Periphetes* oder *Korynetes* (den „Keulenträger") mit der ehernen Keule, mit der dieser die Vorbeiziehenden getötet hatte, und behielt sie fortan als sein Erkennungszeichen wie Herakles das Löwenfell.

Periphetes

Am Isthmos ließ sich *Sinis* (der „Räuber") von den Wanderern beim Niederbiegen eines Baumes helfen (deshalb auch *Pityokamptes*, der „Fichtenbieger") und schnellte seine Opfer plötzlich damit in die Luft. Oder er band sie an zwei Bäume, ließ diese los und so die daran Gefesselten zerreißen. Gleichermaßen verfuhr Theseus auch mit ihm.

Sinis

In Krommyon befreite er die Menschen von einem Spross des Typhon (S. 22) und der Echidna: der *Phaia*, einer grauen, alles verwüstenden Sau, die den erymanthischen und den kalydonischen Eber geboren haben soll. Es hieß auch, Phaia sei ein Räuber oder eine böse Hexe, die sich in eine Sau verwandeln konnte.

Phaia

Am Engpass des skironischen Felsens zwang *Skiron* die schon von ihm ausgeraubten Reisenden zur Fußwaschung und schleuderte sie über die Klippe in die Tiefe, wo sie einer Riesenschildkröte zum Fraß dienten, deren letztes Opfer Skiron selbst wurde. (Den Megarern galt Skiron allerdings als freundlicher Heros und Befestiger des gefährlichen Weges.)

Skiron

Kerkyon   In Eleusis rang der König *Kerkyon* mit jedem Fremden und brachte den Unterlegenen um. Th. gewann den Thron, indem er ihn tötete, und fügte später Eleusis dem athenischen Herrschaftsbereich hinzu. Seither galt er auch als Erfinder des Faustkampfs.

Prokrustes   *Prokrustes*, der „Strecker" am Berg Aigaleos, legte seine großen Opfer in ein kurzes Bett und sägte ihnen die Beine ab, bis sie genau hineinpassten, die kleingewachsenen streckte er in einem langen Bett oder klopfte ihnen mit einem Hammer die Gliedmaßen in die Länge. Da Prokrustes sehr groß war, spannte Th. ihn in das kleine Bett und schlug ihm den Kopf ab oder zerschmetterte ihn mit dem Hammer.

Die von Demeter mit dem Feigenbaum beschenkten Nach-
Phytalos   kommen des *Phytalos* dagegen empfingen Th. am Fluss Kephissos mit aller Gastfreundschaft und entsühnten ihn von den Morden, vor allem von dem an Sinis, mit dem er über Poseidon und Pittheus verwandt war.

Der Giftanschlag   ● In Athen herrschte unterdessen Unruhe, da Aigeus nach
der Medeia   wie vor keinen rechtmäßigen Erben hatte und die Söhne seines Bruders Pallas zum Schlag ausholten.

Aigeus hatte Medeia (S. 159 ff) in Korinth auf dem Weg zu Pittheus getroffen und ihr Asyl gegeben. Seither lebte er mit ihr und dem gemeinsamen Sohn Medos, für den die Mutter auf das athenische Thronerbe hoffte.

Th. wurde wegen der Beseitigung der Wegelagerer mit Jubel empfangen, doch verschwieg er zunächst, wer er sei. Einzig die Zauberin Medeia erkannte ihn und beschwatzte Aigeus, den Fremden vergiften zu dürfen, da er mit den Pallas-Söhnen gemeinsame Sache mache. Im letzten Augenblick aber erkannte der König seinen Sohn an einer charakteristischen Geste beim Fleischschneiden mit dem Schwert und schleuderte den Giftbecher zu Boden. Medeia musste nun für immer mit ihrem Sohn aus Athen fliehen.

Theseus und   ● Als Aigeus nun Th. zu seinem Nachfolger ernannte, revol-
der maratho-   tierten die Söhne des Pallas offen. Th. nahm die eine Hälfte von
nische Stier   ihnen gefangen, die anderen liefen davon.

Bei Marathon wütete unterdessen jener Stier, den Minos von Poseidon erhalten und mit dem Pasiphaë den Minotauros gezeugt hatte (S. 145). Als siebente Arbeit hatte ihn Herakles nach Griechenland gebracht und in Mykenai freigelassen (S. 179). Aigeus sandte zunächst den Minos-Sohn Androgeos gegen ihn, doch kam dieser bei dem Unternehmen um. Th. stellte den Stier, rang ihn, die Rechte an einem Horn, die Linke in den Nüstern, in gewaltigem Kampf nieder und trieb ihn nach Athen, wo er ihn Apollon opferte – eine Vorarbeit für den großen Kampf mit Minotauros.

Auf dem Weg nach Marathon war Th. während eines schlimmen Gewitters von einer freundlichen Alten, Hekale, gastlich aufgenommen worden. Als er aber mit dem Stier zurückkam, war sie gestorben. Er ließ sie prächtig bestatten und stiftete ihr zu Ehren einen Zeus-Kult. *Hekale*

Theseus und der Minotauros   4.3

● Wegen des Todes seines Sohns Androgeos hatte der kretische König Minos Athen angegriffen. Die Stadt konnte er zwar nicht nehmen, errang den Sieg aber trotzdem, als auf seine Gebete zu Zeus hin Hungersnot und Pest ausbrachen, die auch durch den Opfertod von vier jungen Mädchen nicht endeten. Als schweren Tribut erlegte er den Athenern auf, alle neun Jahre sieben Mädchen und sieben Jünglinge als Menschenopfer für den Minotauros zu übersenden. **Minos und Athen** *Tribut Athens*

Exkurs

König Minos

Minos, der Sohn des Zeus und der Europa (S. 32), wurde kretischer König nach einem Streit mit seinen Brüdern Rhadamanthys und Sarpedon, wie es heißt um den hübschen Miletos. Als Beweis für seinen Herrschaftsanspruch erbat Minos von Poseidon ein würdiges Opfertier und der Gott sandte ihm einen herrlichen Stier aus dem Meer, den Minos jedoch, anstatt ihn zu opfern, in seine Herden eingliederte. Zur Strafe wurde der Stier wild, dazu entbrannte Minos' Gattin, die Helios-Tochter Pasiphaë, in widernatürlicher Leidenschaft zu ihm, entweder des unterlassenen Opfers wegen oder weil Aphrodite sich an Helios rächen wollte, der ihr Verhältnis mit Ares bekannt gemacht hatte (S. 67). Pasiphaë ließ sich vom Hofkünstler Daidalos (S. 147 f) eine künstliche Kuh fertigen, in der sie sich vom Stier begatten lassen konnte. Spross dieser Verbindung war schließlich der *Minotauros* („Stier des Minos"), ein Ungeheuer mit Menschenleib und Stierkopf, das zu verbergen Minos von Daidalos ein unterirdisches Labyrinth bauen ließ, aus dem kein Entrinnen war, hatte man es einmal betreten.

Minos wurde zum Beherrscher des Meeres, auch unterwarf er weite Teile des Festlands. Megara war ihm durch den Verrat der Königstochter Skylla zugefallen: Weil sie sich in ihn verliebt hatte, schnitt sie ihrem Vater Nisos jene Locke ab, an der sein Leben und die Freiheit der Stadt hingen. Für ihren Verrat ertränkte Minos sie im Meer.

Er galt auch als erster Gesetzgeber, da ihn sein Vater Zeus alle neun Jahre auf dem Ida empfing und ihm Gesetze für die Kreter gab. (Nach anderen zog er sich neun Jahre in die Ödnis zurück, um Gesetze zusammenzustellen.) So konnte er, der gerechte Herrscher, nach seinem Tod auch in das Amt des Unterweltsrichters eingesetzt werden (S. 86).

Mit Pasiphaë hatte er eine Reihe von Kindern, doch gab sie ihm seiner vielen Liebesabenteuer wegen ein Gift, das alle seine Beischläferinnen sterben ließ. Die nach Kreta geflüchtete Prokris (S. 58) heilte ihn durch ein Gegengift und wurde dafür mit einem Zauberhund und einem immer treffenden Speer beschenkt.

(Nach anderen waren dies Geschenke der Artemis.) Britomartis stürzte sich seinetwegen ins Meer (S. 76 f).

Nachdem Daidalos entkommen war (S. 147), verfolgte ihn Minos und händigte allen Königen, die er als seine Schutzherrn in Verdacht hatte, eine Spiralmuschel aus mit der Aufforderung, einen Faden hindurchzuziehen. Kokalos auf Sizilien erfüllte den Auftrag und so wusste Minos, dass der Gesuchte bei ihm sei. Zum Schein stimmte Kokalos einer Auslieferung zu, doch wurde Minos, als er sich von den Königstöchtern baden ließ, Opfer eines heimtückischen Anschlags.

Galt Minos auch gemeinhin als gerechter, von Zeus geliebter Herrscher, so wollte man ihn später doch auch durch Betonung mancher Gräueltat als bösen König und Feind der Griechen sehen, insbesondere Athens.

Als der schreckliche Tribut zum dritten Mal fällig wurde, reihte sich Th. freiwillig in die Reihe der Opfer (oder weil das Volk unwillig darüber war, dass der Königssohn verschont werden sollte). Mit seinem Vater Aigeus vereinbarte er, er werde, so er lebend zurückkehre, bei der Abfahrt aus Kreta ein weißes Segel statt des schwarzen hissen.

Als sich während der Überfahrt Minos an einem der Mädchen vergehen wollte, schützte sie Th., worauf er und Minos sich gegenseitig als Bastarde bezeichneten, doch konnten beide ihre göttliche Herkunft beweisen: Minos, indem Zeus am klaren Himmel einen Donnerschlag ertönen ließ, Th., indem er, von Amphitrite (S. 45 f) zusätzlich mit goldener Krone beschenkt, aus der Meerestiefe einen Ring emporholte, den Minos verächtlich ins Reich Poseidons geworfen hatte.

Auf Kreta sollten die unbewaffneten Opfer vom Minotauros gefressen werden. Oder sie irrten im Labyrinth umher, bis sie verhungerten. Erst wenn einer den Minotauros töte und den Ausgang finde, sollten die Athener vom Tribut befreit sein.

Da Th. vor der Abfahrt der Aphrodite geopfert hatte, konnte er jetzt auf ihren Beistand zählen: Minos' Tochter Ariadne verliebte sich in ihn, entlockte Daidalos das Geheimnis um den Faden, den man am Eingang des Irrgartens anbinden müsse, und steckte Th. heimlich ein Schwert zu, nachdem er ihr das Heiratsversprechen gegeben hatte.

Daidalos, der Künstler

Daidalos, ein Erechtheus-Enkel, galt als Erfinder des Kunsthandwerks und als der beste Architekt, Bildhauer und Maler. Aus Athen wurde er verbannt, nachdem er seinen Neffen und Lehrling Talos (auch *Perdix*), der noch größeres Geschick als sein Meister erkennen ließ und bereits Säge, Zirkel und Töpferscheibe erfunden hatte, in einem Anfall von Eifersucht von einem Felsen ins Meer gestürzt hatte.

Er ging nach Kreta und schuf dort für Minos und Pasiphaë manch sonderliche Dinge, neben der künstlichen Kuh für die Königin (S. 145) auch das Labyrinth, in dessen Mitte der Minotauros gesetzt wurde. Weil Daidalos Ariadne das Geheimnis um den Faden verraten und so Th. geholfen hatte, sperrte ihn Minos mit seinem Söhnchen Ikaros ins Labyrinth. Da ein Fluchtweg nur durch die Luft denkbar war, fertigte er aus Federn, Fäden und Wachs zwei Flügelpaare. Eindringlich mahnte er Ikaros vor dem Abflug, nicht zu nahe am Meer zu fliegen, damit nicht die Gischt die Flügel beschwere, aber auch nicht zu nahe an der Sonne, damit das Wachs nicht schmelze. Also flogen sie nach Nordosten, kurz vor der kleinasiatischen Küste aber wurde der Knabe übermütig, geriet zu nahe an die Sonne und stürzte in das (nach ihm benannte) Ikarische Meer.

Daidalos barg und bestattete ihn. Nach anderer Darstellung befreite Pasiphaë die beiden aus dem Labyrinth und Daidalos erfand das Segel, so dass er uneinholbar über das Meer enteilen konnte.

Ziel seiner Flucht war auf jeden Fall Sizilien, wo ihn Kokalos von Kanikos aufnahm. Als Minos mit seiner Spiralmuschel auch dorthin kam, löste Daidalos die Aufgabe (S. 146) folgendermaßen: Er bohrte in die Spitze ein kleines Loch, band eine Ameise an einen Faden und lockte sie in die Muschel, an deren oberem Ende sie wieder herauskam. Da Daidalos dem Kokalos eine uneinnehmbare Stadt erbaut hatte, konnte dieser Minos' Forderung nach Herausgabe des Künstlers abschlagen. Er täuschte jedoch Einverständnis vor und nahm den Kreter-König auf. Das Bad aber, in dem Minos von den Töchtern des Kokalos gepflegt werden sollte, hatte Daidalos mit einem raffinierten Röhrensystem versehen. Durch dieses ließ sich siedend heißes Wasser pumpen und so wurde Minos verbrüht oder erstickt.

Es heißt auch, Daidalos habe in Kreta einen Tanzplatz für Ariadne und in

Eryx die Terrasse des Aphrodite-Tempels eingerichtet. Auch fertigte er eine Honigwabe aus Gold. Er gilt als Erfinder des Leims und von allerlei Zimmermannswerkzeugen wie der Axt, des Bohrers und des Senkbleis, auch von hölzernen Bildnissen, die gehen und Augen und Arme bewegen konnten.

Albrecht Dürer (1471–1528), *Sturz des Ikarus*, Holzschnitt

Die Tötung des Minotauros ● Th. ließ seine Leidensgenossen am Eingang des Labyrinths zurück, spulte das Garn ab und drang zum Minotauros vor, den er mit dem Schwert oder mit bloßen Fäusten erschlug.

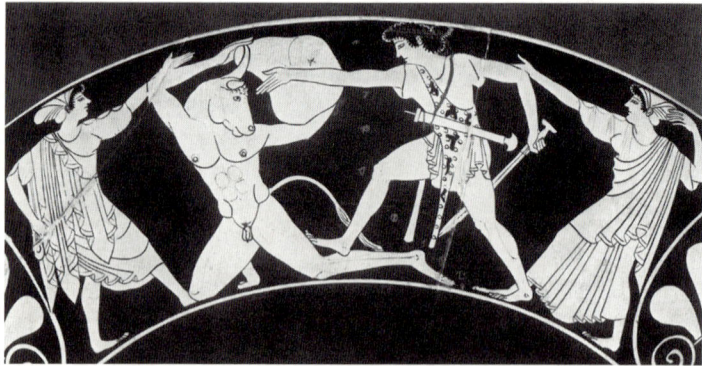

Theseus tötet den Minotaurus, rotfigurige Trinkschale, um 510 v. Chr., British Museum, London

Sodann eilte er mit seinen Gefährten und Ariadne zurück zum Schiff und segelte davon, nicht ohne zuvor die Schiffe des Minos leckgeschlagen zu haben. Es heißt auch, sie hätten sich den Weg freikämpfen müssen und dabei Minos' Sohn Asterios getötet.

● Unbehelligt fuhren sie dahin und machten auf Dia, dem späteren Naxos, erstmals Halt, wo, nach einer Version, Ariadne starb, wohl zur Strafe für ihren Verrat. Nach anderen ließ Th. die Geliebte dort zurück, weil er sie unter dem Einfluss von Zauberei vergaß, nach späteren Erzählungen, weil er in Aigle verliebt war und Ariadne deshalb bewusst verriet und verließ, während sie schlief. Nach wieder anderer Version bekam Th. im Traum von Dionysos den Auftrag, sie ihm zu überlassen, und schlafend soll sie der Gott dort gefunden haben. Oder er kam und raubte sie, um sie im Zauberwagen als himmlische Königin zu entführen (S. 97).

Theseus und Ariadne

Ariadne, von Th. verlassen

Theseus verlässt die schlafende Ariadne, apulischer Stamnos (G), um 390 v. Chr., Museum of Fine Arts, Boston

Es heißt auch, Th. habe mit Dionysos um ihre Hand gekämpft.

● Aus Freude über die glückliche Heimkehr vergaß Th., das Segel zu wechseln (S. 146), und so stürzte sich Aigeus, der ihn für tot halten musste, von einer Klippe ins Meer. Th. erhielt die schreckliche Nachricht, während er im Hafen Dankopfer brachte.

Rückkehr nach Athen

Tod des Aigeus

Phaidra und Hippolytos   4.4

Obwohl Th. Minos' Tochter Ariadne verlassen oder verloren hatte, schloss dessen Sohn und Nachfolger Deukalion gleichwohl mit ihm ein Freundschaftsbündnis und gab ihm seine und Ariadnes Schwester Phaidra zur Frau, die ihm zwei Söhne gebar,

Akamas und Demophon. Als einige Zeit danach Pallas und seine Söhne beim letzten Versuch, Th. zu stürzen, von diesem vernichtet worden waren und er wegen des Verwandtenmords mit einjähriger Verbannung aus Athen bestraft wurde, zog er mit seiner Familie nach Troizen, das er von seinem Großvater Pittheus geerbt hatte. Dort hatte er seinen Sohn von Hippolyte (s. unten), Hippolytos, als Vizekönig eingesetzt, einen großen Jäger, Verehrer der Artemis und Gegner der Aphrodite, deren Kult er ebenso ablehnte wie die Ehe. Seine Stiefmutter Phaidra hatte sich in ihn bereits verliebt, als sie ihn erstmals bei der Einweihung in die Eleusinischen Mysterien sah, und entbrannte jetzt, in seiner un-

Die verliebte mittelbaren Nähe, doppelt in glühender Leidenschaft. Während
Stiefmutter Th. nach Delphoi unterwegs war, um das Orakel zu befragen, schilderte Phaidras Amme aus Mitleid den Zustand ihrer liebeskranken Herrin dem Hippolytos, der, wiewohl entsetzt, dennoch Verschwiegenheit versprach, den Antrag freilich entrüstet abwies. Phaidra erhängte sich daraufhin, hinterließ aber für Th. einen Brief, in dem sie log, Hippolytos habe sie verführt. Th., zurückgekehrt, hielt den Brief für wahr und verwünschte seinen Sohn, ja da er von Poseidon drei Wünsche frei hatte, bat er um die Vernichtung des Hippolytos, dann schickte er ihn in die Verbannung. Wie nun der Jüngling mit seinem Gespann die Küste entlangfuhr, tauchte aus dem Wasser ein Riesenstier auf und machte die Pferde scheu, Hippolytos stürzte aus dem Wagen

Tod des Hippolytos und wurde zu Tode geschleift. Von Artemis erfuhr Th. später die Wahrheit.

Nach anderen erhängte sich Phaidra erst, nachdem sie Hippolytos in Gegenwart des Th. bezichtigt hatte.

4.5 Theseus und Peirithoos

Der Kampf gegen ● Als Peirithoos, der König der Lapithen in Thessalien, von Th.'
die Amazonen Taten gehört hatte, wollte er ihn unbedingt kennenlernen und machte auf sich aufmerksam, indem er ihm die Rinder entführte oder verjagte. Anstatt jedoch deswegen miteinander zu kämpfen, schlossen die beiden innigste Freundschaft fürs Leben. Es heißt, Peirithoos sei bereits bei jenem Feldzug zu den Amazonen am Schwarzen Meer mit dabei gewesen, bei dem Th. Herakles begleitete, der für Eurystheus den Gürtel der Amazonen-Königin holen musste (S. 179). Diese – Antiope oder Hippolyte – erhielt Th. als Kriegsbeute. Oder er nahm sie während eines eigenen Kriegszugs gefangen, als sie auf sein Schiff kam, um Gastgeschenke zu

überbringen, und segelte mit ihr davon. Es heißt auch, Antiope habe sich in Th. verliebt, sei von ihm aber der Phaidra wegen verstoßen worden. In jedem Fall jedoch verfolgten die Amazonen Th. bis Attika und belagerten bereits die Akropolis, ehe er sie mit Hilfe des Herakles und des Peirithoos besiegte. Hippolyte (oder Antiope), die ihm den Hippolytos geboren hatte, fiel auf Th.' Seite kämpfend in dieser Schlacht.

● Peirithoos hatte als Sohn des Ixion lange Zeit Auseinandersetzungen mit seinen Brüdern, den Kentauren (S. 90), die einen Teil des Reichs beanspruchten und sich erst nach langem Kampf auf den Berg Pelion zurückzogen.

Der Kampf der Lapithen mit den Kentauren

Als er die Adrastos-Tochter Hippodameia heiratete, lud er zum Hochzeitsfest unbedachterweise auch die Kentauren, die er inzwischen für Freunde hielt. Doch betranken sie sich maßlos, da sie die Wirkung des Weins nicht kannten, und entfachten eine gewaltige Schlacht mit den Lapithen, als sie die Braut sowie die anwesenden Lapithen-Mädchen entführen wollten. Mit Th.' (und Herakles') Hilfe siegten die Lapithen zuletzt nach schweren Verlusten auf beiden Seiten und vertrieben die Kentauren auf die Peloponnes. Nur Chiron (S. 109), der am Kampf nicht teilgenommen hatte, blieb am Pelion.

● Nach Phaidras und Hippodameias Tod verwitwet, entschlossen sich Th. und Peirithoos, ihres Ranges würdige Frauen zu erwerben, und verfielen darauf, die Zeus-Töchter Helene und Persephone zu rauben.

Der Raub der Helene und der Persephone

Meister der Campana-Cassoni (Anfang des 16. Jh.), *Szenen zum Theseus-Mythos*, Musée du Petit Palais, Avignon

Die zwölfjährige, wegen ihrer Schönheit bereits berühmte Helene überraschten sie beim Tanz im Artemis-Tempel und verschleppten sie ins attische Aphidnai. Dort sollte sie bis zum heiratsfähigen Alter unter Aufsicht von Th.' Mutter Aithra bleiben.

Hierauf drangen sie in die Unterwelt ein, wo sie von Hades zum Schein gastlich empfangen wurden. Wie sie sich aber auf die angebotenen Steinsitze setzten, saßen sie fest: Es waren die *Stühle des Vergessens*, auf denen sie Bewusstsein und alle Erinnerung verloren. Als Herakles den Kerberos holte, gelang es ihm, den Th. zu befreien. Sobald er aber auch Peirithoos lösen wollte, erdröhnte die Erde und er ließ davon ab (S. 184).

4.6   Tod des Theseus; seine Leistungen

Als Th. nach Athen zurückkehrte, herrschte im Volk Empörung: Helenes Brüder, die Dioskuren, waren mit den Spartanern eingefallen, hatten Aphidnai geplündert, Helene befreit und Aithra verschleppt. Th.' Söhne von Phaidra waren nach Euboia geflüchtet und auf dem Thron saß als Usurpator der Erechtheus-Sohn Menestheus. Th. flüchtete seinerseits nach Skyros, wo ihn der König Lykomedes scheinbar bewillkommnete, dann aber, weil er fürchtete, von ihm verdrängt zu werden, von einem Felsen in den Tod stürzte.

Nach Menestheus' Tod vor Troia übernahm Th.' Sohn Demophon die Herrschaft. Er hatte auch Aithra zurückgebracht, die in Troia Helenes Sklavin gewesen war.

Th. zählte auch zu den Argonauten und zu den Teilnehmern an der kalydonischen Eberjagd. Er galt als Gründer der Isthmischen Spiele zu Ehren Poseidons sowie einer Reihe von Festen in Athen, das er durch *synoikismós*, „Eingemeindung", zur Großstadt gemacht haben soll. Den Athenern war er auch Urvater der Demokratie, da er als erster die Königsgewalt beschränkte. Seine Taten sind das attische Pendant zu denen des Herakles, vielfach, etwa beim Frauenraub, erscheint er aber auch als verwegener Abenteurer.

Literatur

Brommer, F. (1982): *Theseus. Die Taten des griechischen Helden in der antiken Kunst und Literatur*. Darmstadt

Kerényi, K. (1950): *Labyrinth-Studien. Labyrinthos als Linienreflex einer mythologischen Idee*. Zürich

Schefold, K. (1987): *Die Urkönige Perseus, Bellerophon, Herakles und Theseus in der klassischen und hellenistischen Kunst.* München

Zusammenfassung

Die Urgeschichte Athens vor und nach der deukalionischen Flut ist verbunden mit den Namen Kekrops und Erichthonios. In deren Zeit fiel Athenas Sieg im Streit mit Poseidon um Attika.

Vier Generationen später erschien Th., Sohn Poseidons oder des Aigeus, als „wahrer" Gründer der Stadt.

Als junger Mann begab er sich, einer väterlichen Weisung folgend, nach Athen und beseitigte unterwegs mehrere Wegelagerer wie den „Strecker" Prokrustes und den „Räuber" Sinis.

In Athen selbst entging er nur knapp einem Giftanschlag der Medeia.

Seine bedeutendste Leistung war die Befreiung der Athener vom schrecklichen Tribut an den Kreter-König Minos. Mit Hilfe von dessen Tochter Ariadne gelang es Th. im Labyrinth auf Kreta, den Minotauros zu töten, dem periodisch vierzehn junge Athener hatten zum Fraß geschickt werden müssen.

Helfer war ihm auch Daidalos, der Erbauer des Labyrinths und der größte Künstler seiner Zeit, der, nachdem er für seinen Verrat eingesperrt worden war, zwar entkommen konnte, auf der Flucht durch die Luft aber seinen Sohn Ikaros verlor. Später nahm er auf Sizilien an Minos tödliche Rache.

Auf der Heimfahrt verließ Th. Ariadne oder er verlor sie an Dionysos. Seine (neue) Gattin Phaidra, Ariadnes Schwester, verliebte sich unglücklich in ihren Stiefsohn Hippolytos und beschwor, als sie ihn zurückwies, seinen und den eigenen Untergang herauf.

Mit Peirithoos bestand Th. im Weiteren mehrere Abenteuer, darunter die Kämpfe gegen Amazonen und Lapithen und die – erfolglosen – Versuche, Helene bzw. Persephone zu rauben.

Th. endete, wenig ruhmvoll, als Flüchtling und als Opfer eines heimtückischen Anschlags.

Fragen

1. Geben Sie die Geschichte von Minotauros in ihren Grundzügen wieder!
2. Nennen Sie einige der Meisterstücke des Künstlers Daidalos!
3. Inwiefern kann Theseus als „attischer Herakles" gelten?

5. Iason, Medeia und die Argonauten

5.1 Iasons Anspruch auf die Herrschaft
5.2 Das Goldene Vlies
5.3 Die Fahrt der Argonauten
5.4 Iason und Medeia in Korinth

5.1 Iasons Anspruch auf die Herrschaft

I.s Vater Aison war rechtmäßiger Herrscher von Iolkos in Thessalien, ehe ihm von seinem Halbbruder Pelias der Thron geraubt wurde. Zwar lebte er weiter im Land, ließ seinen Sohn aber, aus Furcht vor Nachstellungen, zum Schein bestatten und übergab ihn dem Kentauren Chiron (S. 109) zur Erziehung.

Aus Weissagungen wusste Pelias, dass er von einem Nachkommen des Aiolos getötet würde und sich vor einem Jüngling hüten müsse, der mit nur einer Sandale zu ihm komme. Auch hatte der tote Phrixos (S. 155) in einer Traumerscheinung verlangt, I. müsse „seine Seele" und das Goldene Vlies zurückholen.

Hera hegte gegen Pelias unterlassener Opfer wegen tiefen Zorn, und als sich I. als junger Mann nach Iolkos aufmachte, um den Thron einzufordern, bediente sie sich seiner als Werkzeug *Prüfung durch Hera* der Rache, nicht ohne ihn zunächst zu prüfen: In Gestalt eines alten Weibes erwartete sie ihn an einem reißenden Fluss und bewegte ihn, so eilig er es hatte, sie hinüberzubringen, wobei ihm in den Fluten allerdings eine Sandale abhanden kam.

Pelias, der eben Poseidon opferte, als I. auf dem Marktplatz erschien, erkannte in dem Jüngling mit dem einen Schuh sofort den, welchen ihm das Orakel angekündigt hatte, und überlegte, wie er den Gast auf listige Art verderben könne, da er ihn während des Fests nicht ohne Aufsehen umbringen konnte.

5.2 Das Goldene Vlies

Zum Schein ging Pelias auf I.s Forderung nach der Herrschaft ein, stellte als Vorbedingung jedoch, er müsse eine Aufgabe erfüllen. I. willigte ein und so sandte Pelias ihn zur Rückholung des Goldenen Vlieses.

Das Goldene Vlies

Ino (S. 40), Schwester der Semele und Gattin des Athamas in Theben, hatte auf Hermes' Betreiben hin zunächst ihren Neffen Dionysos aufgenommen, in Mädchenkleider gesteckt und so vor Hera verborgen. Als diese jedoch den Trug entdeckte, trieb sie Ino und ihren Gemahl in den Wahnsinn. Zusammen mit Antinoë und Agaue hatte Ino auch bereits den Pentheus zerrissen (S. 96). Noch davor war es ihre Absicht gewesen, ihre Stiefkinder Phrixos und Helle zu beseitigen: Sie überredete die Bäuerinnen, das Saatgut zu rösten, so dass die Saat nicht aufging. Als Athamas sich an das delphische Orakel wandte, um den Grund für die Unfruchtbarkeit des Landes zu erfragen, wusste Ino den Spruch der Pythia so zu verdrehen, dass Athamas den Phrixos opfern müsse, wozu auch beide, Vater und Sohn, bereit waren. Im letzten Augenblick aber sandte die Nymphe Nephele, die Mutter der Geschwister, einen geflügelten Widder mit goldenem Vlies, den ihr Hermes geschenkt hatte, und die Kinder entkamen durch die Lüfte. Nicht weit vom Ziel aber stürzte Helle in das seither nach ihr benannte Meer (*Hellespontos*, das „Meer der Helle").

Phrixos landete in Aia, der Hauptstadt von Aietes' Königreich Kolchis am Ostende des Schwarzen Meeres. Er wurde zunächst gastlich aufgenommen und erhielt die Königstochter Chalkiope zur Frau. Den Widder opferte er Zeus, das Vlies, aufgehängt an einem Baum im Hain des Ares, wurde von einem nie schlafenden, feuerspeienden Drachen bewacht.

Als Jahre später ein Orakel den Aietes vor einem Griechen warnte, der seinen Tod bewirken werde, ließ er Phrixos hinrichten. Dessen vier Söhne aber konnten entkommen, strandeten an einer Insel und wurden dort von den Argonauten entdeckt, die sich ihrer als kundige Wegführer bedienten (S. 159).

Günstig hatte das Orakel in Delphoi I.s Anfrage wegen der Erfolgsaussichten beschieden und Hera ermutigte viele Helden zur Teilnahme.

Die Fahrt der Argonauten   5.3

● Zu den Argonauten existieren mehrere Listen mit unterschiedlichen Namen, zumeist von Helden aus der vorletzten oder letzten Generation vor dem Troianischen Krieg. Überall genannt sind unter anderen Herakles, Orpheus, die geflügelten Boreas-Söhne Kalaïs und Zetes, Peleus, Telamon, Kastor und Polydeukes, der von Athena unterwiesene Steuermann Tiphys, Argos, der das Schiff Argo auf Anleitung Athenas gebaut hatte, Adme-

Die Teilnehmer. Das Schiff

tos, Augeias, Meleagros, die Seher Idmon und Mopsos, Idas und der scharf sehende Lynkeus, wobei viele mit einer Eigenschaft ausgestattet waren, die sich in bestimmten Situationen als besonders nützlich erwies.

Erbaut wurde die Argo mit Holz vom Pelion. Sie war das schnellste und stärkste Schiff, gleichzeitig aber so leicht, dass man sie tragen konnte.

Athena beaufsichtigt den Bau der Argo, römisches Tonrelief, 1. Jh. v. Chr., British Museum, London

Der Bugspriet war aus einem Zweig der tönenden Eiche des Zeus in Dodone gefertigt: ein prophetischer Balken, besonderes Geschenk der Athena. Nach einem Opfer für Apollon brachen die Argonauten auf, wobei sich ihnen im letzten Augenblick Pelias' Sohn Akastos gegen den Willen des Vaters beigesellte.

Vierundvierzig Mann ruderten paarweise, Orpheus, am Bug sitzend, besänftigte mit seinem Gesang die Wellen und gab den Takt, Tiphys bediente am Heck das Steuer.

Die Fahrt nach Kolchis ● Erstmals landete die Argo in Lemnos, deren Bewohnerinnen (S. 123) sie freundlich empfingen, auch nahm auf Hephaistos' Bitten hin Aphrodite von den Frauen jenen entsetzlichen Körpergeruch, der sie ihren Männern entfremdet hatte. Nach großartigen Wettspielen vermählten sich einige Argonauten mit Lemnierinnen und halfen so, die Insel wieder zu bevölkern. Ein Jahr genossen die Helden Gastfreundschaft, dann drängte Herakles zum Aufbruch.

Der zweite Halt war auf der Bäreninsel Arktonnesos, wo der Dolionen-König Kyzikos die Fremden gastlich aufnahm. Inzwischen überfielen sechsarmige Erdgiganten das Schiff, wurden aber von Herakles, der als Wache zurückgeblieben war, vernichtet. Kyzikos gab Anweisungen für die Weiterfahrt, doch wurde die Argo durch widrige Winde zurückgetrieben, weswegen die Argonauten Lager schlugen. Einen nächtlichen Überfall wehrten sie blutig ab, im Frühlicht stellten sie entsetzt fest, dass sie versehentlich von Dolionen angegriffen worden waren und viele von ihnen getötet hatten, darunter Kyzikos, dessen junge Gattin *Tod des Kyzikos* Kleite sich aus Gram erhängte. Als Stürme sie abermals an der Weiterreise hinderten, versöhnten sie auf Anraten des Mopsos die Göttin Kybele durch einen Waffentanz um ihr Bergheiligtum. Dann stachen sie in See.

Vor der Küste Mysiens brach Herakles' Ruder. Während er sich ein neues zimmerte, begab sich sein Liebling Hylas auf Wassersuche und wurde von Nymphen, die von seiner Schönheit *Hylas* bezaubert waren, in die Quelle gezogen. Laut nach ihm rufend durchzog Herakles die Wälder, während die Argo ohne ihn weitersegelte. Durch ein Meerorakel erfuhren die Seefahrer später, dass Herakles zur Vollendung seiner Arbeiten nach Griechenland zurück musste.

Der Bebryker-König Amykos forderte alle Fremden zu einem *Amykos* Faustkampf, bei dem er sie totschlug. Polydeukes zerschmetterte

Die Argonauten bei Amykos, gravierte Bronze, um 330 v. Chr., Museo di Villa Giulia, Rom

ihm mit einem Schlag den Schädel, die anrückenden Bebryker wurden zurückgeworfen.

Phineus Auf Salmydessos in Thrakien fanden die Argonauten den Seher und König Phineus, einen Poseidon-Sohn, und befreiten ihn von seiner ärgsten Plage.

Exkurs

Phineus und die Harpyien

Weil er die göttlichen Pläne allzu offen verraten hatte, wurde Phineus mit einem langen Leben in Blindheit und Einsamkeit bestraft. Es heißt auch, Apollon oder Helios hätten ihm das Augenlicht genommen, weil er Phrixos den Weg wies; oder weil er selbst ein langes Leben einem kürzeren mit Sehvermögen vorzog. Nach früherer Version wurde er nach dem Tod seiner ersten Gattin einer bösen zweiten hörig und ließ auf deren Verleumdungen hin seine Söhne aus erster Ehe blenden und einkerkern, worauf er von den Boreaden geblendet und getötet wurde.

Das Leben wurde ihm dadurch verleidet, dass ihm die Harpyien das Essen vom Tisch stahlen und ihm die Reste mit ihren Exkrementen besudelten.

Die Harpyien waren räuberische, geflügelte, frauengestaltige Windgeister, die im Zusammenhang mit anderen Schreckgestalten der Unterwelt genannt werden und den Sirenen wesensverwandt sind. Eine von ihnen soll Achilleus' unsterbliche Rosse geboren haben.

Phineus nahm die Argonauten freundlich auf, weil er wusste, dass unter den Fremden seine Schwäger Kalaïs und Zetes waren, die ihn von der Harpyien-Plage befreien sollten. Als die geflügelten Untiere bei einem eigens eingerichteten Festmahl erschienen, wurden sie von den Zwillingen des Boreas in die fernsten Lande verjagt, bis über Iris von Zeus die Botschaft kam, sie sollten von der Verfolgung ablassen, da Phineus fortan nicht mehr heimgesucht werde. Dieser weissagte den Argonauten zum Abschied den weiteren Weg.

Symplegaden I. und seine Begleiter wussten, dass die Fahrt glücklich enden werde, wenn es ihnen gelinge, unversehrt die *Symplegaden*, die „zusammenschlagenden Felsen", zu passieren. Wie von Phineus empfohlen, schickten sie zunächst eine Taube hindurch, die ein paar Schwanzfedern ließ. Dann steuerte die Argo auf die sich teilenden Felsen zu und kam mit Athenas Hilfe im letzten Augenblick hindurch, nur das Heckruder ging zu Bruch. Seither ist die Meerenge offen.

●   Bei der Ankunft in Kolchis erfüllte sich eine Weissagung des   **Die Geschehnisse**
Sehers Idmon und er wurde von einem Eber getötet, Tiphys er-   **in Kolchis**
lag einer Krankheit. Die Argo segelte an der Insel der Amazonen
vorbei und gelangte zur sagenhaften Insel des Ares, wo die Argonauten die stymphalischen Vögel (S. 178) mit gewaltigem Lärm
vertrieben. Auch nahmen sie hier die schiffbrüchigen Söhne des
Phrixos auf, deren ältester I. über die zu erwartenden Schwierig-
keiten unterwies.

    In Aia ging I. mit Telamon und Augeias, alle drei von Hera
in Nebel gehüllt, zu Aietes, dessen zweite Tochter Medeia, die
große Zauberin, die Fremden jedoch erkannte. Da Hera aber
Aphrodite hatte für sich gewinnen können, machte diese Medeia
sofort in I. verliebt: Sie war hingerissen von seiner Schönheit
und Redegewandtheit, auch erschien ihr Eros in Gestalt ihrer
zauberkundigen Tante Kirke (S. 230) und ermutigte sie.

    Aietes dagegen hegte feindselige Gefühle, da er um seinen
Thron fürchtete, hielt seinen Hass aber verborgen. Er heuchelte
Einverständnis, als I. ihm versicherte, er komme nur, das Golde-   *Drei Aufgaben*
ne Vlies zu holen, stellte dann aber drei Bedingungen: I. müsse
zwei feuerspeiende Stiere vor den Pflug spannen und ein Feld
pflügen, es mit Drachenzähnen besäen und die daraus entspros-
sende Schar Bewaffneter töten (vgl. S. 115).

    Bei einem nächtlichen Treffen im Hekate-Tempel vor der
Stadt versprach I. Medeia, sie als Gattin mit nach Griechenland
zu nehmen, und er erhielt von ihr das nötige Zaubermittel, dazu
Hinweise, wie er Hekate zu Hilfe rufen könne. Nach einem Opfer für die dunkle Göttin der Hexenkunst (S. 87) rieb er sich das
Mittel auf die Haut und machte sich, gestärkt durch Hekates Zau-
bergesänge, an die Bändigung der Stiere. Vor ihrem Feueratem
durch die Salbe geschützt, spannte er sie unters Joch und pflügte
das Feld, warf die Drachenzähne hinter sich und entledigte sich
der meisten der emporwachsenden Krieger wie Kadmos dadurch,
dass er auf Rat der Medeia einen Stein unter sie warf, so dass sie
sich totschlugen. Am Abend hatte I. die wenigen Verbliebenen
niedergestreckt.

    Aietes gab gleichwohl das Vlies nicht her, sondern plante
aus Angst vor den Griechen deren Vernichtung. Medeia dagegen
fürchtete, ihr Vater wisse von ihrer Hilfe für I., und eilte zur Argo,
um die Besatzung zu rascher Flucht zu bewegen. I. wiederholte,
Hera als Zeugin anrufend, sein Heiratsversprechen, worauf Medeia ihn in den Hain des Ares führte und mit ihrer Hexenkunst
den Drachen einschläferte.

Jason raubt mit Hilfe der Medeia das Goldene Vlies, Volutenkrater (G), 4. Jh. v.Chr., Museo Archeologico Nazionale, Neapel

I. nahm das Vlies vom Baum und noch in der Nacht segelten sie den Phasis abwärts zum Schwarzen Meer. Aietes aber nahm am nächsten Tag die Verfolgung auf.

Die Rückfahrt ● Über die Rückfahrt der Argonauten gibt es verschiedene Berichte: Nach den einen segelten sie den Don aufwärts ins Baltische Meer, um Britannien herum und durch die Säulen des Herakles ins Mittelmeer, nach anderen fuhren sie denselben Weg zurück, den sie gekommen waren.

Es heißt auch, Aietes' Sohn Apsyrtos habe die Verfolger befehligt und den Flüchtenden alle Fluchtwege bis auf einen versperrt, so dass sie die Donau aufwärts zu deren Oberlauf segeln und von dort die Argo über Land zum Po tragen mussten, ehe sie über die angebliche Gabelung von Po und Rhône auf dieser das Mittelmeer erreichten. Oder sie wollten über die Po-Mündung in die Adria entkommen, wo sie Apsyrtos aber bereits erwarte-

Mord an Medeias Bruder te. Zum Schein ging I. mit ihm auf den Tauschhandel ein, das Vlies bei Rückgabe der Medeia behalten zu dürfen, ermordete Apsyrtos aber hinterhältig, nachdem Medeia vorgetäuscht hatte, sie wolle befreit werden.

Nach anderer Darstellung entführten die Argonauten den noch kleinen Apsyrtos vor der Flucht, während der ihn Medeia erdolchte und zerstückelte. Die Leichenteile warf sie ins Meer (oder legte sie gut sichtbar ans Ufer), um den verfolgenden Vater dadurch aufzuhalten, dass er sie aufsammeln und würdig bestatten musste.

Entsühnung durch Kirke Dieser Freveltaten wegen kam die Argo aber nicht mehr voran und die Götterstimme vom Balkan der Dodone-Eiche zeigte an, I. und Medeia müssten sich von Kirke entsühnen lassen. Entsetzt über die Geschichte der beiden reinigte Kirke sie zwar mit Schweineblut und Opfern für Zeus und die Erinyen, verfluchte sie dann aber und schickte sie davon.

Die Lockrufe der Sirenen (S. 230 f) übertönte Orpheus' Leierspiel, Skylla (ebd.), Charybdis (ebd.) und den brennend auf dem Meer treibenden *Plankten* (den „Irrfelsen") entgingen sie gleichfalls unbeschadet.

An der Phaiaken-Insel Scheria erwartete sie abermals eine Abteilung von Aietes' Flotte und forderte Medeias Auslieferung, zu der der König Alkinoos für den Fall bereit war, dass I. und Medeia sich noch nicht ehelich vereinigt hätten. Daraufhin feierten sie umgehend in einer Höhle Hochzeitsnacht. Die Kolcher zogen ab und siedelten sich aus Furcht vor Aietes' Zorn auf Korkyra an.

Kurz vor den heimatlichen Gewässern trieb der Wind die Argo an die Syrten in Libyen und ließ sie an der Wüste kentern. Drei Nymphen erschienen da zur Mittagszeit dem I. mit *Libysche Wüste* der merkwürdigen Mitteilung, er und seine Gefährten sollten ihrer Mutter, die sie so lange mit Mühsal im Leib getragen habe, Gleiches mit Gleichem vergelten. I. verstand den Spruch und die Argonauten trugen, von entsetzlichem Durst geplagt, das Schiff zwölf Tage und Nächte durch die Wüste bis zum Tritonis-See, in der Nähe des Gartens der Hesperiden, deren Gäste sie für kurze Zeit waren. Tags zuvor erst war Herakles dort gewesen, hatte die Schlange getötet und die Goldenen Äpfel mitgenommen, aber auch aus einem Felsen eine Quelle sprudeln lassen, an der die Argonauten endlich ihren Durst stillen konnten. Als sie mit der Argo keinen Ausweg aus dem See fanden, erhörte Triton (S. 47) ihre Gebete und schob sie auf einem Fluss zum Meer. Zum Abschied gab er dem Euphemos eine Erdscholle als Gastgeschenk.

Vor Kreta wurde die Argo von Talos (S. 32) mit Steinen beworfen, Medeia aber behexte seinen Blick und er ritzte sich an *Talos* einem Stein jene Stelle auf, an der ein Nagel seine einzige Ader verschloss, so dass er verblutend hinstürzte.

Nun geriet das Schiff in schwärzeste Finsternis, auf I.s Gebet aber leuchtete Apollons Bogen gleißend durch das Dunkel und sie konnten die kleine Insel Anaphe sehen und an ihr landen. Eines Traumbilds wegen warf Euphemos hier die Erdscholle ins Meer und es entstand die Insel *Kalliste* (die „Schönste"), das spätere *Entstehung von* Thera (Santorin). Als das Tageslicht wieder erschien, brachten *Thera* sie Apollon prächtige Opfer und erreichten unbehelligt ihren Ausgangspunkt Iolkos.

5.4 Iason und Medeia in Korinth

Die Bestrafung des Pelias

● Pelias selbst, so heißt es, hatte auf das Gerücht hin, die Argo sei untergegangen, Aison beseitigt oder in den Tod getrieben. I. war, obschon er das Goldene Vlies übergab, inzwischen sicher, dass Pelias die Herrschaft nicht abtreten werde, weswegen er sogleich nach Korinth weitersegelte, um die Argo dort dem Poseidon zu weihen.

Nach anderer (verbreiteter) Darstellung erfolgte die von Hera seit Beginn betriebene Bestrafung des Pelias durch ein schauerliches Hexenkunststück Medeias: Nachdem sie bereits Aison verjüngt hatte (nach anderen auch I. selbst), indem sie seine Venen mit einem Kräutergebräu füllte oder ihn selbst aufkochte, tat sie desgleichen vor den Augen der Pelias-Töchter auch mit einem Widder, den sie zerstückelte und im großen Kessel zum lebenden Lamm kochte. Hierauf brachte sie Pelias' Töchter dazu, ihren Vater zu zerstückeln, versagte jetzt aber ihre Zauberkunst.

Iasons Untreue und Medeias Rache

● Nach dem Vollzug dieses grässlichen Racheakts wandte sich Hera von I. und Medeia ab und die beiden gingen nach Korinth, auf dessen Thron Medeia von ihrem Vater her Anspruch hatte. Oder sie wurden des abscheulichen Mordes an Pelias wegen von den Iolkern unter Akastos, der den Thron von seinem Vater übernahm, dorthin vertrieben. In Korinth lebten sie lange Jahre glücklich unter Kreon, der jedoch eines Tages aus Staatskalkül I. die Hand seiner Tochter Glauke bot. Ihretwegen veließ und verstieß I. Medeia, die sich abermals furchtbar rächte: Durch ihre eigenen Kinder ließ sie Glauke ein vergiftetes Prunkgewand überbringen und anlegen, aus dem Flammen schlugen, so dass ihre Widersacherin und deren Vater Kreon, der ihr helfen wollte, elendiglich verbrannten. Auch ihre Kinder von I. brachte sie um und begrub sie im Hera-Tempel von Akrokorinth. Oder sie wurden von den aufgebrachten Korinthern getötet, nachdem Medeia sie im Hera-Tempel untergebracht hatte in der Hoffnung, I. werde für sie sorgen.

Nach anderer Erzählung verliebte sich Zeus in Medeia, während sie die Korinther von einer Hungersnot befreite, doch gab sie mit Rücksicht auf Hera seinem Werben nicht nach. Diese versprach zum Dank ihren Kindern Unsterblichkeit, hielt ihr Versprechen aber nicht.

Medea plant den Mord ihrer Kinder, römische Wandmalerei, 1. Jh. n. Chr., Museo Archeologico Nazionale, Neapel

● Medeia entkam nach dem mehrfachen Mord auf dem von geflügelten Drachen gezogenen Zauberwagen ihres Großvaters Helios nach Athen und fand Zuflucht bei Aigeus, von wo sie als Verbannte nach Kolchis zurückkehrte (S. 144). Ihr Sohn von Aigeus, Medos, tötete dort den Perses, den Mörder ihres Vaters Aietes. Oder Medeia tat dies selbst. Nach ihrem Tod, so heißt es in einer Darstellung, lebte sie mit Achilleus auf den Inseln der Seligen.

Weiteres Schicksal der Medeia

● I. war nunmehr ohne Erben (wenn nicht sein Sohn Thessalos dem mütterlichen Anschlag entkam und später Akastos als Herrscher von Iolkos ablöste). Er starb durch Selbstmord oder durch die Hand der Medeia. Nach anderen lebte er als gebrochener Mann noch einige Jahre, bis er eines Tages, beim Wrack der Argo am Isthmos sitzend, durch einen herabstürzenden Balken getötet wurde – vielleicht dem von der heiligen Eiche in Dodone.

Iasons Ende

Zusammenfassung

Wie Perseus sollte auch I. beseitigt werden, indem er mit einer „unmöglichen" Aufgabe, der Rückholung des Goldenen Vlieses, betraut wurde.

Es handelte sich um das Fell jenes geflügelten Widders, der die Stiefkinder der Ino durch die Lüfte gerettet hatte. Seither verwahrte der Kolcher-König Aietes das Fell im Hain des Ares.

Mit dem unter Athenas Anleitung gebauten Wunderschiff Argo erreichten die Argonauten nach vielen Abenteuern ihr Ziel.

Als I. trotz erfüllter Bedingungen das Fell nicht erhielt, half ihm Aietes' Tochter, die Zauberin Medeia, es zu rauben, und floh mit ihm.

Der Tötung ihres eigenen Bruders folgten mit dem Rachemord an Pelias und an ihren eigenen Kindern weitere Schreckenstaten der von ihrem Gatten verratenen und verlassenen Hexe.

(Im Kern handelt es sich bei der Argonautensage wohl um ein Märchen, in dem der Held weit über See reisen muss, um seine Braut, die hilfreiche Tochter eines bösen Königs, und den Brautschatz zu gewinnen. In Verbindung mit dem Heros I. wurde dieses Märchen durch vielerlei Episoden zur Sage von einer gesamtgriechischen Gemeinschaftsfahrt ausgeweitet.)

Literatur

Kenkel, K. (1979): *Medeadramen. Entmythisierung und Remythisierung. Euripides, Klinger, Grillparzer, Jahnn, Anouilh.* Bonn

Meyer, H. (1980): *Medeia und die Peliaden. Eine attische Novelle und ihre Entstehung.* Rom

Schefold, K./Jung, F. (1989): *Die klassischen und hellenistischen Bilder der Sagen von den Argonauten, von Theben und Troja.* München

Vojatzi, M. (1982): *Frühe Argonautenbilder.* Würzburg

Fragen

1. Welche zwei Handlungsstränge führen zum Zug der Argonauten?
2. Nennen Sie die wichtigsten Stationen der Argonauten auf dem Weg nach Kolchis!
3. In welchen Episoden des Iason-Mythos erweist sich Medeia als Hexe oder Zauberin?

Orpheus   6.

Herkunft, Wesen und Wirkung   6.1

O., der „Dunkle", ist seit der Antike zum einen Repräsentant der alles bezwingenden Macht der Musik, zum andern wagte er es im Vertrauen auf seine Kunst, allein in die Unterwelt hinabzusteigen, um seine Gemahlin zurückzuholen. *Allmacht der Musik*

Er gilt als Sohn der Muse Kalliope und des Thrakers Oiagros, nach anderen, entsprechend seiner apollinischen Natur, des Apollon selbst. Allerdings zeigt das Urbild des Dichters und Sängers auch dionysische Züge, zumal der Dionysos-Kult eng mit Thrakien verknüpft war, das als seine Heimat galt, auch wenn die O.-Gestalt bald vollständig hellenisiert wurde.

Zahlreiche Städte stritten sich darum, Geburtsort des Orpheus zu sein. In Pierien, der Heimat der Musen, unterrichtete Apollon ihn auf jener Laute, die Hermes dem Gott geschenkt hatte (S. 70), und überließ sie später seinem Schüler. Begleitet von seiner Kithara (G) (oder Lyra (G)) pflegte O. den Einzelgesang. In den Waldtälern um den Olymp versammelte er mit seinem Leierspiel Bäume und wilde Tiere um sich, Vögel und Fische kamen, ihm verzückt zu lauschen.

Orpheus bezaubert Tiere und Fabelwesen, spätrömisches Mosaik aus Jerusalem, 4./5. Jh. n.Chr., Museum, Istanbul

Alles bislang Aufgeregte kam bei den Klängen seines Instruments zu friedlicher Ruhe, Steine (wie Amphion es beim Bau der thebanischen Mauer gekonnt hatte, S. 117), ja selbst Felsen und ganze Gebirge vermochte O. in Bewegung zu setzen. So galt er manchen als Erfinder der Musik überhaupt, deren Zauberkraft sich alles gefügig macht, auch als der des ältesten Versmaßes, des Hexameters, und als Begründer der Schrift. Bei seiner Teilnah-

O. als Argonaut me am Argonautenzug (5.3) gab er den Ruderern den Takt und wusste den Sturmwind zu besänftigen. Nach einer Darstellung gelang es erst mit seinem rhythmischen Gesang, das Schiff Argo ins Wasser zu schaffen, mit seiner Musik trieb er die Symplegaden auseinander, übertönte mit Leierspiel den verderblichen Sirenen-Gesang und schläferte den Drachen ein, der das Goldene Vlies bewachte.

6.2 Orpheus und Eurydike

Tod der Eurydike Zurück in Thrakien heiratete er die Nymphe Eurydike, der jedoch der göttliche Hirte Aristaios nachstellte (S. 80 f). Als Eurydike vor ihm floh, trat sie auf eine Schlange und starb an deren Biss in den Knöchel. O. fand sie, als er hinzueilte, bereits tot und durchstreifte hierauf mit alles erschütterndem Klagegesang ganz Griechenland bis zum Tainaron, dem Eingang zur Unterwelt,

Frans II Francken d.J. (1581–1642), *Orpheus in der Unterwelt*, Musée des Beaux-Arts, Nîmes

entschlossen, die geliebte junge Gattin von Hades und Perse-
phone zurückzufordern. Bezwungen von Leierspiel und Gesang   *O. in der Unterwelt*
verließ Charon seinen Kahn und folgte ihm, Kerberos endigte
sein Gebell, Ixions Rad stand still und die anderen Leidenden
(S. 88 ff) hielten in ihrem sinnlosen Tun inne. Die Erinyen staun-
ten, die Totenrichter weinten, ebenso die graue Seelenschar, die
sich um O. versammelt hatte.

Persephone ließ, von O.' Gesang erweicht, Eurydike rufen
und dem liebenden Mann folgen, doch durfte er sie, so der strenge Befehl, auf dem Weg zurück nicht anblicken. Kurz vor dem
Ausgang tat er es doch. Sofort ergriff sie Hermes, der Seelengeleiter, und verbrachte sie ins Totenreich zurück: Als Scheme
verschwand sie im Nebel. Dreimal ertönte die Stimme des un-
abänderlichen Schicksals und machte das Geschick der Toten
endgültig unumkehrbar.

Schon in der Antike gab es verschiedene Meinungen darüber,
warum O. sich umgedreht habe: Wollte er sich vergewissern, ob
Eurydike ihm auch folge? Wollte er sie küssen? Oder war er
bereits wahnsinnig geworden?

Charon setzte ihn nicht mehr über, als O. ihr nacheilen wollte, sein Gesang verhallte ungehört: Dionysos, der Gott, konnte
seine Mutter aus dem Hades heraufholen (S. 94), der sterbliche
O. nicht. (Allerdings erfüllte nach der ältesten Version dieser
„romantischen" Geschichte O. die Bedingung, rettete Eurydike
zurück an die Oberwelt und bezeugte so die Macht seines Mit-
Herrn Dionysos selbst über den Tod.)

Die Orphischen Mysterien   **6.3**

Sieben Tage soll O. ohne Nahrung am Unterweltsfluss ausge-
harrt, danach sieben Monate in einer Höhle verbracht haben, wobei er sich eisern von Frauen fernhielt. Dorthin kamen die wilden
Waldbewohner, junge Thraker oder auch Satyrn, und es heißt, er
habe damals in Thrakien die Knabenliebe eingeführt und sei we-   *O., Begründer der*
gen seiner Abwendung vom weiblichen Geschlecht schließlich   *Knabenliebe*
von Bakchantinnen erschlagen worden. Nach anderen wurde er
zum Begründer eines geheimen Kults, der *Orphischen Mysterien*:
Die jungen Männer, die den Einsamen aufsuchten, erzog er zu
„orphischem Leben", sang ihnen vom Anfang der Dinge (S. 19)
und vermittelte die Weihen, um die er seit seinem Unterweltsbe-
such wusste. Deswegen, so eine Überlieferung, sei er von Zeus
mit dem Blitz erschlagen worden.

Der Ansatz zur Umdeutung der O.-Gestalt vom Musiker zum Seher, Weisen und Religionsstifter liegt vermutlich in Wesen und Wirkung der Musik selbst, die seit Anbeginn als der Zauberei und der Weisheit natürlich verschwistert galt. In O.' religiösen Geheimlehren (*teletaí*), die nur Eingeweihten zugänglich waren, spielten dionysisch-orgiastische Riten ebenso eine Rolle wie Vorstellungen von der Seelenwanderung und Anweisungen zu vegetarischer Lebensführung und unblutigen Opferbräuchen, insbesondere aber auch von starker Erlösungshoffnung geprägte Jenseitsvorstellungen. In diese „orphischen Lehren" gingen sehr bald Elemente des Pythagoreismus (G) und anderer Erlösungsreligionen ein. Sektenartige Abschottung, eigene Dogmatik oder Priester gab es aber ebenso wenig wie feste religiöse Organisation.

Seit dem 6. Jh. v. Chr. entstanden mehrere Gedichte in Hexametern, die als Werke des O. ausgegeben wurden und bei den Anhängern als *hieroí logoi*, „heilige Schriften", galten, von denen unter anderem *Hymnen* und ein Epos *Argonautika* erhalten sind. Hauptanliegen der Orphiker war es, für den Weg ins Jenseits gerüstet zu sein, auf dem O. selbst der beste Führer war, da er ja die *katábasis*, den Abstieg in den Hades, selbst vollzogen hatte (vgl. S. 51 f).

6.4 Der Tod des Orpheus

Neben Erzählungen vom strafenden Blitz des Zeus, von O.' Selbstmord und seiner Tötung durch eigene Anhänger war die verbreitetste die, wonach ihm thrakische Frauen seine jahrelange Enthaltsamkeit übel nahmen, weil sie darin eine Abkehr von Dionysos sahen, die seit seiner Rückkehr aus dem Hades immer deutlicher wurde. Als er das Pangaion-Gebirge durchstreifte, erkannten ihn die Bakchantinnen und zerrissen ihn, nicht im Wahn, wie die Thebanerinnen den Pentheus (S. 96), sondern aus Zorn und Rachelust. Nach anderer Version machten sich Thrakerinnen mit Wein Mut, als sie O. mit seiner Schar junger Männer umherziehen sahen, und erschlugen ihn mit allerlei Gerätschaften, die sie zu fassen bekamen, worauf sie die Teile seines zerstückten Leibes verstreuten. (So ist auch durch die Todesart eine enge Verbindung mit Dionysos, der Zentralgestalt der orphischen Mystik, hergestellt, vgl. S. 94) Die Musen sammelten die Körperteile auf und bestatteten sie, die Leier wurde unter die Sternbilder versetzt, da es nach O.' Tod für sie keinen würdigen Besitzer mehr gab. Nach anderer Version sollen die Mörderinnen den Kopf des Toten an das Instrument genagelt und ins Meer (oder in den thrakischen Fluss Hebros) geworfen haben.

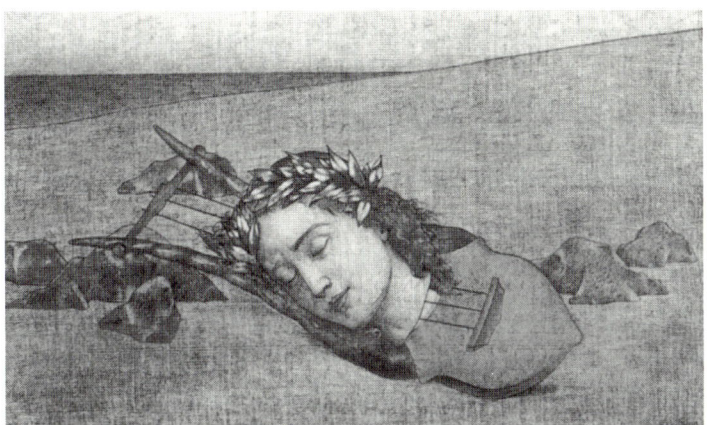

Aléxandre Séon (1855–1917), *La lyre d'Orphée*, Musée d'Art Moderne, Saint-Étienne

Das noch immer singende Haupt wurde nach Lesbos getragen, zu jener Insel, die später mit lyrischen Dichtern reich gesegnet war. Dort bestattet, soll das Sängerhaupt noch lange den jungen Männern Orakel gegeben haben, bis ihm Apollon zu schweigen gebot.

Das singende Haupt des O.

Zusammenfassung

O. ist der Repräsentant der alles bezwingenden Macht der Musik und vereinigt in sich apollinische und dionysische Elemente.

Auch Tiere vermochte er mit seinem Leierspiel zu verzaubern, ebenso die Unterweltsgötter, zu denen er sich, im Vertrauen auf seine Kunst, hinabwagte, um seine jung verstorbene Gattin Eurydike zurückzuerbitten. Weil er sich aber auf dem Rückweg nach ihr umdrehte, verlor er sie für immer.

O. gilt auch als Religionsstifter, seit er junge thrakische Männer in seine Mysterien einweihte (*Orphik, Orphische Mysterien*).

Nach gängiger Überlieferung fand er den Tod, als er von Bakchantinnen oder Thrakerinnen aus Rachelust zerrissen wurde, weil er sich vom weiblichen Geschlecht abwandte. Sein Haupt jedoch sang noch lange weiter.

Fragen

1. Nennen Sie einige Beispiele für die antike Vorstellung von der alles bezwingenden Macht der Musik!

2. Vergleichen Sie die Orphischen Mysterien mit denen von Eleusis (S. 51 f)!

---

7. Herakles

7.1   Abstammung und Geburt
7.2   Kindheit und Jugend
7.3   Das Dodekathlon: die zwölf Arbeiten
7.4   Weitere Taten und Leiden
7.5   Herakles' Tod und Vergöttlichung
7.6   Weiterleben

7.1   Abstammung und Geburt

Amphitryons Verbannung nach Theben ● Über Tiryns, Mykenai und Mideia herrschten Nachkommen des Perseus (S. 139). H.' Vater Amphitryon war Sohn des tirynthischen Königs Alkaios, dessen zweiter Sohn Elektryon in Mykenai regierte. Amphitryon nahm seine Nichte Alkmene zur Frau, Elektryons Tochter. Nachdem dieser im Krieg gegen den Taphier-König Pterelaos fast alle seine Söhne verloren hatte, überließ er Amphitryon den Thron. Dieser löste für ihn auch die von den Taphiern erbeuteten Rinder aus und wollte sie Elektryon übergeben, **Tod des Elektryon** tötete dabei jedoch versehentlich den eigenen Bruder und Schwiegervater, als er im Zorn mit einer Keule nach einer Kuh warf. Sthenelos, der dritte Bruder, schickte Amphitryon daraufhin in die Verbannung nach Theben zu Kreon und warf sich selbst zum Herrscher über Tiryns und Mykenai auf. Von Kreon, seinem Onkel mütterlicherseits, wurde Amphitryon entsühnt.

Der teumessische Fuchs und der Rachefeldzug gegen die Taphier ● Es heißt, Alkmene habe sich ausbedungen, mit ihrem Gatten erst zu schlafen, wenn er den Tod ihrer Brüder gerächt habe, weshalb Amphitryon Kreon um Hilfe für einen Zug gegen die Taphier bat. Der machte dafür seinerseits die Befreiung des Landes vom teumessischen Fuchs zur Bedingung, einem schlimmen Untier, das nur durch allmonatliche Kinderopfer zu beruhigen war. Es lief so schnell, dass keiner es einholen konnte. Erst Prokris brachte mit dem von Minos geschenkten Hund Lailaps Hilfe

(S. 32): Da der Fuchs uneinholbar war, dem Lailaps andererseits niemand entgehen konnte, versteinerte Zeus beide nach langer Jagd.

Beim Kriegszug gegen die Taphier wurde Amphitryon von Kephalos begleitet. In ihn (oder in Amphitryon selbst) verliebte sich Komaitho, Pterelaos' Tochter, und riss ihrem Vater jenes goldene Haar aus, das er von seinem Großvaters Poseidon erhalten hatte und an dem seine Unbesiegbarkeit und sein Leben hingen. So konnte Amphitryon sein Reich verwüsten.

● Inzwischen kam Zeus in der Nacht vor Amphitryons Rückkehr in dessen Gestalt zu Alkmene, mit einem goldenen Halsband als Brautgabe und, als Beleg für den Vollzug der geforderten Rache, mit einem goldenen Becher, den Poseidon dem ersten Taphier-König zum Geschenk gemacht hatte, und wohnte ihr bei, nicht ohne die Nacht auf das Dreifache auszudehnen. Der bald danach eintreffende Amphitryon erkannte am Becher sofort, wer hier gewesen war. Oder er musste, entrüstet über Alkmenes Untreue, durch Teiresias (S. 120) über die Zusammenhänge unterrichtet werden. Der Erste der Zwillinge, die Alkmene gebar, war Zeus' Sohn H., der zweite Amphitryons Sohn Iphikles. Es hieß auch, Zeus habe H. vor allem deshalb gezeugt, um den unabdingbaren sterblichen Helfer im Kampf gegen die Giganten zu haben (S. 22).

Zeus und Alkmene

● Obwohl seinem Namen nach Hera es war, die ihm Ruhm verschaffte, erscheint sie doch in vielen der Geschichten um H. als dessen erbitterte Feindin, sogar noch bevor er geboren war:

Am Tag von H.' Geburt fiel Zeus der Ate, der Verblendung, anheim und kündigte einen Nachkommen aus dem Geschlecht des Perseus an, der weithin herrschen werde, was er Hera auf deren ungläubige Frage hin ausdrücklich zuschwor. Da sie Zeus als Vater des Kindes der Alkmene vermutete, eilte sie nach Argos und bewirkte die Frühgeburt des Sthenelos-Sohns Eurystheus, Alkmenes Geburtswehen dagegen ließ sie aussetzen. Als Zeus die List seiner Gattin bemerkte, schleuderte er in rasendem Zorn Ate vom Olymp unter die Menschen, sein Schwur freilich blieb gültig.

Zeus' Schwur und Heras List

● Unterdessen saßen Eileithyia, die Göttin der Geburtswehen (S. 36), und die Moiren unbeteiligt im Vorhof des thebanischen Palasts, in dem Alkmene auf ihre Niederkunft wartete. Fest hatten sie, um die Geburt zu hemmen, die Hände über den zu-

Herakles' Geburt

sammengeschlagenen Knien verschränkt, als plötzlich ein Wiesel vorüberlief und sie vor Schreck die Hände erhoben, womit der Geburtsbann gelöst war und H. geboren werden konnte. Oder sie wurden zur lösenden Geste durch eine List von Alkmenes Freundin gebracht und verwandelten diese zur Strafe in ein Wiesel, das nach altem Volksglauben durch das Ohr empfängt und durch den Mund gebiert.

Hera säugt Herakles ● Nach H.' Geburt trafen Zeus und Hera die versöhnliche Vereinbarung, der Heros müsse Eurystheus lange Jahre dienen, erlange dafür aber zuletzt Unsterblichkeit.

Es heißt auch, Alkmene habe aus Furcht vor Heras Eifersucht den Säugling ausgesetzt, Athena und Hera seien, nicht ganz zufällig, des Wegs gekommen und hätten sich sehr über das kräftige Kind gewundert, ja Athena habe ihre Begleiterin überredet, ihm die Brust zu reichen, doch sei sein Zug so schmerzhaft gewesen, dass Hera ihn von sich warf, ohne jedoch verhindern zu können, dass er bereits unsterblich geworden war. Athena soll ihn zu seiner Mutter zurückgebracht haben.

Nach anderer Erzählung verursachte der Säugling H. gar die Entstehung der Milchstraße (S. 40).

7.2   Kindheit und Jugend

Erste Heldentat ● Mit acht Monaten vollbrachte H. seine erste Heldentat. Zwei von Hera geschickte Schlangen schlängelten sich in das Schlafgemach der Zwillinge und wollten sie verschlingen, H. aber packte und erwürgte sie, zum staunenden Schrecken von Gesinde und Eltern, die nunmehr auch wussten, wer von beiden der Zeus-Sohn war.

Der kleine Herakles kämpft mit den Schlangen, Marmorplastik, 2. Jh. n. Chr., Musei Capitolini, Rom

Um eben dies herauszubekommen, so heißt es in anderer Version, habe Amphitryon selbst die Schlangen in die Wiege gelegt. Der herbeigerufene Teiresias verkündete die künftigen Taten des Kleinen und seine Apotheose (G) als Lohn.

● Von verschiedenen Helden wurde H. in verschiedenen Disziplinen unterwiesen: von Amphitryon selbst im Wagenlenken, von Eurytos im Bogenschießen, von Autolykos im Ringen, von Polydeukes im Fechten. Schreiben und Saitenspiel sollte er bei Linos lernen, einem Sohn Apollons und Bruder des Orpheus, der sich erlaubte, den ungelehrigen Burschen zu züchtigen, weil er nicht geübt hatte, dafür aber mit dem Tod büßte, als Herakles die Leier auf seinem Kopf zertrümmerte: ein erster Ausbruch seiner übermenschlich-wilden Natur. Der Verurteilung wegen Mordes entging er, weil er den Vorfall als Akt der Selbstverteidigung darzustellen wusste.

Erziehung des Herakles; Tod des Linos

Amphitryon schickte ihn nun zu den Herden, wo er bei den Hirten seine Treffsicherheit mit Bogen und Lanze vervollkommnete. Er schlief im Freien und nährte sich täglich von einem Korb voll Brot und einem Riesenstück Fleisch.

● Als zwischen Kithairon und Helikon ein gewaltiger Löwe in den Herden Amphitryons und des Thespios wütete, schnitt sich H. am Helikon aus einem ausgerissenen wilden Ölbaum einen Hirtenstock, dann schlug er den Löwen mit einer Hand tot. Seither trug er dessen Fell über Kopf und Schultern. (Nach anderen war es das des Löwen von Nemea, S. 174.)

Der kithaironische Löwe

Unterwegs hatte ihn Thespios freundlich empfangen und, da er Heldensöhne wünschte, mit allen seinen fünfzig Töchtern in ebensovielen Nächten schlafen lassen, nach anderen auch mit allen auf einmal, wobei H., schwer berauscht, des Glaubens war, es sei fünfzigmal dieselbe. Alle gebaren ihm Söhne, eine sogar Zwillinge. Nur eine widersetzte sich: Sie wurde seine Priesterin im H.-Tempel von Thespiai.

● Auf dem Rückweg nach Theben begegnete er einer Gesandtschaft der Minyer aus Orchomenos, die den jährlichen Tribut aus Theben, hundert Rinder, holen sollten. Dies war die Strafe dafür, dass die Thebaner den Vater des damaligen Minyer-Königs getötet hatten. Herakles schnitt ihnen Nasen und Ohren ab, hängte sie ihnen um den Hals und schickte sie als diesjährigen Tribut zurück. Den zur Vergeltung entsandten Trupp der Minyer schlug er mit Athenas Hilfe allein und tötete auch ihren König Erginos:

Befreiung Thebens von Tributpflicht

Bei Nacht erklomm er die Stadtmauer von Orchomenos, brannte den Königspalast nieder und erlegte den Unterworfenen den doppelten Tribut auf. Kreon gab ihm daraufhin seine Tochter Megara zur Frau und überließ ihm die Herrschaft.

7.3   Das Dodekathlon: Die zwölf Arbeiten

Die Ursachen für den Dienst bei Eurystheus

● Es heißt, Eurystheus habe, als Herr über Mykenai und Tiryns, nach H. geschickt; oder dieser wollte selbst innerhalb der Kyklopenmauern wohnen und zahlte dafür mit seinen Arbeiten, die aber wegen Eurystheus' Hass auf ihn so unmenschlich schwer waren, dass er ständig in Todesgefahr geriet.

Gemeinhin wird jedoch als Ursache für den Dienst seine von Hera veranlasste Wahnsinnstat gesehen: Er erschoss seine Söhne von Megara und (nach einigen) diese selbst mit dem Bogen und verbrannte die Kinder seines Bruders Iphikles, außer Iolaos. Amphitryon, Iphikles und (nach anderen) auch Megara entkamen dem Gemetzel nur durch Athenas Eingreifen.

H.' Wahnsinn: Auslöschung seiner Familie

Megara heiratete daraufhin Iolaos, H.' liebsten und treuesten Begleiter. Nach wiederum anderer Darstellung tötete er erst nach den zwölf Arbeiten Frau und Kinder, weil er sie im Wahn für Eurystheus und dessen Familie hielt. Oder er verfiel auf den Spruch der Pythia hin (S. 186) in Raserei und brachte die Seinen um.

Wieder bei Sinnen, ließ er sich von Thespios von der Blutschuld reinigen und das Orakel von Delphoi riet ihm, zwölf Jahre in den Dienst des Eurystheus nach Tiryns zu gehen. Hier sei er, der zuvor nach seinem Großvater Alkaios *Alkide* oder *Alkeides* hieß, erstmals *Herakles* genannt worden, auch habe ihm die Pythia Unsterblichkeit verheißen.

Ursprünglich waren es vermutlich nur zehn Arbeiten gewesen, doch erkannte Eurystheus zwei nicht an. Sechs der Aufträge waren auf der Peloponnes zu erfüllen, zwei in entfernteren Gegenden Griechenlands, vier in sagenhaften Ländern. Stets stand ihm Athena bei, auch statteten ihn die Götter mit wertvollen Geschenken aus: Athena selbst mit allerlei Waffen, Apollon mit Pfeil und Bogen, Hephaistos mit einem Brustharnisch, Poseidon mit Pferden.

Der nemeische Löwe

● Von Selene gesäugt, ein Spross des Hundes Orthos und dessen Mutter Echidna (S. 23), war der Löwe von Nemea unverwundbar. Hera hatte ihn geschickt, um H. erstmals ernsthaft zu gefährden. Als er unterwegs beim Tagelöhner Molorchos einkehrte, dessen Sohn von dem Untier getötet worden war, wollte der freundliche Mann H. zu Ehren seinen einzigen Widder schlachten und ihm als einem Gott opfern, was H. untersagte: Nach dreißig Tagen solle er ihm als Heros opfern oder, kehre er bis dahin wieder, dem Zeus Sotér. Im letzten Moment erst fand sich H. nach getaner Arbeit ein.

Von Molorchos hatte er erfahren, wie das Tier zu bekämpfen sei. Vor Ort beschoss er den Löwen mit Apollons Pfeilen, die aber abprallten, auch seine zersplitternde Keule richtete, als das Tier ihn ansprang, nichts aus, weshalb H. es in eine Höhle drängte und mit bloßen Händen erwürgte. Sodann häutete er es mit dessen eigenen Klauen, um den rauen Pelz zu zerschneiden, und fertigte daraus sein auffälligstes Kleidungsstück. Eurystheus hatte, um allen Schrecken vorzubeugen, einen großen Bronzekrug in die Erde eingelassen. In diesen flüchtete er erstmals, als ihm H. das Löwenfell hinwarf, und gebot ihm, fortan die Beutestücke vor der Stadt liegen zu lassen und mit ihm nur noch über Kopreus als Boten zu verkehren (wovon bei keiner der folgenden Arbeiten mehr die Rede war). Den Löwen versetzte Zeus an den Sternenhimmel.

H.' Erkennungsmerkmal: das Löwenfell

● Die *Hydra*, die vielköpfige Wasserschlange in den Sümpfen von Lerna, wie Kerberos (S. 88) ein Spross des Typhon und der Echidna, überfiel Menschen und Vieh, auch war ihr eine Riesenkrabbe als Verbündete beigegeben. Ursprünglich war sie wohl, wie ihr Bruder, Torwächterin am Eingang zur Unterwelt. H. schreckte sie auf, indem er mit Feuerpfeilen in die Höhe schoss. Die Krabbe zerschmetterte er mit einem Tritt, nachdem sie ihn in den Fuß gezwickt hatte. Von Hera wurde sie an den Sternenhimmel versetzt.

Die Schlange von Lerna

Da die Köpfe der Hydra, sobald sie abgeschlagen waren, doppelt nachwuchsen, holte H. seinen treuen Knappen Iolaos zu Hilfe, der die Halsstümpfe mit Feuer ausbrannte, wozu er einen halben Wald in Flammen setzen musste.

Zuletzt schlug H. mit einem Sichelschwert auch den einen unsterblichen Kopf ab und begrub ihn unter einem Felsen. Den Hundekörper des Untiers schnitt er auf und entnahm der Galle das Gift für seine Pfeile, die fortan unheilbare Wunden verursachten.

H.' Pfeilgift: die Galle der Hydra

Die Tötung der Hydra war, da H. sich der Hilfe des Iolaos bedient hatte, die erste der beiden Arbeiten, die Eurystheus nicht anerkannte.

Herakles und Iolaos im Kampf mit der Hydra, attischer Stamnos (G), um 490 v. Chr.,
Museo Archeologico, Palermo

Die Hirschkuh ● Bei der kerynitischen Hirschkuh handelte es sich um eine
von Keryneia Landplage, die die Felder der Bauern verwüstete. Es heißt auch,
die Hindin sei der Artemis heilig gewesen, habe ein goldenes
Geweih getragen und mit drei anderen den Wagen der Göttin
gezogen. Demnach war sie die Pleiade Taÿgete, die Artemis verwandelte, um sie vor Zeus zu schützen. (Oder die Verwandlung
war die Strafe, weil sie sich bereits mit Zeus eingelassen hatte,
S. 31.) H. habe sie getötet und der Artemis geweiht.

Zumeist wird jedoch erzählt, dass H. sie ein Jahr lang durch
entfernte, unbekannte Gegenden jagte, dann erst war sie erschöpft und er konnte sie lebend fangen: In Arkadien, dort, wo
im Gebirge Keryneia der Fluss Kerynites entspringt, warf er ein
Netz auf sie, während sie schlief, band sie an den Beinen zusammen und nahm sie auf die Schulter. Unterwegs nach Tiryns
stellten ihn Apollon und Artemis der Beute wegen zur Rede und
forderten deren Herausgabe, doch gab er Eurystheus die Schuld
und durfte sie mitnehmen, allerdings unter der Bedingung, sie
am Ziel freizulassen.

Nach anderer Darstellung raubte H. ihr nur das Geweih und
brachte es Eurystheus.

● Der erymanthische Eber hauste auf dem gleichnamigen Berg in Arkadien und suchte die Gegend um Psophis heim. Auch ihn musste H. lebend fangen.

Auf der Suche nach ihm wurde er vom Kentauren Pholos bewirtet, der ihm zu Ehren das große gemeinsame Weinfass der Kentauren, ein Geschenk des Dionysos, öffnete. Angelockt vom ihnen noch unbekannten, berauschenden Duft fielen die übrigen Kentauren rauflustig über den Gast her. Die ersten vertrieb er mit Feuer, dann erschoss er viele mit Giftpfeilen. Einer, der entkam, war Nessos (S. 188). Als Pholos einem Gefallenen den Pfeil aus der Wunde zog, verletzte er sich dabei und starb. Ein weiteres Geschoss durchbohrte den Elatos und verletzte den unsterblichen Chiron am Knie. Seither litt er an der unheilbaren Wunde und bot später Prometheus an, für ihn in den Hades zu gehen (S. 109).

Durch Geschrei störte H. den Eber vom Lager auf, trieb ihn in tiefen Schnee und fing ihn mit Schlinge oder Netz. Abermals verkroch sich Eurystheus angesichts des Riesentiers in seinen Krug.

Herakles zeigt Eurystheus den erymanthischen Eber, attische Vase, 5. Jh. v.Chr., British Museum, London

Danach soll H. am Argonautenzug teilgenommen haben, doch kehrte er von unterwegs bald wieder zurück (S. 157). Kalaïs und

Zetes, die zur Weiterreise ohne ihn gedrängt hatten, erschlug er später wegen ihres Verrats.

Die stympha-lischen Vögel ● Die Vögel von Stymphalos, großgezogen von Ares, eine Art tödlicher Sumpf-Sirenen, verdarben mit ihrem Unrat die Ernte und sie sollen auch Menschen gefressen haben, nachdem sie sie mit ihren eisernen Federn, die sie wie Pfeile abschießen konnten, getötet hatten. Über Athena erhielt H. eine von Hephaistos gefertigte Rassel, mit der er sie aufscheuchte. So zahlreich waren sie, dass sie die Sonne verdunkelten, als sie aufflogen. H. schoss sie einzeln ab, die, welche entkamen, flohen zur Ares-Insel ans Schwarze Meer (S. 159). Die toten Vögel brachte H. zu Eurystheus.

Die Reinigung der Augeias-Ställe ● Wie sein Vater Helios, besaß Augeias in Elis riesige Viehherden. Infolge der ungeheuren Menge an Mist waren seine Stallungen unbrauchbar geworden, auch wuchs der Verschmutzung wegen auf dem Land ringsum nichts mehr. Diese Ställe hatte H. an *einem* Tag zu reinigen. Er verhandelte mit Augeias in Gegenwart von dessen Sohn Phyleus und vereinbarte ein Zehntel der Herde als Lohn, verschwieg aber, dass er in eines anderen Auftrag gekommen war.

In früheren Geschichten fegte H. wohl alles mit seiner Hände Arbeit aus. Später hieß es, er habe die Fundamente der Ställe untergraben, den Mist fortgeschwemmt, indem er die Flüsse Alpheios und Peneios hindurchströmen ließ, alsdann die Flüsse in ihr altes Bett geleitet und die Löcher noch vor der Nacht wieder verschlossen.

Als Augeias erfuhr, dass H. auf Befehl des Eurystheus gehandelt hatte, hielt er die Abmachung nicht ein, sondern zerrte H. sogar vor Gericht. Seinen Sohn Phyleus verbannte er, als dieser gegen den Vater aussagte.

Nach der Beendigung des Dodekathlon rächte sich H. allerdings: Zunächst hatte Augeias mit Hilfe seiner Neffen, der Molioniden (oder Aktorionen) Eurytos und Kteatos, zweier Poseidon-Söhne, die aus einem silbernen Ei geboren und an den Hüften zusammengewachsen waren, H.' tirynthische Truppen vernichtet und seinen Bruder Iphikles getötet. Hierauf lauerte ihnen H. auf, als sie in Botendiensten zu den Isthmien unterwegs waren, und erschlug sie; dann eroberte er Elis, tötete Augeias und setzte Phyleus auf den Thron.

Auf dem Rückweg wurde H. von Dexamenos bewirtet, dem König von Olenos. Dessen Tochter Mnesimache errettete er vor dem Kentauren Eurytion, der sie nach Beseitigung ihres Freiers zur Ehe zwingen wollte.

Eurystheus wollte auch die Reinigung der Ställe nicht anerkennen, weil H. sich habe entlohnen lassen und auch für Augeias statt nur für ihn, Eurystheus, gearbeitet habe.

● Als H. den Stier des Minos holen sollte, ließ ihn der König **Der Stier des**
der Kreter gewähren, da das Tier – eine zweite Strafe neben der **Minos**
widernatürlichen Liebe der Pasiphaë zu ihm (S. 145) – gefährlich war und schon allerlei Verwüstungen angerichtet hatte. H. betäubte ihn, nach einigen unter Mithilfe des Minos, mit der Keule, brachte ihn lebend nach Tiryns und ließ ihn frei, nachdem er ihn, um Hera zu besänftigen, der Göttin hatte opfern wollen, sie aber das Opfer zurückwies.

Diese und die folgende waren jene zwei Arbeiten, die zu den zehn ursprünglichen später dazukamen.

● Aus Thrakien sollte H. die menschenfressenden Stuten des **Die Stuten des**
Bistonen-Königs Diomedes holen. Unterwegs kehrte er bei Ad **Diomedes**
metos in Pherai ein und rettete Alkestis vor dem Tod (S. 91 f).

Die Rosse waren mit ehernen Ketten an ihre blutigen Krippen gebunden, alle Fremden ließ Diomedes ihnen vorwerfen und von ihnen zerreißen. Als H. die Pferde bereits ans Meer getrieben hatte, um sie auf ein Schiff zu verladen, griffen ihn die Bistonen an, wurden aber vernichtet. Währenddessen zerfleischten die Pferde H.' jungen Freund Abderos, der sie hatte beaufsichtigen sollen. H. richtete zu seinen Ehren jährliche Wettspiele in der neu gegründeten Stadt Abdera ein. Er zähmte die Stuten nun endgültig, indem er ihnen ihren Herrn zum Fraß vorwarf. In Tiryns ließ er sie wieder frei, von wo sie nordwärts zum Olymp zogen, dort aber Opfer wilder Tiere wurden.

Es heißt auch, Eurystheus habe sie der Hera geweiht.

● Da sich Eurystheus' Tochter Admete den Gürtel der Amazo **Der Gürtel der**
nen-Königin als ausgefallenes Geschenk wünschte, wurde H. an **Amazonen-**
die Nordküste des Schwarzen Meeres geschickt. **Königin**

H. war dorthin mit Gefährten unterwegs, nach einigen sogar mit allen Argonauten. Als auf Paros zwei seiner Männer getötet wurden, zwang er die Stadt durch Belagerung zur Aufgabe und nahm die Königssöhne als Geiseln.

Ihren Gürtel (oder ihr Wehrgehenk) hatte die Ares-Tochter Hippolyte von ihrem Vater als Zeichen der Herrschaft über den Frauenstaat erhalten. Nach der einen Darstellung übergab sie

Die Amazonen

Die Amazonen waren ein Volk von Kriegerinnen: Nur die Mädchen durften aufwachsen, die Knaben wurden getötet oder an die Väter zurückgeschickt, Angehörige eines Nachbarvolks, mit denen die wehrhaften Frauen zwei Frühlingsmonate zusammenlebten. Die Mädchen blieben Jungfrauen, bis sie drei Feinde getötet hatten. Die Amazonen waren meist beritten, gerüstet mit Pfeil und Bogen und Schwert. Verkehrt ist die Vorstellung von den *a-mazones* als den „Brustlosen", die sich, um beim Bogenschießen und Speerwerfen nicht behindert zu sein, die rechte Brust abgeschnitten hätten. (Werke der bildenden Kunst zeigen sie grundsätzlich mit zwei Brüsten.)

das Schmuckstück auf H.' Verlangen ohne Zögern, worauf Hera, erzürnt über die Leichtigkeit des Geschäfts, in Gestalt einer Amazone alle aufwiegelte, über den Fremden herzufallen, weil er die Königin entführen wolle. H. hielt Hippolyte nun für wortbrüchig, nahm den Gürtel und fuhr davon. Nach anderen nahm er Melanippe gefangen, sein Begleiter Theseus aber Antiope, beide die nach der Königin mächtigsten Streiterinnen. H. tauschte Melanippe gegen den Gürtel, Theseus dagegen führte die ihn liebende Antiope (oder Hippolyte) mit sich nach Athen (S. 150).

Auf der Rückfahrt half H. dem Troianer-König Laomedon gegen ein Seeungeheuer. Dieses hatte Poseidon, wie Apollon die Pest, als Strafe dafür geschickt, dass Laomedon ihnen den vereinbarten Lohn für ihren Dienst (S. 79 f) verweigert hatte. Einem Orakel zufolge konnte das Untier nur durch Opferung der Königstochter Hesione besänftigt werden und bei H.' Ankunft war sie bereits, königlich gekleidet, an die Felsenküste gekettet. H. versprach ihre Befreiung für jene Pferde, die Zeus Laomedons Großvater Tros als Trost für die Entführung des Ganymedes geschenkt hatte (S. 34). Sodann kämpfte H. von einer Schanze aus, die die Troianer mit Athenas Hilfe errichtet hatten, gegen das Ungeheuer, wurde von ihm aber gleichwohl gefressen (oder er betrat seinen Rachen mit der Sichel) und bekämpfte es erfolgreich von innen: Nach drei Tagen kehrte er, glatzköpfig geworden, aus dem Magen zurück.

Erste Zerstörung Troias Wie schon den Göttern gegenüber hielt Laomedon auch diesmal nicht Wort und H. zerstörte, in einem ersten Troianischen Krieg, die Stadt, vor allem mit Hilfe des kampfesmutigen Telamon, der Hesione als Ehrgeschenk bekam. H. machte Laomedon und alle seine Söhne nieder, bis auf den jüngsten, Podarkes, den späteren König Priamos (S. 216), für den Hesione ihren Schleier opferte, als man ihr freistellte, einen Gefangenen loszukaufen.

Den Gürtel der Amazonen-Königin brachte Eurystheus in den Hera-Tempel von Argos, wo Admete als Priesterin diente.

● Je weiter sich H. bei seinen Arbeiten von Hellas entfernen musste, umso mehr kleinere Taten (*párerga*) gesellten sich zu den Großtaten des Dodekathlon.

Die Rinder des Geryoneus

Die purpurroten Rinder des Geryoneus, eines dreileibigen, sechsarmigen, auch geflügelten Enkels der Gorgo Medusa (S. 137), weideten auf *Erytheia*, der „Insel der Abendröte": H. sollte sie rauben und nach Argos treiben. Obwohl er in der libyschen Wüste der Hitze wegen mit Pfeilen nach der Sonne schoss, lieh ihm Helios gleichwohl voller Bewunderung die große goldene Schale, mit der er selbst jede Nacht nach Osten zurückkehrte (S. 101). In ihr fuhr nun auch H. nach Erytheia, durch die Straße von Gibraltar, vorbei an den nach ihm benannten *Säulen des Herakles*. Am Ziel erschlug er den Wachhund Orthos mit der Keule, ebenso den Hirten Eurytion, und trieb das Vieh auf die Schale. Geryoneus, gewarnt von Menoites, dem Hirten der benachbarten Hades-Herde, eilte kampfbereit herbei, wurde aber durch einen Pfeilschuss niedergestreckt.

Die ‚Schale des Helios'

Im südspanischen Tartessos erhielt Helios die Schale zurück und H. trieb die riesige Herde über die iberische Halbinsel und durch Gallien. Als ihn die Ligurer überfielen und er mit Steinen werfen musste, weil ihm die Pfeile ausgingen, half ihm Zeus mit einem vernichtenden Steinehagel.

Nördlich des Schwarzen Meeres wurde ihm die ganze Herde im Schlaf gestohlen. Auf der Suche nach ihr traf er an einer Höhle auf eine schlangengeschwänzte Frau, die ihm die Rinder erst wiedergeben wollte, wenn er ihr beigewohnt habe. Er blieb, bis sie ihm drei Söhne geboren hatte, von denen einer, Skythes, in der Lage war, H.' Bogen zu spannen: der Ahnherr der Skythen.

Auf italischem Boden beseitigte er das feuerspeiende Ungeheuer Cacus, das acht der Rinder rückwärts in seine Höhle zog, dann aber durch deren Gebrüll verraten wurde. H. brach durch die Höhlendecke und drückte das Scheusal mit einem Ringergriff, dem „herakleischen Knoten", zu Tode.

Cacus

In Rhegion entkam ihm ein Stier und schwamm nach Sizilien hinüber. H. ließ die Rinder in der Obhut des Hephaistos und

Eryx folgte dem entlaufenen, das bereits der Poseidon-Sohn Eryx in seine Herde eingereiht hatte. Dieser wollte es erst nach einem Ringkampf wieder hergeben und setzte dabei sein Elymer-Land gegen die Herde. H. besiegte ihn dreimal und tötete ihn.

Alkyoneus Am Isthmos wurde H. von Alkyoneus überfallen, der nach ihm mit einem gewaltigen Stein so heftig warf, dass der wegelagernde Gigant (S. 22) selbst durch das Geschoss getötet wurde, als H. es mit der Keule zurückschlug. Es heißt aber auch, Alkyoneus habe die Rinder des Helios gestohlen und dies sei der Grund für den Kampf der Götter gegen die Giganten gewesen. Kurz vor Tiryns sandte Hera eine Bremse, die alles Vieh auseinanderstieben ließ. Nur mühsam konnte H. sie wieder zusammentreiben.

(Eine Reihe weiterer Geschichten knüpfte sich an H.' lange Wanderung von Mauretanien bis Südrussland.)

Eurystheus war überrascht, H. nach so langer Zeit wiederzusehen. Die Rinder opferte er der Hera.

Die Äpfel der Hesperiden ● Die *Hesperiden*, die „Töchter des Abends", galten als Töchter des Atlas, der in ihrer Nähe den Himmel trug (S. 105). Der Baum mit den goldenen Äpfeln in ihrem Garten, das Hochzeitsgeschenk der Gaia für Hera, wurde von den Hesperiden und von Ladon bewacht, einem hundertköpfigen, vielstimmigen, äußerst wachsamen Drachen (S. 38). Als H. den Weg dorthin zunächst nicht fand, begab er sich auf den Rat der Eridanos-Nymphen (oder der Moiren) hin zu Nereus (S. 42) und erpresste von ihm die Auskunft, indem er ihn, obwohl sich der Meergott in alle möglichen Gestalten verwandelte, nicht losließ.

Auch hier wurden einige Parerga eingereiht: H. tötete den Adler des Prometheus (S. 109) und erschlug in Memphis den **Busiris** Ägypterkönig Busiris, der ihn, wie alle Fremden, in der Hoffnung auf Regen und gute Ernte dem Zeus opfern wollte. (Er soll auch selbst Menschenfleisch gegessen haben.)

Antaios In Libyen kam es zum Kampf mit dem Riesen Antaios, einem Poseidon-Sohn, der den Tempel seines Vaters mit den Schädeln seiner Opfer schmückte. H. musste ihn in der Luft erwürgen, da Antaios durch Berührung mit seiner Mutter Gaia, der Erde, immer wieder neue Kraft schöpfen konnte.

Nach diesem Kampf, so hieß es später, sei H. erschöpft ein**Pygmaioi** geschlafen, worauf die Pygmaien, lächerliche Zwerge, ihren Erd-Bruder Antaios rächen wollten und dazu gewaltige Kriegsmaschinen aufboten. H., am Getümmel erwacht, sammelte sie in seine Löwenhaut und brachte sie Eurystheus als Beigabe.

Wie H. die Äpfel bekam, wird unterschiedlich erzählt. Es heißt, er habe Atlas überredet, sie ihm zu holen, und derweil selbst mit Athenas Hilfe den Himmel getragen. Der listige Titan habe seinen Töchtern die Äpfel ent-lockt, dann aber sei er, als er H. die Last lassen wollte, seinerseits über-listet worden, so er damals nicht bereits zum Steingebirge verwan-delt war (S. 105). Oder die Hespe-riden gaben die goldenen Früchte dem H. bereitwillig. Spätere Ge-schichten erzählen, H. habe den Drachen getötet und die Äpfel selbst gepflückt, zudem Emathion um-gebracht, den Sohn der Eos und Wächter des Gartens, der den Raub verhindern wollte.

Hans Baldung Grien (1484–1545), *Herkules und Antaeus*, Museum Naradowe, Warschau

Eurystheus gab die Äpfel ihrer hohen Heiligkeit wegen sofort zurück, Athena brachte sie wieder in den Garten. Oder H. händig-te sie selbst Zeus und Hera aus.

● Beim letzten Versuch, ihn loszuwerden, beauftragte Eury-stheus H. abermals mit einer Arbeit, die die Grenzverletzung eines heiligen Bezirks einschloss, wie bereits bei den Hesperiden. H. jedoch besiegte selbst den Hades und bestätigte so seinen Anspruch auf Unsterblichkeit.

Der Abstieg in die Unterwelt

Um den Weg in die Unterwelt nehmen zu können, musste er sich zunächst in die Eleusinischen Mysterien einweihen und vom Mord an den Kentauren (S. 177) entsühnen lassen. Alsdann geleiteten ihn Athena und Hermes zur Höhle in der Tainaron-Schlucht im Süden der Peloponnes. Charon entsetzte sich über H.' Auftreten derart, dass er ihn hastig übersetzte, wofür ihn Hades ein Jahr lang in Ketten legte, und Kerberos soll sich vor

Schreck unter den Thron seines Herrn geflüchtet haben. Am Hades-Tor kämpfte H. mit dem Herrn der Unterwelt selbst und verwundete ihn mit einem Pfeil an der Schulter, so dass er sich im Olymp mit lindernder Salbe behandeln lassen musste. Hades war daraufhin mit der befristeten Entführung des Kerberos aus der Unterwelt einverstanden, so es H. gelinge, den Hund unbewaffnet zu überwältigen.

Neben der Erledigung seiner Hauptaufgabe befreite H. im Tartaros auch Theseus (S. 152) und zog den Askalaphos unter dem Felsen hervor, worunter er begraben lag, sah ihn aber von Demeter sogleich in einen Uhu verwandelt (S. 51). Er tötete eine von den Kühen aus der Hades-Herde, um die Schatten mit warmem Blut zu nähren, und brach dem Menoites, der ihn schon dem Geryoneus verraten hatte (S. 181), im Ringkampf die Rippen. Nur der Persephone zuliebe ließ er ihn los, die ihn ohnehin zuletzt beschwören musste, endlich zu gehen, ohne noch Schlimmeres in der bereits heftig gestörten Ordnung der Unterwelt anzurichten. Sie war auch die Einzige gewesen, die ihn freundlich empfangen hatte, während Hades und sein Hund, wie es nach einer Version hieß, in verschiedene Richtungen flüchteten, als H. einen großen Stein gegen sie aufhob.

H. begegnete auch einigen Schatten, so dem der Gorgo Medusa, einem ungefährlich gewordenen, leeren Abbild. Während die anderen Seelen vor ihm flohen, schilderte ihm Meleagros seinen Tod.

Exkurs

Die kalydonische Jagd

Meleagros, der Sohn des Oineus und der Althaia, führte die griechischen Heroen zur *kalydonischen Jagd* auf jenen gewaltigen Eber, den Artemis geschickt hatte, weil Oineus, der König von Kalydon, ihr beim Erntefest zu opfern vergessen hatte. Das Fell war dem versprochen, der das Untier erlege. Auch Atalante, die schöne Jungfrau und große Jägerin (S. 56 f), konnte daran teilnehmen, weil Meleagros, der in sie verliebt war, es gegen den Widerstand mancher Helden erzwungen hatte. Nachdem der Eber eine Reihe von Jägern getötet hatte, verwundete ihn Atalante als Erste, Amphiaraos (S. 124) als Zweiter und Meleagros gelang es, ihn zu erlegen. Aus Liebe – und weil sie das Tier als Erste zum Bluten gebracht hatte – schenkte er Atalante das Fell, doch nahmen es ihr die Brüder von Meleagros' Mutter wieder weg, worauf Meleagros sie erschlug.

Nun hatten bei seiner Geburt zwei der Moiren der Mutter Tapferkeit und Ruhm ihres Sohnes geweissagt, Atropos aber, die dritte, prophezeite, er werde nur leben, solange ein bestimmtes Scheit im Herd nicht verbrannt sei. Althaia riss es sofort aus dem Feuer und bewahrte es sorgfältig auf.

Als sie von der Tötung ihrer Brüder hörte, nahm sie das Scheit voller Zorn, warf es ins Feuer und Meleagros starb. Bald darauf erhängte sie sich aus Reue über ihre Tat.

Nach anderer Version verfluchte die Mutter ihren Sohn und wünschte ihm den Tod in der Schlacht, die auf Anstiften der Artemis zwischen den Kalydoniern und den benachbarten Kureten um Kopf und Haupt des erbeuteten Ebers entbrannt war, weshalb sich Meleagros weigerte, daran teilzunehmen. Erst als Kalydon bereits gebrandschatzt wurde, ließ er sich auf inständige Bitten seiner Gemahlin hin bereden und rettete die Stadt, fand im Kampf aber auch den Tod.

Das erste und einzige Mal, so heißt es, habe H. bei Meleagros' Erzählung Tränen gezeigt und versprochen, Deianeira zu heiraten, deren Schönheit ihr Bruder Meleagros pries: So wählte sich H. in der Unterwelt jene Frau, die ihm zum Verhängnis wurde (S. 188 ff).

H. fing nun den Kerberos, rang ihn in gewaltigem Kampf nieder und würgte ihn, bis er sich ergab und auf H.' Arm oder an der Kette nach oben bringen ließ, nicht ohne zuletzt noch zu versuchen, H. mit seinem Schlangenschwanz zu beißen.

Unterwegs zu Eurystheus soll der zitternde Kerberos viel Speichel verloren haben, aus dem der Eisenhut mit seinem tödlichen Gift entstand.

Herakles bringt Kerberos zu Eurystheus, Hydria (G), um 520 v.Chr., Louvre, Paris

Eurystheus versteckte sich erneut in seinem Bronzekrug, als H. ihm den dreiköpfigen Hund präsentierte. Wie versprochen, brachte ihn H. gleich wieder zurück.

7.4 Weitere Taten und Leiden

Werbung um Iole, Tod des Iphitos

● Hatte H. nach dem Dodekathlon auch Unsterblichkeit erlangt, so setzten sich seine Leiden gleichwohl fort, auch musste er sich abermals in Sklaverei begeben.

Nach der Trennung von Megara (S. 174) nahm er an einem Schießwettbewerb am Hof des Bogenhelden Eurytos in Oichalia teil und gewann, doch verweigerte ihm der geschlagene Ausrichter trotz der Fürsprache seines Söhnchens Iphitos wegen H.' fataler Vorgeschichte den Kampfpreis: die Hand seiner Tochter Iole. H. zog wütend ab und wurde noch wütender, als ihn der nacheilende Iphitos darum bat, bei der Suche nach verschwundenen Pferden und Rindern behilflich zu sein, was H. so auffasste, dass man ihm den Diebstahl unterstellen wolle. Wider alles Gastrecht stürzte er Iphitos in Tiryns von einem Mauerturm in den Tod, eine Tat, die in abermaligem (vgl. S. 174), erneut von Hera geschicktem Wahnsinn geschehen sein soll.

Der Kampf mit Apollon in Delphoi

● Als H. daraufhin bei Neleus im messenischen Pylos um Entsühnung nachsuchte, lehnte dieser als Freund des Eurytos ab. Hierauf wandte sich H. nach Delphoi, wo ihn die Pythia, entsetzt über seinen Zustand, ohne Auskunft fortschicken wollte, worauf er den Tempel stürmte, den Dreifuß stahl und mit der Zerstörung Delphois drohte. Apollon, der zum Schutz seines Heiligtums hinzueilte, verwickelte er in einen erbitterten Kampf, bis Zeus seine Söhne mit Blitzen trennte. Nun bekam H. die Auflage einer neuerlichen, jetzt dreijährigen Knechtschaft, der dabei verdiente Lohn sollte als Blutgeld an Eurytos für den Tod des Iphitos dienen. Eurytos wies ihn jedoch abermals ab.

Taten bei der lydischen Königin Omphale

Kerkopen

● Hermes verkaufte H. an Omphale, die Witwe des Lyder-Königs Tmolos, in deren Diensten er eine weitere Reihe von Taten vollbrachte. Die Kerkopen, zwei freche, affenähnliche Kobolde, die Reisende ausplünderten, stahlen ihm, während er schlief, die Waffen. H. erwischte sie, band sie kopfunter an einen Tragbalken und trug sie auf der Schulter davon. Nun begriffen sie, da sie H.' schwarzhaarigen Hintern sahen, endlich die Warnung ihrer Mutter, sie sollten sich vor dem *melámpygos*, dem „mit dem

schwarzen Hintern", in Acht nehmen. Allerdings ergingen sie
sich über das Heldengesäß in derart lustigen Scherzen, dass H.
sie wieder laufen ließ. Nach anderen gab es mehrere Kerkopen,
die H. entweder tötete oder der Omphale bzw. auch dem Eurystheus brachte. (*Kerkops* bezeichnete einen Spitzbuben.)

Herakles und die Kerkopen,
Metope (G) aus Selinunt, um
540 v.Chr., Museo Nazionale, Palermo

Den Syleus, der Vorbeiziehende zur Arbeit in seinem Weinberg nötigte, erschlug H. mit der Hacke, den Lityerses,
einen Midas-Sohn, brachte er so um,
wie dieser mit Fremden verfahren war:
Lityerses überredete sie, sich mit ihm in
Feldarbeit zu messen. Erlahmten sie, so
peitschte er sie aus, nach ihrer Niederlage enthauptete er sie, band ihren Rumpf
in eine Garbe ein und sang dazu.

Es heißt auch, H. habe bei Omphale Frauenkleider tragen,
musizieren und Wolle spinnen müssen.

Auch hätten sie sich ineinander verliebt und Kinder gehabt.

Nach der dreijährigen Dienstzeit verließ H. sie und war auch
wieder vom Wahnsinn genesen.

● Jetzt machte er sich an die Abrechnung mit alten Feinden:
Nach den einen folgte hier die Auslöschung Troias und der Fa-
milie des Laomedon (S. 180f). Als ihn Hera hierauf in wilder Wut
mit einem Sturm nach Kos trieb, strafte Zeus sie aufs strengste
(S. 38). Von Kos aus wurde H. von Athena zur Gigantenschlacht
(S. 22) geholt, dann löschte er Augeias und seine Helfer aus
(S. 178). Nach der Gründung der Olympischen Spiele zu Ehren
des Zeus wandte er sich abermals nach Pylos zu Neleus, der ihn
nicht hatte reinigen wollen (S. 186). H. vernichtete ihn und die
Stadt, von Neleus' Söhnen überlebte allein der jüngste, Nestor,
weil er sich außer Landes befand.

In Sparta hatte Hippokoon den Tyndareos vertrieben und
sich mit Neleus gegen H. verbündet. Mit Hilfe des Kepheus und
seiner Söhne, die nach dieser Darstellung, wie ihr Vater und

**Abrechnung mit
alten Feinden;
weitere Taten**

H.' Bruder Iphikles, im Kampf fielen (vgl. S. 178), gelang der
Sturz des Usurpators, Tyndareos kam wieder auf den Thron.
Kepheus' Tochter Sterope rettete währenddessen Tegea vor den
Feinden, indem sie eine eherne Locke der Gorgo, die ihr Vater von
Athena erhalten hatte, dreimal mit abgewandtem Gesicht über
die Mauer den Angreifern entgegenhielt. H. verführte Kepheus'
Schwester, die Athena-Priesterin Auge, die ihm den Telephos
gebar (S. 201).

Herakles und Deianeira ● Nun gedachte H. seines Versprechens an Meleagros' Schat-
ten (S. 185) und begab sich als Freier nach Kalydon zu König
Oineus. Zunächst hatte er mit Acheloos um Deianeira zu ringen
(S. 43), doch besiegte er ihn.

Herakles und Acheloos, rotfiguriger
Stamnos (G), um 520 v. Chr., British
Museum, London

Nach der Hochzeit musste H. mit
seiner Gattin Kalydon bald in die
Verbannung verlassen, weil er bei
Tisch einen jungen Diener, der auf
ihn Wein verschüttet hatte, maßre-
geln wollte, ihn dabei aber versehentlich tötete.

Auf dem Weg zu Keÿx in Trachis versuchte der Kentaur Nessos, dem H. Deianeira zur Überquerung des Flusses Euenos an-
vertraut hatte, seine schöne Last zu entführen. Als H. die Absicht
durchschaute, tötete er ihn mit einem Pfeil.

Sterbend riet Nessos Deianeira, sein Blut aufzufangen und
in dem Augenblick als Liebeszauber zu verwenden, wo sie H.
im Verdacht der Untreue habe. Wirklich verwahrte Deianeira das
Blut sorgsam in einem Fläschchen (weiter s. S. 189).

Der Kampf mit Kyknos ● Der Ares-Sohn Kyknos hauste in einem Hain bei Pagasai in
Thessalien, überfiel alle, die auf dem Weg nach Delphoi vorbeizo-
gen, und köpfte sie, um aus ihren Schädeln einen Apollon-Tempel zu errichten. H. kämpfte auf dem Weg nach Trachis auch
gegen ihn, nach einer Version mit Iolaos als Wagenlenker und
mit seinem Wunderross Areion (S. 45), das er später dem Adrastos gab (S. 124). Trotz leibhaftigen Beistands durch Ares, Phobos

Antonio del Pollaiolo (1429–1498), *Der Raub der Deianeira*, Yale University Gallery, New Haven/
Connecticut

und Deimos für Kyknos konnte H. ihn töten, ließ sich aber auch
noch in einen Kampf mit Ares selbst ein und Zeus musste die
Streitenden mit einem Blitz trennen. Es heißt auch, H. habe Ares
mit der Lanze am Schenkel getroffen, woraufhin der Gott sich von
seinen Wagenlenkern in den Olymp bringen ließ.

● Mit den Keÿx-Söhnen als Verbündeten griff H. nunmehr   **Die Rache an**
Oichalia an und erschlug Eurytos samt allen seinen Söhnen (vgl.   **Eurytos**
S. 186). Iole, die der eigentliche Grund für den Feldzug war, wollte sich durch einen Sprung von der Mauer retten, doch verfing
sich ihr Gewand und verhinderte den Sturz. H. nahm sie als Nebenfrau und sandte sie mit anderen Gefangenen nach Trachis,
wo sie sofort Deianeiras Eifersucht erregte. Als H. deshalb seine
Gattin darum bat, ihm für das Dankopfer an Zeus ein reines Gewand zu schicken, benetzte sie es mit dem Blut des Nessos, um so
Gewissheit über H.' Treue oder Untreue zu bekommen. Lichas
schickte sie als Boten zum euboischen Vorgebirge Kenaion, wo
H. das Opfer vorbereitete.

7.5 Herakles' Tod und Vergöttlichung

Als H. das Gewand vor dem Opfer anlegte, fraß es sich ihm sofort brennend in die Haut; und versuchte er es sich vom Leib zu
reißen, so riss er die Haut in Fetzen mit herunter. Halb wahnsinnig vor Schmerz packte er den Boten Lichas und schleuderte
ihn weit ins Meer hinaus. Auf einem Schiff brachte man H. nach
Trachis. Als Deianeira erkannte, was sie auf Betreiben des Nessos
angerichtet hatte, erhängte sie sich, H. indes erinnerte sich einer
alten Weissagung, wonach er von der Hand eines Toten, nicht
eines Lebenden sterben werde.

Das Orakel in Delphoi beschied ihn, er solle sich auf dem Oi-
ta in Thessalien einen Scheiterhaufen errichten lassen und ihn
besteigen, das Übrige aber Zeus überlassen. Hyllos, sein Sohn
von Deianeira, tat diesen letzten Dienst am Vater, doch wagte keiner, das Holz anzuzünden. Erst der Malier-König Poias, der mit
seinen Schafen des Weges kam (nach anderen dessen Sohn Philoktetes), fand sich dazu bereit, nachdem H. ihm seinen Bogen
samt Pfeilen versprochen hatte. In den lodernden Scheiterhaufen
fuhr ein Blitz hernieder, dann war H. verschwunden.

Nach seiner Aufnahme in den Olymp söhnte sich Hera mit H.
aus und er erhielt Hebe, die Göttin ewiger Jugend, als himmlische
Gemahlin.

Einführung des Herakles in den Olymp, schwarzfigurige Trinkschale,
um 540 v. Chr., British Museum, London

Hebe soll von H. auch veranlasst worden sein, Iolaos die Jugend
wiederzugeben, damit dieser seine Kinder, die Herakliden, gegen
Eurystheus verteidigen könne. Zusammen mit ihr zog H. als
göttlicher Helfer in den Kampf.

Dem Philoktetes erschien er später auf Lemnos, um ihn zur
Hilfe für die Griechen vor Troia zu überreden (S. 204; S. 228).

Weiterleben   7.6

Später wurde H. mit anderen Göttern vermischt: Mit einigen
Eigenschaften des phoinikischen Melqart wurde er z. B. zum
Schutzpatron der Händler und Geschäfte, den Etruskern galt er
als *Herkle* als Gott des Krieges, des Wassers und der Unterwelt,
in Italien als Vater des Latinus, des Ahnherrn der Römer.

Spätere moralisch-ethische Deutung machte ihn zur beispiel-
haften Gestalt für die richtige Wahl der richtigen Lebensform: Am   *Herakles am*
Dreiweg seien ihm in früher Jugend die Tugend und das Laster   *Scheideweg*
in Gestalt zweier Frauen begegnet und H. habe sich nach lan-
gem Austausch von Argumenten für das mühevolle, tugendhafte
Leben mit posthumer Vergöttlichung entschieden anstatt für ein
genussreich-bequemes, aber ehr- und ruhmloses Dasein.

Literatur

Brommer, F. (1953): *Herakles. Die zwölf Taten des Helden in antiker Kunst und Litera-
tur.* Münster/Köln
Brommer, F. (1984): *Herakles. II. Die unkanonischen Taten des Helden.* Darmstadt
Kray, R./Oettermann, S. (Hrsg.) (1994): *Herakles/Herkules I. Metamorphosen des
Heros in ihrer medialen Vielfalt.* Basel
Pötscher, W. (1961): *Hera und Heros,* Rheinischer Merkur 104, S. 302 ff
Vollkommer, R. (1988): *Herakles in the Art of Classical Greece.* Oxford

Fragen

1. Nennen Sie sechs Arbeiten aus dem Dodekathlon sowie sechs sogenannte
Parerga!
2. Nennen Sie drei Heroengeschichten, in denen Herakles eine Rolle spielt,
ohne Hauptgestalt zu sein!
3. Erläutern Sie, inwiefern in der Gestalt des Herakles Extreme menschlicher
Möglichkeiten vereinigt sind!
4. Entwickeln Sie kurz die Erzählungen zu folgenden Namen: Hesione, Antaios,
Kerkopen!

Zusammenfassung

Nach H.' Geburt vereinbarten Zeus und Hera seine Unsterblichkeit nach langem Leidensweg.

Heldentaten werden schon aus seiner Kinder- und Jugendzeit berichtet, doch löschte er im Wahnsinn auch seine Familie aus.

Als Sühne tat er langen, mühsamen Dienst bei Eurystheus, in den zwölf Arbeiten erscheint er u. a. als Überwinder des Todes und zahlreicher tödlicher Bedrohungen.

Eine Reihe weiterer Arbeiten und Abenteuer zeigt ihn als Anwalt der Schwachen, als Rächer an und als Beseitiger von Wegelagerern und anderen Bösewichtern.

Nach weiteren Kämpfen mit Sterblichen und Göttern, nach abermaligem Wahnsinn und neuerlicher Knechtschaft fand H. einen schrecklichen Tod durch die List des Kentauren Nessos.

Von Zeus in den Olymp aufgenommen, erhielt er die Göttin der Jugend zur Gemahlin.

Auch wenn seine Geburtsgeschichte in Theben spielt, war H. ursprünglich in der Argolis beheimatet, wurde allerdings in ganz Griechenland und darüber hinaus zur volkstümlichsten Sagengestalt, auch deshalb, weil er eine Fülle menschlicher Möglichkeiten, im Guten wie im Schlechten, in sich vereinigt: Bedingungslose Hingabe, Tapferkeit und Ausdauer, Härte mit sich selbst und Mitleid mit den Schwachen sind ebenso seine Merkmale wie verwegener Abenteurergeist, Jähzorn, zügellose Wildheit, Sauf- und Rauflust und ausgeprägte Neigung zum Wahnsinn.

H. gilt allgemein als der bedeutendste unter den Heroen: wegen seiner Rolle als Retter der Götter, wegen seiner Apotheose und aufgrund seines Charakters als „Gott-Heros".

8. Der Troianische Krieg

Die Hochzeit von Thetis und Peleus   8.1

● Obwohl als Nereus-Tochter (S. 42) ein Meerwesen, wurde Th. **Thetis, die Nereïde**
von Hera aufgezogen, doch kam es zur Trennung, als sie Bria-
reos dem gefesselten Zeus zu Hilfe schickte (S. 21). Neun Jahre
wartete sie ihrerseits den vom Himmel geschleuderten kleinen
Hephaistos (S. 66), auch den vor Lykurgos fliehenden Dionysos
(S. 96) nahm sie auf und erhielt dafür eine goldene Vase.

Von Themis (oder Gaia) wusste Prometheus (S. 109), dass
Th.' Sohn mächtiger als sein Vater werde, und wurde, als er das
Orakel Zeus mitteilte, von seinen langen Qualen befreit. Zeus
gab sein Werben um Th. augenblicklich auf und suchte sie einem
Sterblichen zu vermählen, doch war Th. mit Zeus' Plänen nicht
einverstanden und widersetzte sich zunächst der Vermählung
mit Peleus, dem gegenüber sie stets reserviert blieb. Man erzählte, sie habe sich, wie Aphrodite mit Anchises, nur einmal mit ihm
vereinigt und sich bald nach Achilleus' Geburt von ihm zurück-
gezogen.

Nach späterer Darstellung gebar sie sieben Söhne und hielt
sie alle ins Feuer oder in kochendes Wasser, um zu erproben, ob
sie die Unsterblichkeit geerbt hätten. Nur den siebenten, Achilleus, verschonte sie auf Peleus' Flehen hin und ließ ihn als Sterblichen aufwachsen. Es heißt auch, sie habe Achilleus, um seine
Sterblichkeit wegzubrennen, nachts ins Feuer gelegt und ihn am
Tag mit Ambrosia (G) gesalbt. Oder sie tauchte ihn, um ihn unverwundbar zu machen, in die schwarzen Wasser der Styx (S. 85),
hielt ihn dabei aber an der Ferse fest, die deshalb verwundbar
blieb.

Nach ihrem Rückzug von Peleus in die Meeresfluten half
sie ihrem Sohn gleichwohl, wo und wie immer sie konnte, stets
betrübt im Wissen um die kurze Dauer seines Lebens. Vom Zug
gegen Troia wollte sie ihn – vergeblich – fernhalten und warnte
ihn davor, als Erster an Land zu gehen, da er sonst als Erster
fallen werde. Bei Zeus erwirkte sie die Erfüllung von Achilleus'
Rachewunsch gegen Agamemnon, tröstete ihn über den Tod des
Patroklos und besorgte ihm bei Hephaistos die neue, herrliche
Rüstung. Als sie mit ihren Schwestern um den toten Sohn klag-
te, flohen die Griechen in panischem Entsetzen. Nach dem Begräbnis sammelte sie Achilleus' Gebeine und versenkte sie in
der goldenen Vase des Dionysos ins Grab. Es hieß auch, sie habe
Achilleus auf der Insel Leuke im Schwarzen Meer unsterblich gemacht und ihm dort Helene als Gattin zugeführt; auch sie selbst

habe dort mit dem gleichfalls unsterblich gemachten Peleus ge-
lebt, nachdem er in der Fremde gestorben war.

*Peleus, der
Liebling der
Götter*

● Weil P. seinen Halbbruder Phokos aus Eifersucht bei einem
Kampfspiel getötet hatte, verbannte ihn sein Vater Aiakos (S. 34)
aus Aigina. Er nahm an der kalydonischen Eberjagd (S. 184) und
am Zug der Argonauten (5.3) teil, wobei Thetis einmal ihm zuliebe die Argo gerettet haben soll. In Phthia wurde er von Aktor
entsühnt und mit der Königstochter Antigone vermählt, doch
musste er auch von dort fliehen, nachdem er bei einer Eberjagd
versehentlich seinen Schwiegervater Eurytion getötet hatte. In Iolkos entsühnte ihn Akastos, bei den Begräbnisspielen für dessen
Vater Pelias wurde er von Atalante (S. 56) im Ringkampf besiegt.

Als sich Akastos' Gattin Astydameia in ihn verliebte, wies
er sie aus Rücksicht auf den Gastgeber ab, doch rächte sie sich,
indem sie P.' Gemahlin Antigone hinterbrachte, er, P., werde
alsbald Akastos' Tochter Sterope heiraten, worauf sich Antigone
vor Gram erhängte. Zudem verleumdete Astydameia P. bei ihrem Gatten, der, ihren Worten vertrauend, den Gast zwar nicht

P. und Akastos

töten, jedoch durch eine List los werden wollte (vgl. S. 133): Er
nahm P. mit auf den Pelion und forderte, er solle mehr Wild
erlegen als die übrigen Jäger. Diese sammelten heimlich das von
P. erlegte Wild und brachten es zu Akastos, der ihm höhnisch
vorhielt, nichts erlegt zu haben, worauf P. jedoch den Betrug
entdeckte, indem er die Zungen vorwies, die er seiner Jagdbeu-
te herausgeschnitten hatte. Nun versteckte Akastos P.' Schwert,
ein Werk des Hephaistos, nächtens unter Kuhmist und ließ ihn
schlafend allein auf dem Berg, in der Hoffnung, die wilden Kentauren würden ihn töten. Als diese den Wehrlosen tatsächlich
angriffen, warnte ihn der weise Chiron (S. 109) rechtzeitig und
gab ihm die Waffe zurück. P. durchschaute nun die Ränke des
Akastos, tötete ihn mit Hilfe Iasons und der Dioskuren, zerriss
Astydameia und marschierte mit seiner Streitmacht durch deren
zerschlagene Glieder.

Vielleicht für seine Standhaftigkeit gegenüber Astydameia
wollte Zeus ihn belohnen und gewährte ihm, freilich nicht ohne Eigennutz (S. 193), das außerordentliche Vorrecht der Ehe
mit einer Unsterblichen, der Nereïde Thetis. Es heißt auch, Thetis habe Zeus' Werben mit Rücksicht auf ihre Erzieherin Hera
zurückgewiesen, worauf Zeus sich durch ihre Vermählung mit
einem Sterblichen rächte. Allerdings musste sich P. seine göttliche Braut erst „verdienen":

Peleus erwählt Thetis unter den tanzenden Nereïden, Ritzzeichnung auf bronzener Schwertscheide, 7. Jh. v.Chr., Metropolitan Museum of Art, New York

In einer Vollmondnacht lauerte er ihr beim Tanz auf, raubte sie und rang mit ihr in einer Meereshöhle in lautlosem Kampf, wobei er sie, wie Chiron ihm geraten hatte, festhielt, obwohl sie sich, worauf sich auch ihr Vater Nereus und der Meeresalte Proteus verstanden (S. 42), in allerlei Formen und Gestalten verwandelte: in Feuer, Wasser und Wind, in Vogel, Tiger, Schlange und Tintenfisch.

Kampf mit Thetis

Als Thetis ihn verlassen hatte (nach einer Darstellung, weil er ihr heftige Vorwürfe machte, als er gesehen hatte, wie sie Achilleus nachts ins Feuer hielt), übergab er seinen Sohn dem Kentauren Chiron zur Erziehung. Später kam Patroklos (S. 208) mit seinem Vater Menoitios als Flüchtling an seinen Hof. Nachdem P. von den Akastos-Enkeln nach Kos vertrieben worden war, eroberte sein Enkel Neoptolemos (S. 212) den Thron von Phthia zurück.

● Beider Hochzeit war die bedeutendste seit jener von Kadmos und Harmonia (S. 115). Nach der Hochzeitsnacht fanden sich, von Iris geleitet, die Götter ein und brachten Geschenke, Chiron begrüßte sie. Dionysos führte Wein mit sich, Poseidon schenkte die sprechenden Pferde Xanthos und Balios, die tragischen Propheten vor Troia, von Hephaistos erhielt Peleus eine herrliche

Die Hochzeit: Eris

Rüstung, von Chiron die Eschenlanze, die später in Achilleus' Hand viel Unheil anrichtete. Sterbliche und Unsterbliche saßen zusammen beim Mahl (vgl. S. 107) – nur Eris hatte man vergessen einzuladen (oder man wollte sie bewusst übergehen).

Exkurs

Eris

Eris, Tochter der Nacht und Schwester des Ares, ist der personifizierte Zwist, ein weiblicher Dämon des Kriegsgetümmels, in dem sie sich, als Begleiterin ihres Bruders, dann besonders wohl fühlt, wenn rings das Stöhnen sterbender Krieger zu hören ist. *Eris* kann allerdings durchaus auch „Wettstreit" im positiven Sinne bedeuten.

Der goldene Apfel

So stürmte sie wütend in die Festrunde und warf mit den Worten *„Der Schönsten!"* einen goldenen Apfel in deren Mitte. Oder es waren diese Worte auf ihm eingeritzt.

Sofort griffen die drei mächtigsten Göttinnen – Hera, Athena, Aphrodite – nach ihm, ein heilloser Streit entbrannte, der letztlich drei schlimme Folgen hatte: die Schwächung des Menschengeschlechts, den Untergang Troias und die Auflösung des Reichs von Mykenai.

Da Zeus den Streit nicht selbst schlichten wollte, wählte er Paris, den troianischen Königssohn, als Schiedsrichter.

Es heißt auch, Gaia habe sich bei Zeus über die immer drückender werdende Last der zahllosen Menschen beklagt, worauf er sie zunächst mit Blitz und Sintflut vernichten wollte. Dann jedoch habe er sich mit Themis und Eris beraten und also den Streit der Göttinnen inszeniert. Oder Momos, der stets lästernde Gott, habe ihm von den ursprünglichen Vernichtungsplänen abgeraten und empfohlen, lieber Helene zu zeugen, Peleus' Hochzeit mit Thetis zu arrangieren und so die Dezimierung der Menschheit einzuleiten, auch wenn dabei das Heroengeschlecht untergehen müsse.

8.2 Das Urteil des Paris

Als Hekabe, die Gattin des Troianer-Königs Priamos (S. 216), mit Paris schwanger war, träumte sie von einer Fackel, die Troia einäscherte (nach anderen von einer feuertragenden, hundertarmigen Erinye), weshalb Priamos den Säugling auf Anraten

Kassandras (S. 218) auf dem Ida aussetzen ließ. Nachdem ihn fünf Tage eine Bärin gesäugt hatte, fand ihn ein Hirte und unter Hirten wuchs er fortan auf. Später hielt Priamos für seinen totgeglaubten Sohn Leichenspiele ab, bei denen ein schöner Stier als Preis ausgesetzt war. Zufällig hatte Priamos Paris' Lieblingstier dafür fangen lassen. Paris führte es nun selbst in die Stadt, weil er siegen und es so wiederbekommen wollte. Als er tatsächlich siegte, wurde er vom unterlegenen Deiphobos bis zum Zeus-Altar verfolgt. Dort erkannte ihn Kassandra, er wurde in die königliche Familie aufgenommen und lebte seither als Schafhirte seines Vaters mit seiner Geliebten, der Nymphe Oinone, auf dem Ida.

Als Zeus' Wahl auf ihn als Schiedsrichter gefallen war und Hermes, begleitet von den drei Göttinnen, mit dem Apfel bei ihm erschien, war er über das Ansinnen zunächst entsetzt: Prächtig geputzt und gewandet traten die unsterblichen Damen vor ihn, Aphrodite zumal hatte sich von den Chariten (S. 29) ein Prachtgewand in den Farben des Frühlings anlegen und sich mit Blumen bekränzen lassen. (Erst in späteren Erzählungen traten die Göttinnen nackt vor Paris.) Wenn er sie zur Schönsten küre, versprach ihm Hera die Königsherrschaft über Asien und Europa, Athena Kriegsruhm und Heldentum, Aphrodite aber die schönste aller sterblichen Frauen. Sie erhielt den goldenen Apfel.

Es heißt auch, Paris sei bereits so liebestoll gewesen, dass er Hera und Athena ihrer Angebote wegen verlästerte.

Niklaus Manuel gen. Deutsch (ca. 1484–1530), *Das Urteil des Paris*, Öffentliche Kunstsammlung, Basel

8.3   Der Raub der Helene

Helene und
ihre Geschwister

● H. gilt als vorgriechische Vegetationsgottheit, die sich zur berühmtesten der Heroinen (G) wandelte. Als ihre Mutter wird Nemesis genannt, die Göttin der Vergeltung, vielleicht ein Hinweis auf H.s Rolle als Unheilsbringerin. Nemesis wollte Zeus entgehen, doch überwältigte er sie als Schwan oder als Gans, worauf sie in einem Hain bei Sparta ein Ei gebar, das ein Hirte Leda zur weiteren Pflege gab. Nach anderen wohnte Zeus Leda *Zeus als Schwan* selbst als Schwan bei und sie gebar auch das Ei. Es heißt auch, H. sei Tochter von Okeanos und Tethys (S. 42). Nach einer weiteren Version hatten Kastor (S. 92) und Klytaimnestra Tyndareos, Ledas Gatten, zum Vater und waren also sterblich, die unsterblichen Polydeukes und H. aber waren Kinder des Zeus. Demnach gebar Leda auch zwei Eier.

Als junges Mädchen wurde H. nach Attika entführt, jedoch von ihren Brüdern unversehrt zurückgebracht (S. 151 f). Bald versammelten sich auf den Ruf ihrer Schönheit hin, die es ihr erlaubte, jeden Mann an sich zu fesseln, zahlreiche Freier aus ganz Griechenland, die so lange in schwerer Fehde miteinander lagen, *Der Beistands-* bis Odysseus (S. 226) den Beistandsschwur für H.s letztendli- *schwur* chen Gemahl veranlasste: Auf den Überresten eines geopferten Pferdes verpflichteten sie sich, dem Erwählten in jedem Kampf um H.s Besitz beizustehen. Auf Fürsprache seines Bruders Agamemnon, des Gatten von H.s Schwester, wurde sie schließlich Menelaos zugesprochen. Beider Tochter war Hermione.

Der Raub der
Helene durch
Paris

● Nachdem Paris Aphrodite den Schönheitspreis zuerkannt hatte, machte er sich, trotz eingehender Warnungen der Kassandra (S. 218) und des Helenos (S. 219) vor Unheil für ganz Troia, auf den Weg, um H. zu erobern. Zunächst besuchte er in Sparta die Dioskuren, dann wurde er neun Tage von Menelaos freundlich bewirtet, bis dieser nach Kreta musste, um das Begräbnis seines Großvaters Katreus auszurichten. Jetzt verliebte sich auf Betreiben Aphrodites H. in Paris, der ihr, ohnehin ein außergewöhnlich schöner Mann, reiche Geschenke bot, und folgte ihm auf sein Schiff.

Oder Paris raubte sie während eines Opfers. Auch Menelaos' Schätze und H.s Dienerinnen Aithra und Klymene wurden verschleppt. Auf der Insel Kranaë schliefen sie erstmals miteinander, nach drei Tagen waren sie in Troia.

Obwohl H. ihr Einverständnis reute und sie bald Heimweh
hatte, blieb eine erste Gesandtschaft der Griechen um ihre Rück-
forderung erfolglos. Nach anderen Erzählungen raubte Paris H.
ohne vorangegangenes Urteil. Auch heißt es, er habe redlich
um sie gefreit und sie zur rechtmäßigen Gattin bekommen. Der
Dichter Stesichoros, der erblindet sein soll, weil er H. als außer-
ordentlich schön, aber ebenso treulos geschildert hatte, erzählt
in seiner *Palinodie* („Widerruf"), Paris habe nur ein Schattenbild
nach Troia gebracht, sie selbst sei all die Jahre über in Ägypten
gewesen. Nach anderen wurde sie mit Paris dorthin verschlagen
und von Proteus behütet, bis Menelaos sie auf seiner Irrfahrt von
Troia nach Sparta wiederfand.

● Viele Troianer begegneten ihr, da sie die Ursache des großen   **Helene in Troia**
Krieges war, mit Zurückhaltung oder gar feindselig, andere begriffen ihre Anwesenheit als von Zeus gewollt. Unentschieden
blieb stets ihre eigene Haltung: Sie erging sich in Selbstvorwürfen
wegen ihrer Schwäche und Charakterlosigkeit, erwies sich als Paris' willige Gattin, half aber andererseits den Griechen kurz vor
Troias Fall mit Lichtsignalen auf den richtigen Weg und verriet
Odysseus nicht, als er in der Stadt spionierte und mordete. Dann
hinwieder brachte sie die List mit dem hölzernen Pferd beinahe
zum Scheitern, als sie die Stimmen der Heldenfrauen imitierte
(S. 206).

Der erste Zug gegen Troia: Telephos   8.4

● Die Göttin Iris holte Menelaos nach dem Raub der Hele-   **Die Versammlung**
ne aus Kreta. Sofort suchte er seinen Bruder in Mykenai auf,   **in Aulis: Iphigenei-**
der die Führung des Heeres übernehmen sollte, und beriet sich   **as Opferung**
mit Nestor in Pylos, wie Achilleus zur Teilnahme zu bewegen
sei. Sodann erinnerten Boten alle ehemaligen Freier an ihre Bei-
standspflicht mit dem Hinweis, keiner mehr könne sich fortan
seines Weibes sicher sein, wenn dieser Raub unbestraft bleibe.
    Zehn Jahre dauerte es, bis alle in Aulis versammelt waren.
Agamemnon, dem jähzornigen Herrscher, schuldeten die Teilnehmer als dem ersten Heerführer Treue und Bündnispflicht,
mit hundert Schiffen stellte er auch das größte Kontingent.
    Als die Flotte lange Zeit wegen ungünstiger Winde festsaß,
verkündete der Seher Kalchas (S. 214), dies sei die Vergeltung der
Artemis dafür, dass Agamemnon sie beleidigt oder eine Pflicht
an ihr versäumt habe. Es heißt, er habe im Hain der Göttin

ein Hirschkälbchen aufgeschreckt, sich gebrüstet, es auch gegen ihren Willen schlachten zu können, und dies auch getan. Nach anderen hatte er vor Jahren das Versprechen nicht gehalten, Artemis das Schönste zu opfern, was das Jahr hervorgebracht habe. Dies aber war seine eigene Tochter Iphigeneia. Oder er büßte jetzt für das Vergehen seines Vaters Atreus mit dem goldenen Lamm (S. 129). Nach wieder anderer Erzählung zerrissen, als Omen des Zeus für den Sieg über Troia, vor den Augen der Griechen zwei Adler eine trächtige Häsin, weshalb Artemis, als Hüterin unschuldiger Tiere empört, die Ausfahrt der Flotte verhinderte. Kalchas jedenfalls prophezeite, Iphigeneia müsse geopfert werden, um die Göttin zu versöhnen, und so wurde sie mit der Aussicht, Achilleus zu heiraten, ins Lager gelockt. Ihre Mutter Klytaimnestra begleitete sie wie zur Hochzeit. Nach den einen wurde das Opfer wirklich vollzogen, nach den anderen zeigte Artemis ihre von Agamemnon bezweifelte Macht, indem sie Iphigeneia im Augenblick des Opfers durch eine Hirschkuh ersetzte und nach Taurien am Schwarzen Meer entrückte, wo sie als Priesterin alle Fremden, die einem hölzernen Artemis-Bild geopfert wurden, auf ihre Opferung vorbereitete (S. 223).

Opferung Iphigeneias

Iphigeneia wird zum Opfer geführt, pompejanische Wandmalerei, 1. Jh. n. Chr., Museo Archeologico Nazionale, Neapel

● Nach ihrem Aufbruch von Aulis nahm die Flotte Kurs auf Troia, doch wurde sie weit in südöstliche Richtung verschlagen und landete irrtümlich in Mysien, wo Telephos herrschte.

Die Irrfahrt nach Mysien: Kampf mit Telephos

Exkurs

Telephos

Telephos war der Sohn des Herakles und der Auge, der Tochter des Aleus von Tegea, der das Orakel erhalten hatte, einer seiner Söhne werde, wenn Auge gleichfalls einen Sohn gebäre, durch dessen Hand sterben. Deshalb machte Aleus seine Tochter zur Athena-Priesterin, die zu ewiger Keuschheit verpflichtet war, doch verführte (oder vergewaltigte) Herakles sie (S. 188). Aleus ließ die Schwangere nach Nauplia schaffen, wo sie, zusammen mit ihrem Sohn, den sie unterwegs geboren hatte, von König Nauplios in einer Truhe auf dem Meer ausgesetzt (oder in die Sklaverei verkauft) wurde. Beide strandeten in Mysien, dort zog Auge den Knaben groß.

Nach anderer Darstellung gebar Auge zum Zorn der Göttin im Tempel und versteckte dort den Säugling, worauf das Land von Unfruchtbarkeit heimgesucht wurde. Als Aleus die Ursache herausfand, schickte er die Mutter übers Meer und setzte den Knaben im Gebirge aus, wo ihn eine Hirschkuh ernährte, bis ihn Hirten fanden und zusammen mit Parthenopaios, dem Sohn der Atalante (S. 56; S. 184), aufzogen. Als Herakles einmal nach Tegea zurückkam, staunte er über das Wunderkind.

Weil er später als „Niemand" geneckt wurde, tötete Telephos den Spötter – es war einer der Söhne des Aleus. Um seine Herkunft zu ergründen, ging er nach Delphoi. Oder er erschlug seine Onkel und wurde dafür mit Stummheit geschlagen. Jedenfalls wurde er zur Sühne vom Orakel auf die Suche nach seiner Mutter geschickt. Begleitet von Parthenopaios gelangte er nach Mysien, von wo er Idas vertrieb, der nach dem Argonautezug dort eingefallen war. Der Myser-König Theutras machte ihn daraufhin zu seinem Erben und wollte ihn mit Auge vermählen, die inzwischen an ihn verkauft war. Sie aber widersetzte sich der Verbindung und nahm ein Schwert mit ins Bett, um den Jüngling zu durchbohren. Als zwischen ihnen plötzlich eine gewaltige Schlange aufzischte, gestand die entsetzte Auge ihren Plan. Telephos wollte sie töten, worauf sie Herakles anrief, und als Telephos wissen wollte, warum sie nach ihm flehe, erzählte Auge ihre Geschichte und Mutter und Sohn erkannten sich.

Nach anderer Version heiratete Telephos Argiope, die Tochter des Theutras.

Bei der Ankunft der Griechen hatte Telephos bereits Theutras' Nachfolge angetreten. Da er auf Seiten der Troianer stand, lieferte er den Ankömmlingen einen erbitterten Abwehrkampf, wobei er

Thersandros, den Sohn des Polyneikes (S. 120 ff), tötete, dessen Leiche von Patroklos und Diomedes gerettet wurde. Patroklos wurde, als er zusammen mit Achilleus als letzter gegen Telephos kämpfte, verwundet und Achilleus verarztete ihn.

Telephos' Verwundung und Heilung
● Telephos selbst erhielt von Achilleus eine tiefe Speerwunde im Oberschenkel, als er sich auf Betreiben des Dionysos mit dem Fuß in einem Weinstock verfing.

Auch nach acht Jahren – längst waren die Griechen von dieser vergeblichen Expedition wieder zurück – war die Wunde noch nicht verheilt. Telephos befragte den lykischen Apollon und erhielt die Antwort, es werde der die Wunde heilen, der sie ihm schlug. Deshalb begab er sich, um von Achilleus geheilt zu werden, als Bettler nach Mykenai, wo die Griechen zur zweiten Ausfahrt rüsteten. Obwohl er auf Anraten Klytaimnestras den kleinen Orestes entführte und mit dessen Schlachtung am Altar drohte, konnte ihm Achilleus nicht helfen.

Telephos droht, Orestes zu töten, Hydria (G), um 330 v.Chr., Museo Archeologico Nazionale, Neapel

Jetzt erkannte Odysseus den Sinn des Orakels: Gemeint war nicht Achilleus, sondern der Speer. So verheilte die Wunde nach wenigen Tagen, als sie mit Rost (oder Spänen) von dessen Spitze bestreut wurde.

Als Gegenleistung führte Telephos daraufhin die Griechen übers Meer und erfüllte so das alte Orakel, wonach die Griechen nur nach Troia gelangen könnten, wenn er ihnen den Weg weise. Zwar schloss er sich ihnen nicht an, doch schied er als Freund. Auch kämpfte sein Sohn Eurypylos auf ihrer Seite.

Der zweite Zug gegen Troia 8.5

Acht Jahre nach dem ersten Fehlschlag brachen die Griechen abermals von Aulis auf. Kurz vor der Abfahrt erschien bei einem großen Opfer eine Schlange mit blutrotem Rücken und verschlang die acht Sperlingsjungen im Nest auf einer nahen Platane, zuletzt als Neunte die Mutter, ehe das Ungeheuer versteinerte. Kalchas deutete das Zeichen: Neun Jahre werde der Kampf dauern, im zehnten Troia fallen.

Vom Aufbruch in Aulis bis zur Landung in Troia

An der Schwelle zum troianischen Gebiet führte Philoktetes die Griechen eines Artemis-Opfers wegen nach Chryse, nach einigen Vorbedingung für die Eroberung Troias. Doch biss ihn dabei eine Schlange in den Fuß und verursachte eine eiternde Wunde, vor der sich die Griechen derart ekelten, dass sie ihn auf das benachbarte Lemnos brachten und dort samt dem Bogen des Herakles (S. 190) liegen ließen.

Philoktetes von einer Schlange gebissen

Bei der Landung in der Troas hielt sich die Flotte zurück, da es ein Orakel gab, wonach der als Erster sterben werde, der als Erster troianischen Boden betrete. Der thessalische Königssohn Protesilaos, der aus Phylake vierzig Schiffe gebracht hatte, sprang bewusst als Erster an Land und tötete einige Feinde, ehe Hektor (S. 217) ihn niederstreckte. Protesilaos war als eben verheirateter Gatte der Laodameia mit den Griechen aufgebrochen, noch war nicht einmal sein Haus fertiggebaut. Als seine Gemahlin von seinem Tod erfuhr, rührten die Gebete der Trauernden die Götter so sehr, dass sie Hermes aussandten, der ihr den Gemahl – leibhaftig, nicht als Schatten – für drei Stunden (nach anderen für einen Tag) zurückbrachte. Dann begleitete sie ihn in die Unterwelt. Oder sie starb in seiner Umarmung. Es heißt auch, Laodameia habe sich eine Statue des Gatten zimmern lassen, die sie in ihrer Trauer umarmte. Als ein Sklave dies sah, behauptete er ihrem Vater Akastos gegenüber, sie habe einen neuen Liebhaber, worauf Akastos die Statue verbrennen ließ. Laodameia aber warf sich in die Flammen.

Protesilaos und Laodameia

Nach dem Tod des Protesilaos griff der Poseidon-Sohn Kyknos die Griechen an: Als weiße, unverwundbare Schreckgestalt kämpfte er mit Achilleus und bedrohte ihn mit gewaltigen Riemenschlägen, wurde von Achilleus zuletzt aber mit einem Steinwurf betäubt, dann mit dem eigenen Helmriemen erdrosselt, wobei er zuletzt einen Schrei tat wie der Schwan (*kyknos*) in seiner Sterbestunde. Als sie ihn tot sahen, zogen sich die Troianer hinter die Mauern zurück.

Tod des Kyknos

● Während der Zeit der Belagerung wechselten sich neun Jahre lang Kämpfe im Feld mit Raubzügen ins Hinterland und auf die benachbarten Inseln ab: Das Land wurde geplündert, Städte erobert, meist unter Achilleus' Führung, viel Raubgut, darunter zahlreiche Frauen, wurden zusammengetragen und unter die Heerführer verteilt. Im zehnten Jahr starben Troias Vorkämpfer Hektor und der fähigste Kämpfer der Griechen Achilleus. Dass Troia irgendwann fallen werde, war lange bekannt, das Wann und Wie versuchte man über Orakel und Weissagungen zu erfahren. Allerdings war Troias Untergang an eine Reihe von Vorbedingungen geknüpft, nach einer Erzählung zum Beispiel an die Überführung der Gebeine des Pelops von Olympia nach Troia. Ferner musste Philoktetes mit seinem Bogen von Lemnos geholt werden, was nur mit der Schläue und dem Erpressergeschick des Odysseus (S. 228) durchführbar war. Erst durch eine Epiphanie (G) des Herakles war Philoktetes bereit, zu den Griechen, die er ihres schäbigen Verhaltens wegen (S. 203) hasste, zurückzukehren. Die Söhne des Asklepios (S. 214) heilten ihn, mit einem Bogenschuss tötete er Paris im Zweikampf, was den Anfang vom Ende Troias bedeutete. Zum Dritten musste Achilleus' Sohn Neoptolemos (S. 212) von der Insel Skyros geholt werden. Er kam auch bald, entweder beredet von Odysseus oder wegen einer Traumerscheinung seines Vaters. In dessen Rüstung, die ihm Odysseus überlassen hatte, kämpfte er fortan. Viertens musste das Palladion geraubt werden, eine Statue der Pallas, der Freundin Athenas. Laomedons Vater Ilos hatte das vom Himmel gefallene Bildnis einst vor seinem Zelt gefunden, als Zeichen, dass Zeus in die Stadtgründung einwillige. Es handelte sich um eine altertümliche Statue mit zusammengeschlossenen Füßen, einem Speer in der Rechten, Rocken und Spindel in der Linken. Nach ihr hatten die Troianer viele Kopien gefertigt, doch waren sie alle im verborgenen Heiligtum des königlichen Palastes aufbewahrt und niemand durfte wissen, welche die echte sei, denn von ihrem Besitz hing der Bestand der Stadt ab. Als Odysseus erstmals in Troia spionierte (S. 228), verriet ihm Helene, die kleinste Statue sei die echte, und so konnte er sie, als er nächtens mit Diomedes zurückkehrte, rauben und ins Lager der Griechen

bringen, nachdem die beiden die Mauern der Stadt erklettert, die Wächter erschlagen und durch eine Abwasserschleuse sich Zugang zum Palast verschafft hatten. In die Zeit vor der Erfüllung

der Vorbedingungen fiel der Bau des hölzernen Riesenpferdes, eine List des Odysseus, die ihm Athena eingegeben hatte. Da das

Konstrukt mit der Inschrift „*Die Griechen der Athena zum Dank*"
so groß war, dass für seinen Transport in die Stadt der gewaltige steinerne Türsturz des skäischen Tores durchbrochen werden
musste, wurde von den Troianern selbst eine weitere Bedingung
erfüllt.

Das troianische Pferd, Emailmalerei aus Limoges, 16. Jh., Louvre, Paris

Während sodann Odysseus mit erlesenen Kriegern in der Bauchhöhle des Pferdes die Nacht erwartete, verbrannte das Heer die Zelte, segelte ab und verbarg sich hinter der Insel Tenedos.

Vergebens wie immer warnte Kassandra (S. 218) vor dem „Danaer-Geschenk", ebenso Laokoon (S. 220) durch seinen Speerwurf in die Flanke des Gebildes. Aineias, der die Zeichen gleichfalls richtig deutete, zog sich bereits jetzt mit den Seinen auf den Ida zurück, von wo er später in Richtung Westen floh.

Iliupersis (Untergang Troias), Hydria (G), um 480 v. Chr., Museo Archeologico Nazionale, Neapel

Die Troianer befanden sich in der folgenden Nacht nach wilder Schwelgerei im Siegesrausch, alles schlief. Nur Helene, die aus Odysseus' Mund von der List wusste (S. 228), stellte die Griechen noch auf eine harte Probe, indem sie die Helden mit den täuschend imitierten Stimmen ihrer Gattinnen anrief und Odysseus zwang, sie gewaltsam zurückzuhalten. Nur Neoptolemos drängte aus einem anderen Grund nach draußen: Er konnte das

Zeichen zum Angriff nicht erwarten und wurde dann auch zum „Helden" der blutigen Nacht, indem er Priamos erschlug und den kleinen Astyanax von der Brust der Amme riss, um ihn von der Mauer zu schleudern, wodurch das Haus des Priamos erlosch.

Der bereits wegkundige Odysseus führte Menelaos zu Helene, der zunächst ihren neuen Gatten Deiphobos erschlug, ehe er mit gezückter Waffe auf sie zustürzte, um Rache zu nehmen und sie zu töten. Da gab sie ihre Brust frei, um den tödlichen Streich zu empfangen, und Menelaos ließ die Waffe sinken. Er umarmte Helene und eilte mit ihr zu den Schiffen, um schnellstens den Heimweg anzutreten (S. 221).

Die Helden der Griechen   8.6

A.' Herkunft stand im Zusammenhang mit Zeus' Absicht, eine neue Göttergeneration zu verhindern (S. 109). Nach dem gescheiterten Versuch seiner Mutter Thetis, ihn unsterblich zu machen (S. 193), wuchs er beim Kentauren Chiron heran, bei dem er den Schnelllauf und jede Art der Kriegskunst erlernte, und der ihn, um Kraft, Kampflust und Unerschrockenheit der Tiere auf ihn zu übertragen, mit den Innereien und dem Mark von Löwen, Bären und Ebern nährte. Auch unterwies er ihn in Musik und Heilkunst. Von Chiron soll A., der zuerst Ligyron hieß, auch seinen Namen erhalten haben. Nach der Rückkehr nach Phthia wurde Patroklos, der mit seinem Vater dorthin geflüchtet war, sein bester Freund und Knappe, von Phoinix erhielt er Unterricht in der Regierungskunst.

Achilleus

Kindheit und Jugend

Da Thetis infolge einer Weissagung wusste, dass ihr einziger Sohn in ruhmlosem Alter oder jung als Held vor Troia sterben werde, gab sie ihn nach Skyros zu König Lykomedes, der ihn als Mädchen verkleidete, Pyrrha nannte und in die Frauengemächer steckte, wo A. die Königstochter Deidameia verführte und den Neoptolemos zeugte.

A. bei Lykomedes

A. war zu jung gewesen, um an der Werbung um Helene beteiligt zu sein. Da jedoch Kalchas prophezeit hatte, Troia werde nicht fallen, solange A. vom Kampf fern bleibe, griff Odysseus zu einer List. Auf die Kunde hin, A. sei am skyrischen Königshof, begab er sich dorthin mit reichem Schmuck und herrlichen Gewändern, worunter jedoch Waffen verborgen waren. Während die Frauen die schönen Gaben betrachteten, ließ Odysseus von draußen ein Signal mit der Kriegstrompete geben. A. ergriff sofort die Waffen und verriet so sich und seine Natur. Nun schämte er sich der bisher gespielten Mädchenrolle und nahm, ohne auf seine Mutter zu hören, am Kriegszug teil, zusammen mit Patroklos, Phoinix und fünfzig Schiffen der Myrmidonen.

Vielfach trat A. dabei als Hauptgestalt in Erscheinung: Iphigeneia wurde ins Lager gelockt, um angeblich ihn zu heiraten. Mit Patroklos war er der Einzige, der sich gegen Telephos wehrte (S. 201). Auf Tenedos erschlug er Tennes, den Sohn Apollons und König der Insel, der seine Schwester vor A.s Zudringlichkeiten schützen wollte, und beschwor somit die Rache Apollons herauf, die ihm seine Mutter angekündigt hatte: Apollon lenkte später den tödlichen Pfeil des Paris. Die Tötung des Kyknos zwang die Troianer zum Rückzug in die eigenen Mauern (S. 203).

Ermordung des Troilos

Noch vor Beginn der eigentlichen Belagerung schlachtete er Troilos ab, einen Sohn des Priamos und der Hekabe. An dem Brunnen, wo die troischen Frauen Wasser schöpften, lauerte er ihm auf, als er den Frauen Geleitschutz gab. Diese schickte er nach Hause, den berittenen Troilos fing er ein und mordete ihn.

In den folgenden Jahren eroberte A. zwölf Städte an der Küste, elf im Landesinneren, bei der Einnahme des hypoplakischen Theben fielen durch seine Hand Andromaches (S. 218) Vater und ihre sieben Brüder, den Aineias verjagte er vom Ida, danach auch aus Lyrnessos, von wo er jenes Beutemädchen Briseïs mitbrachte, die er mehr als jede andere liebte. Als im letzten Kriegsjahr Agamemnon das seine, die Priestertochter Chryseïs, zurückgeben musste, um Apollon zu beschwichtigen und die Pest im Lager zu beenden, erhob er als Heerführer Anspruch auf Briseïs und nahm sie A. weg, worauf dieser sich grollend zurück-

Achilleus' Zorn

zog, jede weitere Teilnahme am Kampf verweigerte und Zeus über seine Mutter Thetis bat, zur Vergeltung an Agamemnon das Kriegsglück gegen die Griechen zu wenden. Im Weiteren verhärtete er mehr und mehr in sturem Zorn, auch ein sehr anständiges Versöhnungsangebot Agamemnons schlug er aus. Erst als die Griechen zu den Schiffen zurückgedrängt wurden, die teils bereits in Flammen standen, ließ er sich erweichen, Patroklos in seiner Rüstung in den Kampf zu schicken, nicht ohne die Warnung, er solle nicht zu weit gehen. Beim übermütigen Sturm auf Troia wurde Patroklos jedoch von Hektor getötet, der so A.' Rüstung erbeutete. Namenloser Jammer ließ A. sich den Tod wünschen, dann schlug sein bisheriger Ehrzorn gegen Agamemnon um in Rachezorn gegen Hektor, den zu töten fortan sein Anliegen war, wohl wissend, dass bald nach ihm er selbst sterben werde. Nach der Aussöhnung mit Agamemnon raste er, in seiner neuen Rüstung aus der Werkstatt des Hephaistos, unter den Gegnern, schlachtete zwanzig gefangene junge Troianer an Patroklos' Grab und vermaß sich zum Kampf mit dem Flussgott Skamandros, dessen Strom mit den Leichen der von A. Getöteten verstopft war. Endlich stand er Hektor allein vor den Mauern gegenüber, jagte ihn dreimal um die Stadt und erschlug ihn. *Tötung Hektors* Unbeeindruckt von Hektors Bitte, seine Leiche unversehrt an Priamos zu übergeben, schleifte er sie zunächst am Wagen um das Lager der Griechen, dann an zwölf Tagen um das Grab des Patroklos, wo er sie, dem Geist des toten Freundes zum Trost, liegen ließ, auch fanden Patrklos zu Ehren Begräbnisspiele mit Menschenopfern statt. Endlich bat Thetis ihren Sohn nachzugeben, und als Priamos erschien, um Hektors Leiche auszulösen, fand A. im Gespräch mit dem alten Mann im Bewusstsein des eigenen frühen Todes zur Läuterung und zu innerer Größe.

Bald darauf kamen die Amazonen (S. 180) den Troianern zu Hilfe. A. tötete deren Anführerin Penthesileia, verliebte sich aber *Penthesileia* in ihren leblosen Körper.

Thersites verspottete ihn darum und A. tötete ihn mit einem Faustschlag, weshalb er sich von Odysseus entsühnen lassen und Artemis und Apollon Opfer bringen musste.

Auch den Aithiopen-König Memnon besiegte und tötete er, *Memnon* dann wurde er durch einen von Apollon gelenkten Pfeil aus Paris' Hand tödlich verwundet. Aias barg nach wildem Kampf seine Leiche.

Nach anderer Darstellung war A. der troianischen Königstochter Polyxene (S. 220) zugetan, in die er sich vor der Ermordung des Troilos oder bei der Auslösung von Hektors Leiche verliebt hatte, und verabredete sich mit ihr im Tempel des thymbräischen Apollon, bereit, für ihre Hand sogar einen Friedensvertrag mit den Troianern zu schließen. Demnach wurde er, als er unbewaffnet im Tempel erschien, heimtückisch von Paris und Deiphobos getötet.

Siebzehn Tage währte die Trauer um den toten A., die schauerliche Klage der Thetis und der Nereïden, in die die Musen miteinstimmten, ließ die Griechen entsetzt auf die Schiffe fliehen. *Achilleus' Bestattung* Am achtzehnten Tag wurde die Leiche verbrannt. Die Griechen schütteten A. einen Grabhügel auf und veranstalteten Leichenspiele, ehe es zum Streit um seine Waffen kam (S. 210). Oder seine Gebeine wurden, vermischt mit denen des Patroklos, in eine Grabstätte am Meer gebettet. Es heißt auch, Thetis habe seine

Leiche zur Insel Leuke in der Donau-Mündung fortgeschafft. Als seine Gefährtinnen dort werden Medeia, Helene und Iphigeneia genannt.

Nach wieder anderer Überlieferung entstieg sein Geist nach Troias Fall dem Grab und verlangte die Opferung der Polyxene als seinen Anteil an der Beute und Neoptolemos tötete sie über dem Grab seines Vaters.

Der „große" Aias ● Als Herakles zu Telamon nach Salamis kam, um ihn zu seinem Zug gegen Troia zu rufen (S. 180), bat er seinen Vater Zeus, dem Gastgeber einen kühnen Sohn zu schenken, unverwundbar wie sein eigenes Löwenfell. Zur Bestätigung sandte Zeus seinen Adler, den *aietós*, und so empfahl Herakles den Namen *Aias*. A. wurde zum wortkargen und verschlossenen, aber stärksten und kühnsten Streiter der Griechen nach Achilleus, ein ungepanzerter Riese in der Schlacht mit turmhohem Schild, ein Bollwerk der Achaier, wobei seine Kampfleistung in keinem Verhältnis zu den wenigen (zwölf) Schiffen stand, die er aufbot. Meist stand er im Gefecht neben seinem Halbbruder Teukros und dem „kleinen" Aias (S. 211). Hektor erschlug er im Zweikampf beinahe mit einem Felsbrocken. Als die Nacht die Kämpfer trennte, tauschten sie Geschenke aus.

A. war Mitglied der Bittgesandtschaft, die Achilleus bewegen sollte, wieder an der Schlacht teilzunehmen, tags darauf rettete er Odysseus aus Bedrängnis. Heldenhaft war sein Kampf beim Angriff der Troianer auf die Schiffe. Er half die Leiche des Patroklos bergen und rettete Rüstung und Leiche des toten Achilleus ins Lager. Unentschieden endete sein Ringkampf mit Odysseus bei den Leichenspielen für Patroklos, doch unterlag er ihm im Streit um Achilleus' Rüstung: Sie ging an Odysseus, entweder nach einer von Athena gesteuerten Abmachung oder auf Rat *Wahnsinn und* des Sehers Helenos. In maßloser Enttäuschung plante er einen *Selbstmord* nächtlichen Überfall auf die Achaier, schlachtete aber, von Athena mit Wahnsinn geschlagen, an deren Stelle eine Schafherde ab. Wieder bei Sinnen, konnte ihn auch seine Nebenfrau Tekmessa nicht mehr vom geplanten Selbstmord abbringen und er stürzte sich aus Scham in das von Hektor geschenkte Schwert. Als die rachsüchtigen Atriden seine Bestattung verhindern wollten, trat Odysseus mäßigend für ihn ein.

Nach späterer Darstellung entsprang aus Aias' Blut die Hyazinthe, deren Blütenblätter als „AI" geformt sind, nach den Anfangsbuchstaben seines Namens und nach dem Klageruf *aiai!*

Die Rüstung des Achilleus bekam er später doch noch, als das letzte Schiff des Odysseus scheiterte (S. 232) und sie an seinem Grab angespült wurde. Odysseus selbst begegnete er auch bei dessen Hadesgang (S. 230) unversöhnt.

Nach anderer Überlieferung fiel auch er wie Achilleus durch einen Pfeil des Paris. Oder die Troianer begruben ihn lebendig, weil ihn Herakles unverwundbar gemacht hatte, indem er ihn als Knaben in seine Löwenhaut wickelte.

● Er stammte als Sohn des Oileus aus Lokris, kam mit vierzig **Der „kleine" Aias** Schiffen nach Troia und erwies sich als kleiner, flinker Kämpfer und großer Speerwerfer, aber auch als arroganter Frevler, der unverhohlen seinen Hass gegen die Götter zeigte, vor allem auf Athena, die er regelrecht verfluchte, weil sie ihn im Wettlauf mit Odysseus auf Kuhmist hatte ausrutschen lassen.

Schweres Unglück über sich und die Griechen brachte er, als er Kassandra (S. 218 f) von der Statue der Athena wegriss und (nach einigen) vergewaltigte, während die Göttin mit himmelwärts gewandten Augen dalag, um diese Verruchtheit nicht sehen zu müssen. Die Griechen wollten ihn dafür steinigen, doch brachten sie es nicht über sich, da er sich an das Bildnis klammerte. Kassandra freilich wurde ihm weggenommen und dem Agamemnon als Nebenfrau gegeben.

Weil die Griechen ihn aber nicht wirklich bestraft hatten, sann Athena auf Rache sowohl an ihm als auch an Agamemnon. Deshalb kenterte die Flotte der griechischen Heimkehrer im Sturm, A.' Schiff versenkte Athena selbst, doch konnte er sich retten und prahlte, der Göttermacht getrotzt zu haben. Daraufhin zersprengte Poseidon den Felsen, auf den sich A. gerettet hatte, mit dem Dreizack und ließ ihn jämmerlich ertrinken. Thetis soll ihn auf Mykonos bestattet haben.

Aber auch nach A.' Tod war Athenas Rachedurst nicht gestillt: Lokris wurde von Plagen heimgesucht, worauf ein Orakel die Auskunft gab, es müssten alljährlich zwei Mädchen zum troianischen Athenatempel gesandt werden, unerkannt von den Troianern, ansonsten sie getötet würden.

● Ihre Zuneigung, die der sterbende Tydeus so entsetzlich ent- **Diomedes** täuschte hatte (S. 123 f), übertrug Athena auf dessen Sohn D., der mit den Epigonen kämpfte (S. 125) und über Argos herrschte, von wo er mit achtzig Schiffen gekommen war. Einer der mächtigsten Krieger nach Achilleus, mit feurigem Glanz um Haupt und Schultern, an Helm und Schild, vollführte er mit seinem Freund

Taten vor Troia und Gefährten Odysseus viele Taten: Er half, Iphigeneia nach Aulis zu locken und die Vernichtung des Palamedes ins Werk zu setzen, sorgte für die Rückholung des Philoktetes und für den Raub des Palladions (S. 204). Sogar Ares zeigte er sich überlegen, als er ihn mit seinem Speer niederstreckte. In einer Kampfpause tauschte er mit dem Troianer Glaukos die Rüstung. Er wehrte sich gegen ein Friedensangebot der Troianer ebenso wie gegen Agamemnons Fluchtgedanken, rettete den alten Nestor und verfolgte mit ihm Hektor. Von Paris wurde er durch einen Pfeilschuss verwundet. Auf nächtlichem Spähtrupp tötete er in einer heimtückischen Aktion mit Odysseus den Troianer Dolon und den Thraker Rhesos, dessen Pferde er stahl. Im Kampf gegen Pandaros und Aineias tötete er Ersteren mit dem Speer, Aineias verwundete er mit einem Felsblock schwer. Als Aphrodite ihren Sohn Aineias vor D. retten wollte, verletzte er auch sie, wobei er als Einziger ungetrübten Auges die Göttin in der Schlacht erkannte. Nun musste Apollon eingreifen, um Aineias zu retten.

Da er mit Thersites verwandt war, geriet D. mit Achilleus, der diesen getötet hatte, in heftigen Streit, bei dem er Penthesileias Leiche in den Skamandros schleuderte und so ihre feierliche Bestattung verhinderte.

Mit Athenas Hilfe gelangte D. schnell und sicher nach Hause. Dort hatte seine verlassene Frau Aigialeia zwar schlimm um ihn geschluchzt, bald jedoch in dem jungen Sthenelos-Sohn Kometes einen Tröster gefunden, auf Betreiben der Aphrodite, die sich so für die Verwundung durch D. rächte. Die neuen Verhältnisse verleideten ihm seine Heimat oder er wurde von Kometes' Angehörigen vertrieben. Er ging nach Süditalien, wo seine Gefährten in Vögel verwandelt wurden, weil sie Aphrodites Macht anzweifelten. Seither besprengen sie sein Grab auf den *Diomedischen Inseln* (Isole di Tremiti) täglich mit Wasser. Er selbst erfuhr nach dem Tod göttliche Ehren.

Neoptolemos ● N. wurde auch *Pyrrhos* genannt, entweder seiner roten Haare wegen oder weil sein Vater Achilleus am Hof des Lykomedes „Pyrrha" geheißen hatte (S. 207). Den Namen *N.* („junger Krieger" oder „Kriegserneuerer") erhielt er von Phoinix, der ihn der Weissagung des Helenos wegen mit Odysseus und Diomedes nach Troia gebracht hatte, wobei eine Traumerscheinung seines Vaters ihn überzeugen half (S. 204). Dessen Rüstung erhielt er von Odysseus und erwies sich in den letzten Kriegstagen als würdiger Sohn seines Vaters, was Kampfeslust und Brutalität betraf.

Als Insassen des hölzernen Pferdes musste ihn Odysseus gewaltsam daran hindern, vorzeitig hinauszustürmen. In der Blutnacht selbst tötete er Priamos am Zeus-Altar seines Palastes, riss Hektors Sohn Astyanax von der Brust der Amme und schleuderte ihn von der Mauer. Nach der Erscheinung von Achilleus' Geist tötete er Polyxene, der Seher Helenos und Hektors Gattin Andromache wurden zu seiner Kriegsbeute. Die Rückreise verzögerte er auf Anraten der Thetis oder er wählte den Landweg, da sie wusste, dass Apollon wegen der Entweihung des Zeus-Altars zürne. In der Heimat erhielt er Menelaos' Tochter Hermione zur Frau, die ihm für seine Verdienste im Krieg versprochen war, obwohl sie bereits mit Orestes verlobt (oder verheiratet) war. Später befanden sich beide, Orestes und N., in Delphoi, Letzterer, um sich für seine Schandtaten entsühnen zu lassen, oder um zu erfahren, warum Hermione ihm keine Kinder gebäre. Oder er wollte aus Rache für den Tod seines Vaters Apollons Tempel zerstören. Orestes nahm Hermione mit sich, nachdem er N. auf dieselbe Weise getötet hatte wie dieser den Priamos, nämlich am Altar eines Gottes. So setzte er auch dem alten Streit der Väter Agamemnon und Achilleus ein Ende.

Es heißt auch, N. habe das Heiligtum in Delphoi entweiht oder ausgeraubt und sei deshalb von den Einwohnern getötet worden. Diese schmähten auch lange sein Grab, bis sein Geist mit anderen Heroengeistern erschien und sie vor dem Überfall der Gallier rettete. Seither wurde auch er als Heros verehrt.

● N. war, bereits in den Siebzigern, der Älteste unter den Kämpfern vor Troia. Als Einziger von zwölfen war er, weil bei den Gereniern zu Gast, dem Morden des Herakles an den Söhnen des Neleus von Pylos entgangen (S. 187) und wurde so zum Thronerben. Schon in seiner Jugend raubte er bei einer Vergeltungsaktion große Herden und vollbrachte viele Taten, derer er mit Stolz und Wehmut gedachte. Bei der kalydonischen Eberjagd (S. 184) musste er sich auf einen Baum retten, mit den Kentauren kämpfte er gegen die Lapithen (S. 151). In vielen Disziplinen war er ein tüchtiger Sportler und überragte zu Fuß in der Schlacht die Wagenkämpfer. Mit ihm beriet sich Agamemnon vor dem Aufbruch nach Troia, er sollte mit Odysseus von Peleus die Mitwirkung des Achilleus an der Expedition erwirken. Menelaos hinwieder tröstete er anhand mythischer Beispiele über den Verlust seiner Gattin.

Nestor

Jugendtaten

Taten vor Troia Vor Troia hatte er die Rolle des weisen Ratgebers inne und erschien als Ideal des Greises, der auf die Entwicklung der Kriegshandlungen aufgrund seiner überlegenen Erfahrung für die Griechen stets günstigen Einfluss nahm, auch als erster Mahner und verbindlicher Berater Agamemnons. Auf seine Empfehlung hin wurden Wall und Graben gebaut, er regte die Bittgesandtschaft zu Achilleus an und veranlasste Patroklos, Achilleus umzustimmen. Als Einziger deutete er die Klagetöne nach Achilleus' Tod richtig und hielt die flüchtenden Griechen auf (S. 209). Von Memnon wurde er beinahe getötet, sein Sohn Antilochos rettete ihn und starb dabei. Voll Misstrauens gegen die griechischen Führer segelte er nach Troias Fall sofort alleine los, entging knapp dem Sturm, in dem viele umkamen, und lebte nach glücklicher Heimkehr noch lange Jahre in Pylos, wo ihn Odysseus' Sohn Telemachos auf Kundschaft nach dem Vater besuchte (S. 233).

Kalchas ● K. aus Megara (oder Mykenai) war der mitreisende Wahrsager des griechischen Heeres. Er verkündete die Notwendigkeit von Iphigeneias Opferung, deutete den Tod der neun Sperlinge in Aulis auf die Kriegsdauer und prophezeite die Zukunft durch Vogelschau. Als Achilleus neun Jahre alt war, sagte K. bereits vorher, Troia werde ohne diesen und ohne Philoktetes nicht fallen. Agamemnons Zorn zog er dadurch auf sich, dass er die Rückgabe der Priestertochter Chryseïs als Voraussetzung für das Ende der Pest im Lager nannte (S. 208). Nach einigen war er es, der zum Bau des hölzernen Pferdes riet.

Von Jugend an war K. eine Weissagung über den eigenen Tod bekannt: Er werde sterben, sobald ihm ein besserer Seher begegne, als er sei. In Kleinasien stieß er auf Mopsos, den Enkel des Teiresias (S. 120), nachdem er sich geweigert hatte, mit den Griechen die Heimreise anzutreten, da er den Untergang der Flotte vorauswusste. Im folgenden Wettstreit sagte Mopsos, anders als K., die Zahl der Ferkel im Bauch einer trächtigen Sau richtig vorher und K. starb, zu Tode betroffen. Es heißt auch, Mopsos (oder ein anderer) habe ihm, als er seinen Weingarten anlegte, geweissagt, er werde seinen eigenen Wein nicht mehr trinken. Als der Wein fertig war, wollte K. mit dem Gast darauf anstoßen, doch wiederholte dieser seine Aussage, was K. zu solch unmäßigem Gelächter veranlasste, dass er daran starb.

Andere ● Machaon und Podaleirios aus Thessalien, Söhne des Asklepios (S. 81), von dem sie ihre Kenntnisse hatten, waren Kämpfer und Ärzte zugleich. Der jüngere P. war der glänzende Diagnostiker und erkannte zum Beispiel als Erster den Wahnsinn des Aias, M. der geschickte Chirurg. Auch sie waren unter Helenes Freiern gewesen und kamen mit dreißig Schiffen nach Troia. Beide heilten sie Philoktetes' Wunde, so dass er später Paris töten konnte. M., von Paris' Pfeil verwundet und von Nestor und dessen Nebenfrau Hekamede gepflegt, heilte seinerseits die Wunde des Menelaos nach dem Pfeilschuss des Pandaros, mit dem dieser den Waffenstillstand gebrochen hatte. Nach einigen wurde M. von Penthesileia (S. 209) getötet, Nestor brachte seine Gebeine nach Hellas zurück. P. gehörte zu den Insassen des hölzernen Pferds. Später hieß ihn das delphische Orakel eine Wohnung suchen, wo ihm der Einsturz des Himmels nichts anhaben könne, und er wählte die rings von Bergen umgebene Chersones zum Wohnsitz, wo er auch gestrandet war. Dort heiratete er die Königstochter Syrna, die er nach einem Sturz vom Dach geheilt hatte.

Machaon und Podaleirios

Idomeneus, ein Sohn Deukalions (S. 110) und Enkel des Minos (S. 145), war persönlich als Freier Helenes erschienen, ohne nur Boten zu schicken, und beteiligte sich mit achtzig Schiffen am Zug. Obwohl schon älter, bewährte er sich in Kämpfen mit Hektor und Aineias. Nach den einen war ihm glückliche Heimkehr beschieden, nach anderen wurde er gerade wegen des Unglücks dabei berühmt: Während eines gewaltigen Sturms gelobte er, das erste Lebewesen, das ihm nach der Landung auf Kreta begegne, dem Poseidon zu opfern. Dies aber war sein Sohn, der ihn bewillkommnen wollte, oder auch seine Tochter. Ob er sein Kind opferte oder nicht – wegen seiner Tat (oder Unterlassung) brach die Pest aus und sein Volk vertrieb ihn in den äußersten Winkel Süditaliens.

Idomeneus

Palamedes galt, seinem Namen entsprechend, als geschickter, vielseitiger Erfinder von Maßen und Gewichten, mehrerer Buchstaben und einiger Spiele, auch der Feuersignale, und konkurrierte darin mit Prometheus (A.8.2) und Daidalos (S. 147). Als nützlicher Diener Agamemnons musste er zusammen mit Menelaos die Teilnehmer zusammentreiben. Auch gehörte er zu den Unterhändlern, die den Streit um Helene diplomatisch beilegen wollten. Seit er Odysseus überführt hatte (S. 227), war er Opfer von dessen unversöhnlichem Hass und Odysseus nahm nach einer Erzählung Rache, indem er ihn mit Diomedes beim Fischen überfiel und ertränkte, nach einer anderen mittels einer Intrige, die P. zum ersten Schulbeispiel eines Justizmords werden ließ: Durch gefälschte Botschaften, angeblich des Priamos, geriet er in Verdacht, von den Troianern mit Gold bestochen zu sein, und

Palamedes

wurde vom Heer gesteinigt. Oder Odysseus und Diomedes erschlugen ihn mit Steinen in einem Brunnen, in dem er auf der
beiden Rat hin nach Gold suchte. Sein Vater Nauplios erschien
daraufhin vor Troia, um Genugtuung zu verlangen, wurde aber
abgewiesen, weshalb er viele Frauen gegen ihre heimkehrenden
Männer aufhetzte und einige Schiffe zum Kentern brachte, indem er an der Küste Euboias Irrlichter aufstellen ließ.

8.7 Die Hauptgestalten der Troianer

Priamos ● P. – der Name (aus *peramos*) bedeutet „König" – erfreute sich
lange Jahre nicht nur einer blühenden, weit reichenden Herrschaft, sondern auch einer Kinderschar von fünfzig Söhnen und
fünfzig Töchtern, von denen er freilich eine Vielzahl sterben sah.
In seiner Jugend soll er gegen die Amazonen (S. 180) gekämpft
haben. Während der Belagerung Troias war er ein alter, fast le-
bensmüde wirkender Mann, der auf seine Söhne nicht immer
große Stücke hielt, andererseits von ihnen im Rat beherrscht
wurde. Helene gegenüber war er stets freundlich. Die griechischen Helden genossen seine Bewunderung, er hinwieder war
der einzige Troianer, dem die Griechen trauten, und so wurde
er vor dem Zweikampf des Menelaos mit Paris als Schwurzeuge
bestellt. Lange vor Kriegsende hatte er Ahnungen vom Untergang Troias und der Seinen. Nach einer Darstellung musste er
mit seiner Gattin Hekabe mitansehen, wie der letzte Thronerbe, der kleine Astyanax, getötet wurde. Ihn selbst enthauptete
Neoptolemos. (Vgl. auch S. 180 f.)

Hekabe ● H. war die zweite Gattin und Hauptfrau des Priamos, dem
sie neunzehn Kinder gebar, darunter Hektor, Paris, Troilos und
Kassandra. Als (von Odysseus) versklavte Königin und vielfache
Mutter, die alle Kinder verlor, wurde sie zur Symbolfigur für den
Untergang Troias und für den Unbestand menschlichen Glücks
und Geschicks überhaupt. Vergeblich versuchte sie Hektor vom
Kampf mit Achilleus und ihren Gatten vom Bittgang in Achilleus'
Zelt abzuhalten. Nach späterer Darstellung war sie Augenzeugin,
als Neoptolemos Priamos und einen ihrer Söhne niedermachte.
    Es heißt, H. habe auf dem Weg nach Hellas an der thraki-
schen Küste die Leiche ihres Sohnes Polydoros gefunden, der
mit reichem Erbteil an Gold in den Schutz des Königs Polymestor gegeben, von diesem aber aus Habgier getötet worden war –
ein letzter Schicksalsschlag, der sie endgültig zum Rachedämon

werden ließ: Sie lockte Polymestor in ihr Zelt, tötete mit Hilfe anderer Troianerinnen seine Kinder und blendete ihn, worauf er ihr weissagte, sie werde in eine Hündin mit feurigen Augen verwandelt. Oder sie wurde von den Thrakern gesteinigt, biss in einen Stein und konnte nur noch bellen, nachdem sie im Tod zur Hündin geworden war. In dieser Gestalt suchte sie die Chersones heim, vielleicht in Verbindung mit Hekate (S. 87), der Hunde heilig waren.

● P. erscheint in den Kämpfen vor Troia auch als *Alexandros*   **Paris**
(„der seine Mannen verteidigt"). Mit Helene lebte er nach deren Entführung in Troia, im Vergleich mit dem verantwortungsvollen Hektor der unrühmliche Bruder, der lieber seiner Gemahlin als dem Kampfgeschehen beiwohnte. Andererseits war er ein geschickter Bogenschütze, der einmal sogar die Vorkämpfer der Griechen herausforderte. Aus dem Zweikampf mit Menelaos, der ihn bereits am Helmriemen mit sich schleifte, wurde er allerdings nur mit Hilfe Aphrodites gerettet, die ihn mit einer Nebelwolke ins Schlafgemach entrückte, wo ihn Helene zwar als feige ausschalt, sich umgehend aber von ihm betören ließ. Ausgerechnet er, der schöne, aber so gut wie kriegsuntaugliche Frauenheld, war es, der, wie von Hektor vorausgesagt, Achilleus mit Apollons Beistand tötete. Er selbst starb durch einen der vergifteten Pfeile des Philoktetes, Menelaos schändete seine Leiche. Nach anderen wurde er zunächst nur verletzt, starb aber, weil die Nymphe Oinone (S. 197), die er einst Helenes wegen verlassen hatte, sich weigerte, ihn mit ihren Heilmitteln zu retten.

● *H.*, der „Erhalter der Stadt", war der Erstgeborene und der   **Hektor**
Lieblingssohn von Priamos und Hekabe, dazu der bedeutendste Kämpfer und Anführer der Troianer, schlug andererseits aber dem troianischen Rat vor, Helene dem Gatten zurückzugeben, und tadelte seinen ungleichen Bruder Paris ihrer Entführung wegen. Er galt als Inbegriff ritterlicher Gesinnung und des Pflichtgefühls gegenüber der Stadt, auch um den Preis des eigenen Lebens, und repräsentierte später neben Cäsar und Alexander das antike Heroentum überhaupt.

Zu Beginn der Kampfhandlungen tötete er Protesilaos (S. 203). Um eine Entscheidung herbeizuführen, wem Helene angehören solle, veranlasste er den Zweikampf zwischen Menelaos und Paris, er selbst focht unentschieden mit Aias und tauschte mit ihm Geschenke aus. Er sprengte das Tor zum Lager der Griechen, musste nach Aias' Steinwurf aber betäubt aus der

Schlacht getragen werden. Von Apollon geheilt, verfolgte er die Griechen bis zu den Schiffen, steckte eines in Brand, gab dem von Apollon bereits geschlagenen Patroklos den Gnadenstoß und erbeutete im Kampf um dessen Leiche die Rüstung des Achilleus. Diesem stellte er sich als letzter und einziger Troianer entgegen, nachdem ihn Athena in Gestalt seines Bruders Deiphobos listig dazu ermutigt hatte, wurde jedoch, nach der Schicksalswägung auch von Apollon verlassen, von Achilleus erlegt. Seine Leiche schleifte dieser zwölf Tage an den durchbohrten Fersen um das Grab des Patroklos. Fortan schützten sie jedoch Aphrodite und Apollon vor Misshandlung und Verwesung. Gegen reiche Geschenke löste Priamos sie aus (S. 209). Während H. beklagt und bestattet wurde, herrschte zwölf Tage Kampfpause.

H. wurde später als Heilheros verehrt.

Andromache ● A., die Gattin Hektors, trug als „Manneskämpferin" einen Amazonen-Namen. Sie war die Tochter des Königs Eëtion von Theben (in der Troas), den Achilleus mit seinen sieben Söhnen erschlug, wie später auch ihren Gatten. Ihre letzte Begegnung mit diesem auf der Mauer Troias war geprägt von Vorahnungen über seinen baldigen Tod. Vergeblich versuchte sie in Troias Schreckensnacht den Tod ihres Söhnchens Astyanax zu verhindern, ehe sie von Neoptolemos (S. 212 f) als Sklavin nach Phthia gebracht wurde. Ihm gebar sie drei Söhne, um die sie Neoptolemos' Gattin Hermione so sehr beneidete, dass sie sie umbringen wollte, doch wurde sie von Peleus beschützt. Nach Neoptolemos' Tod in Delphoi herrschte sie als Gattin des Helenos (S. 219) in Epeiros.

Kassandra ● K., Priamos' und Hekabes schönste Tochter, wurde in ihrer Jugend von Apollon umworben, der sie in der Hoffnung auf ihre Gunst die Weissagung lehrte, jedoch, als sie ihn zurückwies, dazu verdammte, stets die Wahrheit zu prophezeien, nie aber Gehör zu finden. Es heißt, zwei Schlangen hätten, als sie mit ihrem Zwillingsbruder Helenos am Festtag Apollons im Tempel spielte, den Kindern Mund und Ohren geleckt und ihnen so die Gabe der Prophetie verliehen. Als K. bei ihrer ersten Weissagung in ekstatische Trance verfiel, hielten ihre Eltern sie für wahnsinnig. Vor Paris' Geburt deutete sie Hekabes Schreckenstraum, den zurückgekehrten Paris (S. 197) erkannte sie als Königssohn, auch sagte sie das von ihm verursachte Unglück und Troias Untergang noch vor der Entführung Helenes voraus und warnte vergeblich vor dem hölzernen Pferd. Ihre Vergewaltigung durch

Aias tut Kassandra Gewalt an, Volutenkrater (G), um 350 v. Chr., Museo
Archeologico Nazionale, Neapel

Aias (S. 211) wurde zur Ursache für den Untergang eines Teils
der Griechenflotte.

K. fiel Agamemnon als Beutefrau zu und gebar ihm zwei
Söhne. Auch dass sie wie Agamemnon von Klytaimnestras Hand
sterben werde, hatte sie vorausgesehen. Den Tod vor Augen, tat
sie die vergangenen und künftigen Schrecknisse des Atriden-
Geschlechts kund.

● H., der die Sehergabe wie seine Schwester Kassandra erhalten hatte, prophezeite Unheil für den Fall, dass Paris nach Sparta
gehe. Am Kampfgeschehen vor Troia war er tatkräftig beteiligt,
fiel jedoch durch eine List des Odysseus am Ida in die Hände
der Feinde und nannte unter Zwang die Bedingungen für Troias

Helenos

Fall (S. 204). Oder er ließ sich nach Paris' Tod absichtlich von den Griechen fangen, weil die Troianer Helene seinem Bruder Deiphobos, nicht ihm zur Frau gegeben hatten. Später fiel er Neoptolemos zu und erhielt nach einer Überlieferung von ihm Andromache zur Frau. Er erbaute Buthroton an der Küste von Epeiros und wurde dort der Herrscher eines „neuen Troia".

Polyxene ● P. gehörte zu den Frauen, die Achilleus vor der Ermordung des Troilos zurück nach Troia schickte (S. 208). Dabei, oder bei einem Opfer, soll er sich nach späterer Darstellung in sie verliebt haben, ihretwegen habe er die Griechen sogar verraten wollen. Hektor widersetzte sich der Verbindung, nach seinem Tod aber kam es zu einem heimlichen Treffen mit Achilleus im Apollon-Tempel, wobei ihn Paris hinterrücks erschoss, um seinen Bruder zu rächen (S. 209). Zur Sühne habe Achilleus' Geist nach Troias Fall P.s Opferung verlangt, indem er bei der Verteilung der Beutefrauen auf dem Grab erschien und sie als seinen Anteil verlangte. Neoptolemos vollführte den Befehl, sie auf dem Grab zu schlachten, damit sie Achilleus im Jenseits Gesellschaft leisten könne – die griechische Version des Leonoren-Motivs, wonach der tote Bräutigam die Braut zu sich ins Grab zieht.

Laokoon ● Um seiner Warnung vor dem hölzernen Pferd Nachdruck zu verleihen, schleuderte der Priester L. einen Speer in dessen Flanke. Als er sodann durch das Los bestimmt wurde, mit seinen Söhnen am Strand Poseidon ein Stieropfer zu bringen, wurden alle drei von riesigen Meerschlangen, die aus Tenedos kamen, erwürgt.

Von den Troianern wurde ihr Tod als Strafe für die Beschädigung des Pferdes fehlgedeutet, auch bekräftigte der griechische Spion Sinon den Entschluss, es in die Stadt zu schaffen, und verstand sie zu überzeugen, dass der Vernichtung des Pferdes die der Stadt folgen, Troia aber mit ihm in seinen Mauern weiter bestehen werde, da es Ersatz für das geraubte Palladion sei. Dahinter steckte Athenas Absicht, die Troianer ihr Schicksal selbst besiegeln zu lassen, was sie dann auch taten, indem sie, da das skäische Tor zu niedrig war, eine Bresche in den Türsturz schlugen und das Pferd samt Insassen in die Stadt zogen.

Es heißt auch, Laokoon habe als Priester des Apollon gegen dessen Willen geheiratet und vor der Statue des Gottes sich mit seiner Gattin vereinigt. Sein Tod sei dafür die Strafe gewesen. Die Schlangen hätten sich im Apollon-Tempel verborgen, nach anderen unter Athenas Statue – ein Vorverweis auf den Untergang des

El Greco (1541–1614), *Laokoon*, National Gallery of Art, Washington

Königshauses, auf den sich Athena und Apollon nun geeinigt hatten. Einzig Aineias deutete das Zeichen mit den Schlangen richtig und zog sich mit den Seinen auf den Ida zurück.

Das Schicksal der Atriden nach Troias Fall 8.8

● Nachdem Menelaos Deiphobos getötet hatte, der nach Paris' Tod Helenes Gatte war, wollte er, wie lange geplant, auch die Ungetreue selbst umbringen, doch hinderten ihn deren Schönheit und Aphrodites Macht (S. 207). Auch von seinem Versprechen an die gefangenen troianischen Frauen, Helene nach der Rückkehr zu töten, war in Sparta nicht mehr die Rede. Allerdings wurde die Heimkehr schwierig, weil er vergessen oder unterlassen hatte, die Götter des besiegten Troia zu besänftigen und Zeus zu opfern: Er verlor fünfundvierzig von fünfzig Schiffen, dazu seinen Steuermann Phrontis, den Apollon erschoss, und nachdem er an viele Küsten getrieben worden war, scheiterte er vor Kreta und wurde von dort nach Ägypten verschlagen, wo er mit sei-

Menelaos und Helene

ner Gemahlin einige Jahre blieb und zu großem Reichtum kam. Schließlich bemächtigte er sich auf der Insel Pharos des Proteus (S. 42), erzwang Auskunft über seine Heimfahrt, brachte die nötigen Opfer dar und erreichte nun mit günstigen Winden Sparta, sieben Jahre nach der Abfahrt von Troia.

Unterwegs kam er nach einer Erzählung durch Mykenai, als eben Klytaimnestra und Aigisthos bestattet wurden und Orestes für den Muttermord hingerichtet werden sollte (S. 223), nachdem ihn sein Großvater Tyndareos vor Gericht gestellt hatte. Als Menelaos Orestes' Hilfeersuchen ablehnte, wollte dieser Helene töten, auch als Strafe für das Leid, das sie über sein Haus gebracht hatte, doch wurde sie, von Aphrodite entrückt, zur Schutzpatronin der Seeleute, denen sie seither als Elmsfeuer erscheint. Menelaos überredete schließlich das Volk, die Todesstrafe für Orestes in einjährige Verbannung umzuwandeln.

In Sparta verheiratete Menelaos seine Tochter Hermione mit Neoptolemos (S. 212). Telemachos besuchte ihn drei Jahre später auf der Suche nach seinem Vater. Lange lebte Menelaos noch mit Helene in Wohlstand und Behagen, ehe sie gemäß der Weissagung des Proteus nach ihrem Tod als Unsterbliche in die Elysischen Gefilde kamen. Orestes folgte Menelaos auf den Thron.

Nach anderer Darstellung wurde Helene nach Menelaos' Tod nach Rhodos vertrieben und dort von den Frauen um die Tlepolemos-Witwe Polyxo, die sich als Erinyen verkleidet hatten, gejagt und an einem Baum aufgehängt, als Rache für Tlepolemos' Tod vor Troia.

Es heißt auch, Paris habe nur ein Trugbild der Helene nach Troia entführt, sie selbst sei in Ägypten bei Proteus gewesen, der Krieg also um ein Phantom geführt worden (S. 199). Menelaos fand sie demnach als Schiffbrüchiger. Das Trugbild verschwand und er führte die echte Helene nach Hause.

Agamemnons Ermordung ● Nach einer Version wurde Iphigeneia in Aulis wirklich geopfert, was Klytaimnestra Agamemnon nie verzieh. Als er mit Kassandra als Konkubine zurück nach Mykenai kam, wurde er, als er der Badewanne entstieg, von seiner Gattin erschlagen, mit Hilfe des Aigisthos, der inzwischen trotz Hermes' Warnung nach Mykenai zurückgekommen war, um seine und des Thyestes Vertreibung (S. 130 f) zu rächen, und zum Liebhaber Klytaimnestras geworden war: Zwei- oder dreimal schlug sie mit dem Beil zu, als Agamemnon sich hilflos in das Netz verwickelt hatte, das sie über ihn warf. Kassandra war bereits erschlagen und konnte ihn nicht mehr warnen. Es heißt aber auch, Aigisthos habe den heimgekehrten Agamemnon zu einem Fest geladen und dort mit seinen Mannen abgeschlachtet wie einen Stier, aus Furcht, von Agamemnon wieder vertrieben zu werden. Aigisthos regierte noch sieben Jahre, ehe er Opfer der Blutrache durch die Hand des Orestes wurde, den seine Schwester (oder seine Amme) nach Klytaimnestras Bluttat nach Phokis in Sicherheit gebracht hatte.

● Bei seinem Onkel Strophios in Phokis gewann Orestes Pylades als Freund und Begleiter. Als das Orakel in Delphoi seinen Entschluss, den Vater zu rächen, bekräftigte, obschon er so zum Muttermörder werden musste, schenkte ihm Apollon einen Bogen zur Verteidigung gegen die Erinyen.

Orestes' Rache

Im achten Jahr nach dem Mord an seinem Vater kehrte Orestes zurück und gab sich an dessen Grab Elektra zu erkennen, die inzwischen an einen armen Bauern verheiratet worden war, um keinen adeligen Rächer gebären zu können. Im Hause Klytaimnestras ständig gedemütigt und erniedrigt, hatte sie sich inzwischen in abgründigen Hass gegen Aigisthos und die Mutter gesteigert und trieb Orestes zur Mordtat. Nach dieser wurde er von den Erinyen verfolgt, die Klytaimnestras Schatten aufgescheucht hatte, und auch der Bogen Apollons konnte ihm nicht helfen. Zuletzt suchte er Zuflucht am Omphalos, dem heiligen Orakelstein in Delphoi, um sich entsühnen zu lassen. Obwohl nun vor dem obersten Gericht in Athen Apollon die Verantwortung übernahm, Athena den entscheidenden Stein für Orestes wegen des Vorrangs des Vaters vor der Mutter einlegte und er freigesprochen wurde, verfolgte ihn ein Teil der Erinyen weiter. Verzweifelt warf er sich endlich vor den Altar in Delphoi und flehte um Rat, drohend, er werde sich ansonsten töten. Jetzt erhielt er die Weisung, die vom Himmel gefallene Artemis-Statue aus dem Land der Taurer zu holen, wo Iphigeneia als Priesterin diente (S. 200). Als er mit Pylades von ihr geopfert werden sollte, erkannten sich die Geschwister und flohen mit der Statue, womit Orestes endgültig vom Fluch befreit war. Als Elektra die fälschliche Nachricht erhielt, Orestes sei bei den Taurern zu Tode gekommen, machte sie sich auf nach Delphoi. Dort trafen die Geschwister zusammen, erkannten sich aber erst, nachdem Elektra Iphigeneia hatte blenden wollen, weil sie sie für Orestes' Mörderin hielt.

Nach der Tötung des Neoptolemos und der Heirat mit Hermione regierte Orestes über Argos, nach einigen auch über Sparta. Elektra verheiratete er mit Pylades, Iphigeneia wurde wieder Artemis-Priesterin.

Zur Erinnerung an Orestes' Heilung wurden mehrere Heiligtümer gegründet, eines in Megalopolis, wo er sich, von den Erinyen getrieben, einen Finger abgebissen und sie so versöhnt haben soll. Nach anderer Erzählung starb er in Arkadien am Biss einer Giftschlange und wurde in Tegea beigesetzt, wo später ein Spartaner auf einen Hinweis des delphischen Orakels hin seine Gebeine fand, welche die Spartaner als Reliquien in ihre Stadt holten. Seither blieben sie in den Kriegen gegen die Tegeaten stets siegreich.

Zusammenfassung

Der Troianische Krieg hatte seine Ursache im Streit dreier Göttinnen während der Hochzeit von Peleus und Thetis um den Schönheitspreis, den goldenen Apfel der Eris.

Das Urteil des troianischen Königssohns Paris, der Aphrodite zur Schönsten erklärte, hatte Helenes Entführung zur Folge, diese den Rachefeldzug der Griechen, deren Könige eidlich zur Teilnahme verpflichtet waren.

Die erste Expedition scheiterte, weil die Flotte ihr Ziel verfehlte und in Mysien landete; doch führte die Verwundung des dortigen Königs Telephos dazu, dass ihnen Jahre später der richtige Weg gezeigt wurde.

Nach neun Jahren der Belagerung mit wechselndem Kriegsglück und dem Tod vieler Heroen (z. B. Hektors und des Achilleus) fiel Troia im zehnten, nachdem einige geweissagte Bedingungen erfüllt waren, wie der Raub des Palladions.

Mit dem hölzernen Pferd gelang den Griechen die Überlistung der Troianer, an denen die Eroberer in der Schreckensnacht der Zerstörung zahlreiche Gräuel verübten.

Deretwegen zogen sie sich den Zorn auch der ihnen bislang wohlgesonnenen Götter zu und viele kamen auf dem Heimweg um.

Menelaos erreichte mit der wiedergewonnenen Gattin Helene nach langjähriger Irrfahrt Sparta, sein Bruder Agamemnon jedoch wurde zu Hause in Mykenai Opfer des Mordanschlags seiner Gemahlin Klytaimnestra.

Orestes nahm an der Mutter Rache für den Vater und erlangte erst nach langer Verfolgung durch die Erinyen Befreiung vom Fluch des Muttermörders.

Literatur

Backès, J.-L. (1984): *Le Mythe d' Hélène*. Clermont-Ferrand

Busch, J. (1951): *Das Geschlecht der Atriden in Mykenai. Eine Stoffgeschichte der dramatischen Bearbeitungen in der Weltliteratur*. Göttingen

Clairmont, C. W. (1951): *Das Parisurteil in der antiken Kunst*. Zürich

Fuhrmann, G. (1950): *Der Atriden-Mythos im modernen Drama*. Würzburg

Homeyer, H. (1977): *Die spartanische Helena und der troianische Krieg*. Wiesbaden

Kemp-Lindemann, D. (1975): *Darstellungen des Achilleus in griechischer und römischer Kunst*. Bern/Frankfurt am Main

Latacz, J. (1995): *Achilleus. Wandlungen eines europäischen Heldenbildes*. Stuttgart/Leipzig

Schefold, K./Jung, F. (1989): *Die klassischen und hellenistischen Bilder der Sagen von den Argonauten, von Theben und Troia*. München

Scherer, M. (1964): *The Legends of Troy in Art and Literature*. New York/London

Fragen

1. Beschreiben Sie die Rolle der Göttin Athena im Verlauf der Geschehnisse um Troia, angefangen von der Hochzeit des Peleus und der Thetis bis zur Entsühnung des Orestes!

2. Inwiefern kamen während der beiden Kriegszüge dem Myser-König Telephos und dem Seher Kalchas wichtige Aufgaben zu?

3. Erläutern Sie die Rolle der Atriden Agamemnon und Menelaos im Rahmen des Troianischen Kriegs!

4. Nennen Sie die geweissagten Bedingungen für die Eroberung Troias!

5. Vergleichen Sie die Vorkämpfer der feindlichen Heere, Hektor und Achilleus!

Odysseus   9.

Vor dem Zug nach Troia   9.1

● O. gilt als einziger Sohn von Laërtes und Antikleia, doch soll diese zur Zeit ihrer Heirat bereits von Sisyphos (S. 88) schwanger gewesen sein, der sie verführte, weil ihr Vater, der Meisterdieb

Kindheits- und Jugendgeschichten

Autolykos, ihm eine Rinderherde gestohlen hatte. Oder Autolykos hatte seine Tochter bewusst mit Sisyphos zusammengeführt, damit aus der Verbindung sich ein solch listig-verschlagener Enkel ergebe, wie er es dann wirklich wurde. Als O.' Großvater später auf Ithaka weilte und gebeten wurde, dem Neugeborenen einen Namen zu geben, nannte er ihn *Odysseus*, den „Gehassten", weil ihn, Autolykos, so viele Menschen hassten und er mit so vielen in Streit lebte (oder weil er sie selbst hasste). Über seine Mutter stammte O. von Hermes ab, über seinen Vater von Zeus. Seit seiner Geburt im Umkreis eines Heiligtums der Athena in Boiotien stand er unter der Obhut dieser Göttin.

Namengebung

Weil Autolykos ihm für die Zeit, da er groß genug sein werde, sie selbst am Parnass abzuholen, reiche Geschenke versprochen hatte, stattete O. in späteren Jahren dort seinem Großvater und dessen Söhnen einen Besuch ab. Damals zog er sich bei einer Eberjagd eine lange Wunde an der Hüfte zu, an der ihn seine alte Amme später erkannte (S. 235).

Die Narbe durch den Eber

Als junger Mann wurde er nach Messenien gesandt, um aus Ithaka geraubte Schafe wiederzugewinnen. Unterwegs traf er auf Iphitos, der nach den Pferden suchte, die aus Oichalia seit Herakles' Abschied verschwunden waren (S. 186), und freundete sich mit ihm an. Iphitos schenkte ihm auch den berühmten Bogen seines Vaters Eurytos, den O. jedoch nie im Krieg gebrauchte, obschon er später jenes Pfeilgift bekam, das ihm ein Medeia-Enkel zuvor verweigert hatte.

Der Bogen des Eurytos

Die Gewinnung der Penelope

● Im Rahmen seiner Brautwerbung lieferte O. einen ersten Beweis für seine sprichwörtliche Listigkeit: Obwohl er wusste, dass er für eine ernsthafte Bewerbung um Helene zu arm sei, gesellte er sich der Schar ihrer Freier bei und bot dem Brautvater Tyndareos seinen Rat an: Als die Streitereien unter den Freiern auszuarten drohten, empfahl er, alle eidlich zur Hilfe für den zu verpflichten, dem Helene letztlich zugesprochen werde, falls er der schönen Gattin wegen Ungemach erleide. Als Belohnung für den guten Rat setzte sich Tyndareos bei seinem Bruder Ikarios erfolgreich dafür ein, dass O. Penelope zur Frau bekam.

Der Eid der Freier Helenes

Nach anderer Darstellung veranstaltete Ikarios unter den Freiern einen Wettlauf, bei dem sich O. als der Schnellste erwies. Auf dem Weg nach Ithaka wurde das Brautpaar von Ikarios eingeholt, der seine Tochter zurückerbat, doch folgte sie O., als dieser sie zornig vor die Wahl stellte.

● Nachdem Laërtes zugunsten seines Sohnes abgedankt hatte, **Die Entdeckung**
herrschte O. über Ithaka, einige benachbarte Inseln und Teile des **des Trugs**
Festlands. Witz und Schlauheit in Verbindung mit Frömmigkeit
ließen ihn bald zu Athenas Liebling werden.

Als nach Helenes Entführung ihr Gatte Menelaos und Palamedes durch Griechenland reisten, um die Herrscher an ihre
Eidespflicht zu erinnern, und dabei auch nach Ithaka kamen,
gab O. sich wahnsinnig: Eine lächerliche Kappe auf dem Kopf,
spannte er Pferd und Ochse zusammen unters Joch, streute Salz
in die Ackerfurchen und begann zu pflügen. Als ihm Palamedes jedoch den neugeborenen Telemachos vor den Pflug legte,
hob O. diesen geistesgegenwärtig über sein Söhnchen. So verriet
er sich und gab die Verstellung auf, hegte seither jedoch gegen
Palamedes tiefen Rachehass (S. 215 f).

Odysseus im Troianischen Krieg   9.2

O. seinerseits überlistete den unter den Töchtern des Lykomedes
versteckten Achilleus und bewegte ihn zur Teilnahme am Kriegszug (S. 207). Vergebens war jedoch sein Versuch, auch Kinyras
von Kypros zu gewinnen: Dieser schenkte zwar Agamemnon   *Die List des Kinyras*
einen herrlichen Brustpanzer und versprach auch fünfzig Schif-
fe, schickte jedoch nur eines und bildete die restlichen neun-
undvierzig samt Besatzung aus Ton, so dass sie beim Stapellauf
untergehen mussten. O. selbst nahm mit zwölf Schiffen teil.

Als die Flotte in Aulis festsaß, lockte O. Iphigeneia ins Lager
(S. 200) und opferte sie nach einer Überlieferung sogar selbst.
Er brachte die Griechen dazu, Philoktetes seiner schrecklichen
Wunde wegen auf Lemnos auszusetzen (S. 203), mit Achilleus
stritt er sich auf Tenedos, ob Troia mit List oder mit Gewalt zu
nehmen sei. Er erkannte die Bedeutung des Orakels, das sich auf
die Heilung der Wunde des Telephos bezog (S. 202). Mit Menelaos versuchte er Helenes Herausgabe auf dem Verhandlungsweg
zu erreichen, wurde jedoch beinahe umgebracht und nur durch
das Eingreifen des friedliebenden Antenor gerettet, den er dafür
später, nach Troias Fall, durch ein an seine Tür gehängtes Pan-
therfell vor dem allgemeinen Gemetzel schützte.

Zur Beschwichtigung Apollons führte O., als die Pest im Lager wütete, die Versöhnungsgesandtschaft nach Chryse. Später
verhinderte er den vorzeitigen Aufbruch des Heeres und züchtig-
te Thersites für seine frechen Reden. Achilleus reinigte er nach
dem Totschlag an diesem von der Blutschuld. Durch nieder-

trächtige Intrigen bewirkte O. die Steinigung des Palamedes
(S. 215) oder er ertränkte ihn selbst mit Diomedes, mit dem er
eine Reihe von Taten vollbrachte. Als Diomedes sich jedoch für
die Rettung des von Hektor hart bedrängten Nestor einsetzte, ließ
O. ihn allein und floh, wie er sich überhaupt weniger durch kriegerische Heldentaten hervortat als vielmehr durch scharfsichtige
Ratschläge und überzeugende Reden. Freilich blieb, wie Phoinix
und Aias, auch er als Mitglied der Bittgesandtschaft an Achilleus
(S. 208) trotz aller rednerischen Fertigkeit erfolglos.

An der Ermordung des Spähers Dolon war er ebenso beteiligt
wie am Gemetzel unter dem Gefolge des Thraker-Königs Rhesos.
Als Bettler verkleidet drang er, um zu spionieren, in Troia ein,
wobei ihn Helene erkannte, aber nicht verriet. Sie badete ihn und
gab ihm neue Kleider, er enthüllte ihr als Dank die Absichten der
Griechen und sie berieten zusammen die List mit dem hölzernen
Pferd. Ehe er sich aus der Stadt davonmachte, erschlug er einige
Troianer und erlauschte die feindlichen Pläne.

Nach Achilleus' Tod deckte O. Aias bei der Bergung des Leich-
nams. Sein rhetorisches Geschick verhalf ihm dazu, den Wettstreit mit Aias um Achilleus' Waffen für sich zu entscheiden,
womit er indirekt Aias' Selbstmord bewirkte (S. 210).

Vom gefangenen Seher Helenos (S. 219), der (nach der einen
Darstellung) seinen Landsleuten zürnte, weil sie Helene nach
Paris' Tod nicht ihm, sondern Deiphobos zugesprochen hatten,
erfuhr er die Bedingungen für Troias Fall und sorgte für deren
Umsetzung: Achilleus' Sohn Neoptolemos und den auf Lemnos
ausgesetzten Philoktetes überredete er zur Teilnahme am Kampf,
mit Diomedes zusammen stahl er das Palladion, an dessen Besitz Troias Sicherheit geknüpft war, wobei ihnen Antenors Gattin
Theano half. Der Bau des hölzernen Pferdes geht auf seinen Einfall zurück, gezimmert wurde es von Epeiros. O. kommandierte
die nächtens darin verborgenen Krieger und hatte sein ganzes
Geschick aufzubieten, um sie zurückzuhalten, als Helene die
Stimmen der Helden-Gattinnen imitierte und alle nach draußen
wollten (S. 206).

Nach Troias Fall drängte O., so eine Erzählung, auf die
Tötung des Astyanax, um einen möglichen Rächer zu beseitigen,
oder er tötete ihn selbst. Für den Frevel an Kassandra (S. 211)
wollte er den kleinen Aias steinigen lassen, da er die Vergeltung
der Götter an den nach Hause Segelnden vorausahnte.

Irrfahrten und Heimkehr   9.3

● Nach der Abfahrt von Troia eroberte O. die Kikonen-Stadt **Kikonen,**
Ismaros, verlor aber im anschließenden Gefecht zweiundsiebzig **Lotophagen,**
Mann. Er verschonte den Apollon-Priester Maron und erhielt **Polyphemos**
dafür nebst reichen Geschenken kostbaren Wein.

Nach neun Tagen verschlug ihn der Sturm zu den Lotos-
Essern, bei denen die Gefährten, die vom Lotos kosteten, Ver-
stand und Gedächtnis verloren. Gewaltsam wurden sie auf die
Schiffe zurückgebracht.

Nachdem O. die übrigen Schiffe auf einer benachbarten Insel
zurückgelassen hatte, landete er mit dem seinen auf der Insel der
Kyklopen, einäugiger Riesen, die dort im Zustand natürlicher
Wildheit als Hirten wohnten. Begleitet von zwölf Gefährten erbat
O. Gastfreundschaft bei Polyphemos, doch sperrte dieser sie alle
in seiner Höhle ein, verschloss den Eingang mit einem mächtigen Stein, erschlug mehrere von
O.' Gefährten und bereitete sie sich
zum Mahl. Schließlich machte O.
ihn mit Marons Wein betrunken
und blendete ihn mit einem glühen-
den spitzen Pfahl.

Die Blendung des Polyphem, attische
Schale, um 550 v.Chr., Louvre, Paris

Da sich O. ihm gegenüber – in einem Wortspiel mit seinem
Namen – als *Utis*, „Niemand", ausgegeben hatte, kam dem Polyphemos, der schrie, „Niemand" töte ihn, natürlich keiner seiner
verwunderten Artgenossen zu Hilfe. O. und die übrigen sechs
Überlebenden retteten sich, indem sie sich in das Bauchfell der
stärksten Widder klammerten und so ins Freie gelangten, als
der Riese am Morgen seine Herde auf die Weide trieb und den
Rücken der Tiere einzeln abtastete.

Nachdem O. sich auf sein Schiff gerettet hatte, rief er dem
blinden Kyklopen seinen wahren Namen zu. Nur mit knapper
Not entging das Schiff dem Untergang, als Polyphemos daraufhin eine Bergkuppe abriss und in Richtung der frechen Stimme
schleuderte.

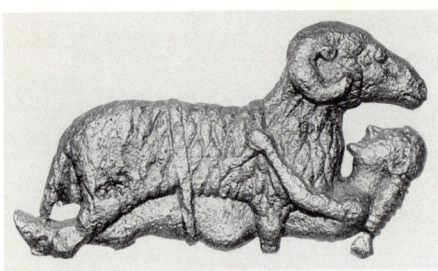

Odysseus' Flucht aus der Höhle des Polyphem, Bronzeapplik, um 560 v. Chr., Archäologisches Museum, Delphi

Die Blendung des Kyklopen bewirkte den unversöhnlichen Zorn von dessen Vater Poseidon, der O. erst im zehnten Jahr nach langen Irrfahrten und weiteren Leiden nach Hause gelangen ließ.

Aiolos, Laistrygonen, Kirke

● Sodann kam O. zur Insel des Aiolos, des Herrn der Winde, von dem er einen Sack mit allen widrigen Winden erhielt. Ein freundlicher West trieb die Schiffe von dort Richtung Heimat. Kurz vor Ithaka aber schlief O. erschöpft ein, seine Gefährten öffneten den Sack, überzeugt, er enthalte kostbare Schätze, und sofort fuhr daraus ein furchtbarer Sturm, der sie zu Aiolos zurücktrieb. Dieser vermutete einen Fluch der Götter über den wiedergekehrten Gästen und jagte sie davon.

Die Laistrygonen, menschenfressende Riesen, verzehrten einen Teil der gelandeten Mannschaft und versenkten bis auf das Schiff des O. alle anderen mit Felsbrocken in ihrem Hafen.

Auf der Insel Aiaia schickte O. einige Gefährten auf Erkundung ins Landesinnere, doch verwandelte die Zauberin Kirke sie allesamt in Schweine, worüber Eurylochos, der vorsichtig genug war, sich von ihr nicht bewirten zu lassen, Bericht erstattete. Von Hermes mit dem Zauberkraut *moly* gegen Kirkes Künste gefeit, zwang O. sie mit Waffengewalt, die Gefährten zurückzuverwandeln, und blieb mit ihnen ein Jahr als Gast, nachdem die Hexe geschworen hatte, ihnen nichts mehr anzutun.

Hadesfahrt, Sirenen, Skylla und Charybdis

● Kurz vor der Abreise von Aiaia fiel der betrunkene Elpenor vom Dach und brach sich das Genick, doch wurde sein Fehlen nicht bemerkt und O. segelte auf Kirkes Rat ins Kimmerier-Land, an den Rand des Okeanos, zum Eingang der Unterwelt, wo er dem Hades und der Persephone opferte. Vom Blut angelockt, erschienen die Seelen, doch ließ O. sie nicht trinken, ehe ihm Teiresias den weiteren Heimweg prophezeit und Warnungen mitgeteilt hatte. Hierauf unterhielt er sich unter anderem mit seiner verstorbenen Mutter, die der Gram über sein langes Ausbleiben dahingerafft hatte, und erfuhr von der Belagerung seiner Gattin Penelope durch zahlreiche Freier. Agamemnon riet ihm mit Blick auf sein eigenes Schicksal (S. 222) zu besonderer Vorsicht bei der Heimkehr, Achilleus charakterisierte das traurige Schattenreich, indem er bemerkte, lieber wolle er Ackersklave bei einem armen Bauern sein als über alle Schatten herrschen. Aias (S. 210 f) zeigte sich auch noch im Tod verbittert. Ferner begegneten O. die ewigen Büßer Tityos, Tantalos und Sisyphos (S. 88 f), zuletzt das Schattenbild des Herakles, der selbst ja im Olymp unter den Unsterblichen lebte (S. 190).

Noch einmal segelte O. hierauf zurück nach Aiaia, um Elpenor zu bestatten, dessen Schatten ihm als erster begegnet war. Kirke gab ihm weitere Ratschläge. Als der Weg sie an der Insel der Sirenen (S. 30) vorbeiführte, verstopfte O. den Gefährten die Ohren mit Wachs, damit sie nicht vom herrlichen Gesang verlockt und in den Schiffbruch getrieben würden, während er selbst, an den Mast gefesselt, den süßen, berückenden Klängen lauschte.

Odysseus und die Sirenen, attischer Stamnos (G), um 475 v. Chr., British Museum, London

Nachdem er die Plankten (S. 161) glücklich passiert hatte, entging er auch der Charybdis, die gefährliche Strudel verursachte, indem sie das Meerwasser einsaugte und wieder ausspie, verlor jedoch, weil er dadurch der Skylla zu nahe kam, sechs Gefährten, die von dem sechsköpfigen bellenden Ungeheuer von Deck gerissen wurden.

Die Rinder des Helios und der Untergang der Gefährten

● Auf der Helios-Insel Thrinakia saß O. ungünstiger Winde wegen einen Monat fest. Als die Vorräte zu Ende waren, schlachteten die Gefährten, während O. schlief, einige der heiligen Rinder trotz der eingehenden Warnung des Teiresias, aßen sechs Tage davon und bezahlten den Frevel mit dem Leben: Bald nach ihrer Abfahrt entfachte Zeus einen fürchterlichen Sturm und zerschmetterte das Schiff mit einem Blitz. Nur O. überlebte, konnte noch einmal, rittlings auf dem mit dem Kiel zusammengebundenen Mastbaum treibend, die Charybdis passieren und strandete schließlich nach neun Tagen auf Ogygia.

Odysseus bei Kalypso; Floßfahrt und Strandung bei den Phaiaken

● Dort nahm ihn die Nymphe Kalypso freundlich auf, ja sie wollte ihn sogar unsterblich machen und heiraten, doch plagte ihn gleichwohl die sieben Jahre über, die er bei ihr verbrachte, namenlose Sehnsucht nach der Gattin und der Heimat so sehr, dass Zeus sich auf Athenas Bitte hin endlich bereden ließ und in Poseidons Abwesenheit seine Heimkehr beschloss: Hermes gebot in seinem Auftrag der Nymphe, O. beim Bau eines Floßes zu helfen und ihn mit dem Nötigsten auszustatten.

Als ihn aber Poseidon, von den Aithiopen zurückkehrend, am siebzehnten Tag entdeckte, zerschmetterte er in einem letzten Racheakt das Floß. Die Meergöttin Leukothea (S. 102) bewahrte O. mit ihrem Schleier vor dem Ertrinken, schließlich rettete er sich auf der Phaiaken-Insel Scheria in eine Flussmündung, warf den Schleier wie geheißen mit abgewandtem Gesicht zurück ins Meer und vergrub sich im Laub.

Ein nächtlicher Traum bewegte Nausikaa, die Tochter des Königs Alkinoos, mit ihren Gefährtinnen am nächsten Morgen zum Waschen an den Fluss zu kommen. Durch die Schreie der ballspielenden Mädchen geweckt, kroch O. nackt und salzverkrustet aus seinem Versteck, seine Blöße mit einem belaubten Zweig verdeckend, und bat um Hilfe.

Nausikaa bekleidete O., ließ ihn von den Mädchen waschen und zeigte ihm den Weg in den Palast, wo er, noch unerkannt, freundlich aufgenommen wurde. Tags darauf tat er sich bei den zu seinen Ehren veranstalteten Spielen hervor, gab sich beim abendlichen Festmahl zu erkennen, als ihn der Sänger Demodokos mit seinem Lied über Troia zu Tränen rührte, und erzählte die lange Geschichte seiner Irrfahrten.

Pieter Lastmann (1583–1633),
Odysseus und Nausikaa,
Alte Pinakothek, München

Nächtens brachten die Phaiaken den Schlafenden nach Itha- **Rückkehr nach**
ka und betteten ihn am Strand neben die reichen Geschenke **Ithaka und in den**
des Alkinoos. Poseidon aber versteinerte aus Zorn ihr Schiff bei **Palast**
der Rückfahrt und erfüllte so die alte Weissagung, wonach er
dermaleinst die Gastfreundschaft der Phaiaken für einen Schiffbrüchigen strafen werde.

Als O. erwachte, erkannte er, in dichten Nebel gehüllt, seine Heimat nicht und fürchtete neuerliches Ungemach, ehe sich
ihm Athena zu erkennen gab, ihn als Bettler verkleidete und zum
Schweinehirten Eumaios schickte. Sodann geleitete sie seinen
Sohn Telemachos nach Hause, der auf ihr Geheiß zu Menelaos
nach Sparta (S. 222) und zu Nestor nach Pylos (S. 213) ausgezo-
gen war, um Kunde über seinen Vater einzuholen, ohne freilich
Genaueres erfahren zu können.

Inzwischen schilderte Eumaios, dem sich O. noch nicht zu
erkennen gab, die Zustände am Hof, das zügellose Treiben der
Freier und die Treulosigkeit einiger Sklaven. Als auch Telemachos bei ihm eintraf, machte sich der getreue Hirte auf, um
Penelope die Rückkehr des Sohnes zu melden. O. gab sich Telemachos zu erkennen und besprach mit ihm den Schlachtplan
gegen die Freier.

Auf dem Weg zur Stadt beleidigte ihn am nächsten Morgen
der Ziegenhirt Melanthios. Der Hund Argos, der verwahrlost auf
dem Mist vor dem Palast lag, erkannte seinen Herrn und starb. O.
bettelte reihum die Freier an, seinen Konkurrenten, den Bettler
Iros, streckte er im Faustkampf nieder.

Nun erschien Penelope und tadelte die Unverschämtheit der
Freier, gab aber bekannt, sie werde sich demnächst für einen von

Lovis Corinth (1858–1925), *Odysseus im Kampf mit dem Bettler*, Národní Galerie, Prag

ihnen entscheiden. Als O. von Melantho, Melanthios' Schwester, beleidigt wurde, kam es beinah zum Handgemenge, doch begaben sich die Freier endlich nach Hause, worauf O. und Telemachos die Waffen in der Halle einsammelten und wegschlossen. Penelope erzählte O., den sie nicht erkannte, dass die Freier immer haltloser prassten, seit sie ihre List entdeckt hätten: Sie wolle, so hatte sie versprochen, sich vermählen, sobald sie für ih-

Penelope und Telemachos vor dem Webstuhl, rotfiguriger Becher, um 450 v.Chr., Museo Archeologico, Chiusi

ren Schwiegervater Laërtes ein Leichentuch gewoben habe; doch trennte sie nächtens wieder auf, was sie am Tage gefertigt hatte.

O. sagte ihr die baldige Rückkehr ihres Gatten voraus. Die Magd Eurykleia erkannte ihren Herrn an der alten Narbe (S. 226), als sie ihm die Füße wusch, musste ihm jedoch schwören, das Geheimnis noch für sich zu behalten.

Penelope enthüllte ihre Absicht, am Fest Apollons die Freier vor die Bogenprobe zu stellen: Wem es gelinge, mit dem Bogen des O. (S. 226) durch die Ringe von zwölf hintereinander aufgestellten Äxten zu schießen, der werde sie zur Gattin bekommen.

● Während des großen Festbanketts der Freier am nächsten Morgen besetzten O. und Telemachos die Ausgänge. Beim Wettkampf gelang es weder Telemachos noch einem der Freier, den Bogen zu spannen. Jetzt gab sich O. seinen treuen Dienern Eumaios und Philoitios zu erkennen und ließ die Tore verbarrikadieren. Penelope wurde von ihrem Sohn in die Frauengemächer geschickt. Dann schoss O., nachdem Telemachos dessen Beteiligung an der Probe durchgesetzt hatte, im Sitzen durch die zwölf Ösen, worauf das Gemetzel an den Freiern begann, bei dem nur der Sänger Phemios und der Herold (G) Medon verschont blieben. Melanthios wurde, als er die Freier mit Waffen versorgen wollte, von Eumaios und Philoitios grausam getötet. Zuletzt war die Halle übersät mit Leichen. Die untreuen Mägde wurden gezwungen, sie in den Garten zu schaffen, dann von Telemachos aufgehängt.

Freiermord und Stiftung des Friedens

Als O. sich nun Penelope zu erkennen geben wollte, zweifelte sie lange, bis ihr O. das Geheimnis des gemeinsamen Ehebetts erklärte: Dies konnte nicht, wie es Penelope zum Schein veranlassen wollte, vor die Kammer gebracht werden, da O. es seinerzeit aus einem noch immer in der Erde verwurzelten Baumstumpf gezimmert hatte. Weinend umarmte sich das liebende Paar und Athena verlängerte ihretwegen die folgende Nacht.

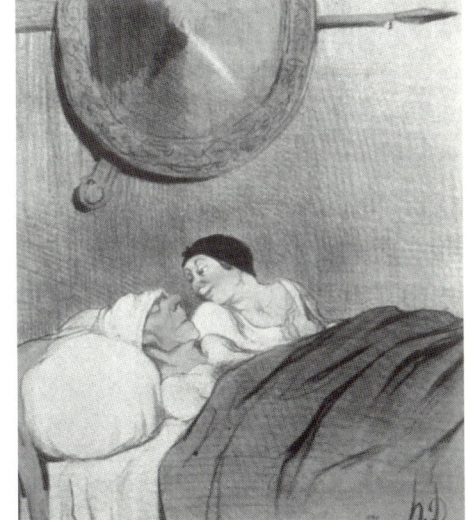

Honoré Daumier (1808–1879), *Odysseus und Penelope*

Morgens begab sich O. zum Gehöft seines Vaters Laërtes außerhalb der Stadt, wohin dieser aus Verdruss über die Zustände am Hof gezogen war. Er, seine Diener und O. kehrten gerüstet zum Palast zurück, um den Angriff der Angehörigen der Freier zu

erwarten. Eupithes, der Vater des Antinoos, des anmaßendsten unter den Freiern, fiel durch Laërtes' Speer, Athena aber trennte die Streitenden in der Gestalt Mentors, eines alten Gastfreunds des O., und stiftete Frieden.

Kopf des Odysseus, Ende 2. Jh. n.Chr., Museo Archeologico Nazionale, Sperlonga

9.4 Spätere Schicksale des Odysseus

Um sich ein unbeschwertes Alter zu sichern, tat O., wie Teiresias ihn in der Unterwelt geheißen hatte: Ein Ruder auf der Schulter, zog er ins Landesinnere, bis ihn ein Wanderer fragte, warum er eine Ackerschaufel trage. Hier rammte er das Ruder in den Boden und opferte dem Poseidon. Mit ihm versöhnt, lebte er fortan lange Jahre an Penelopes Seite, ehe ihn ein sanfter Tod „aus dem Meer" überkam.

Nach anderen Erzählungen soll er noch zu Lebzeiten Penelopes die Thesproten-Königin Kallidike geheiratet haben, doch wurde er nach einer verlorenen Schlacht vom gemeinsamen Sohn Polypoites in der Herrschaft abgelöst. Den Tod fand er durch Telegonos, seinen Sohn von Kirke, den diese auf Kundschaft nach dem Vater ausgesandt hatte. O. fiel demnach, als Vater und Sohn, einander unbekannt, sich auf Ithaka begegneten, durch Telegonos' Speer, der aus einem Stechrochen gefertigt war: der angekündigte „Tod aus dem Meer". Als Penelope erfuhr, wer Telegonos sei, begruben beide O. auf Aiaia. Es heißt auch, Penelope habe Telegonos, Kirke den Telemachos geheiratet.

Nach wieder anderer Darstellung wanderte O. nach Italien aus und versöhnte sich mit Aineias, der nach Troias Fall dorthin geflüchtet war.

Zusammenfassung

Schon durch seine Abstammung ist O. als der Verschlagen-Listige charakterisiert, als welcher er alle Gefahren vor Troia und auf der langjährigen Heimfahrt meisterte.

Als Gegenleistung für die List mit der eidlichen Verpflichtung der Helene-Freier erhielt er Unterstützung bei der Werbung um Penelope.

Um der Teilnahme am Zug nach Troia zu entgehen, stellte sich O. wahnsinnig, wurde aber von Palamedes entlarvt, den er dafür später ermodete oder steinigen ließ.

Vor Troia tat er sich durch scharfsinnige Ratschläge hervor und trug entscheidend zum Fall der Stadt bei, indem er für die Erfüllung wichtiger Vorbedingungen sorgte.

Auf der Heimfahrt verfolgte ihn Poseidon wegen der Blendung des Kyklopen Polyphemos mit unerbittlichem Zorn. Wichtige Stationen seiner Irrfahrten waren die Insel der Kirke, der Eingang zum Hades, wo er vom Seher Teiresias wichtige Ratschläge bekam, und die Laistrygonen, die ihm bis auf eines alle Schiffe vernichteten. Nach dem Aufenthalt auf Thrinakia verlor er auch das letzte samt allen Gefährten, ehe er bei der Nymphe Kalypso strandete.

Von den Phaiaken zuletzt nach Ithaka gebracht, konnte er mit Hilfe seines Sohnes und treuer Diener die Freier seiner Gattin töten, diese selbst zurückgewinnen und die Herrschaft wieder antreten.

O. starb entweder still in gesegnetem Alter oder im Kampf mit dem eigenen Sohn Telegonos.

Literatur

Andreae, B. (1984): *Odysseus. Archäologie des europäischen Menschenbilds.* Frankfurt am Main

Boitani, P. (1993): *The Shadow of Ulysses. Figures of a Myth.* Oxford

Brommer, F. (1983): *Odysseus. Die Taten und Leiden des Helden in antiker Kunst und Literatur.* Darmstadt

Matzig, R. B. (1949): *Odysseus. Studien zu antiken Stoffen in der modernen Literatur, besonders im Drama.* Sankt Gallen

Stanford, W. B./Luce, J. V. (1974): *The Quest of Ulysses.* London

Fragen

1. Umreißen Sie die Rolle des Odysseus im Rahmen des Troianischen Kriegs!

2. Geben Sie vier der Abenteuer des Odysseus auf der Heimfahrt inhaltlich wieder!

3. Charakterisieren Sie kurz die folgenden Gestalten: Polyphemos, Penelope, Melanthios und Eumaios!

Teil A

Antworten zu Kapitel 1

Er verstieß nach der Titanomachie seinen Vater in den Tartaros, vernichtete **1.**
die Giganten und beseitigte das Ungeheuer Typhon.

Nur ein Sterblicher konnte die Giganten töten, daher wurde er von den **2.**
Göttern zu Hilfe gerufen und erlegte die Ungeheuer mit seinen Giftpfeilen.

Einen Mythos, der die Abfolge mehrerer Göttergenerationen erzählt, wobei **3.**
die Vorgänger durch die Nachfolger gewaltsam entmachtet werden.

Antworten zu Kapitel 2

Er ist strenger Regent über Himmel und Erde, rettende und bedrohliche **1.**
Macht zugleich, Stifter und Wahrer der Weltordnung.

Bei der Palastrevolte Heras und anderer Götter gegen ihn und bei der **2.**
Empörung des Prometheus; auch, wenn sich Menschen ihm gleichsetzen.

Unter anderen die Horen, Moiren und Musen. **3.**

Als Wolke: Io (Epaphos); als Stier: Europa (Minos, Rhadamanthys, Sarpedon); **4.**
als Satyr: Antiope (Amphion und Zethos); als Sterblicher: Semele (Dionysos);
als Goldregen: Danaë (Perseus); als Schwan: Leda (Helene, Dioskuren); als
(sterblicher) Gatte: Alkmene (Herakles).

Antworten zu Kapitel 3

Sie ist als Gattin des höchsten Gottes Schutzherrin der Ehe und Wahrerin **1.**
ehelicher Treue.

Herakles war nie vor ihren Nachstellungen sicher. Den Teiresias bestrafte sie, **2.**
obschon er redliche Auskunft gegeben hatte. Athamas und Ino trieb sie wegen
gastfreundlicher Aufnahme des Dionysos in Wahnsinn und Tod, ebenso die
Proitos-Töchter wegen unterlassener Opfer.

Antworten zu Kapitel 4

1. Er übernahm von anderen Meerbeherrschern (Okeanos, Phorkys) die Herrschaft bei der Aufteilung der Welt unter den Brüdern Zeus, Hades und P. und festigte sie durch die Hochzeit mit Amphitrite.

2. Hestia, Athena und Artemis.

3. Die Eleusinischen Mysterien, die an den Mythos vom Raub der Persephone anknüpfen, haben ihre Grundlage im Bewusstsein eines Kreislaufs von Werden und Vergehen in der Natur sowie in der Vorstellung einer zwischen den beiden Jahresernten abwesenden Vegetationsgottheit.

Der Verheißungscharakter der Eleusinischen Mysterien beruht auf der Vorstellung, dass alles Leben von den unterirdischen Gottheiten ausgeht und zu ihnen zurückkehrt.

4. – H. verteidigt die eheliche Treue, ist streng und unnahbar. A. fördert als Göttin der promisken Liebe jede Form von Liebesbeziehungen.
– H. ist keine Freundin der Menschen, sondern vielfach rachsüchtig wegen der Nachkommenschaft sterblicher Frauen von Zeus. A.s Zorn richtet sich gegen die, welche sich gegen die Allmacht der Liebe auflehnen.
– H. hat nie ein Verhältnis mit anderen Göttern oder gar mit Sterblichen. A. betrügt ihren Gatten Hephaistos mit anderen Göttern (Ares) und auch mit Sterblichen (Anchises, Adonis).

5. – Beide sind Zeus-Töchter, beide mit ungewöhnlich schwieriger Geburt.
– Beide sind bewaffnete Göttinnen: Athena als Schutzherrin geordneten, gerechten Kampfes, Artemis als Göttin der Jagd.
– Artemis ist strenge Hüterin ihrer Jungfräulichkeit und der ihrer Gefolgschaft und straft unnachsichtig jede Behelligung ihrer Sphäre. Athena ist als Beschützerin ihrer Lieblinge echte Freundin von Menschen, nur zwei schwerere Rachetaten sind von ihr bekannt.
– Athena ist schützende Palast- und Stadtgöttin, Artemis Behüterin der Geschöpfe in Wald und Flur, aller schwachen Kreatur, auch der jungen Mädchen.

6. – H. verrichtet untergeordnete Arbeiten (Handwerk) und Hilfsdienste.
– Seine Rolle im Olymp ist mehrfach lächerlich.
– Vom Vater (Zeus) und von der Mutter (Hera) erfährt er durch doppelten Sturz vom Olymp schwere Kränkung.

H. und A. sind Halbbrüder, seit H.' Geburt eng miteinander verbunden. H.' **7.** Charakterzug als listiger Meisterdieb zeigt sich bereits im Diebstahl von A.s Rindern. Die Versöhnung der Brüder bedeutet auch den Austausch von Funktionen: z.B. geht die Leier an A., H. erhält u.a. das Amt des Seelengeleiters. Von Chione werden beide in *einer* Nacht Väter zweier Heroen (Philammon und Autolykos).

8.
– A. bringt Unheil und wehrt es ab.
– Er ist ehrfurchtgebietender Gott des Lichts, der Poesie und aller schönen Künste, auch von Maß, Mäßigung und Harmonie.
– Sein Hauptbereich ist die Mantik (G), er ist der Gott vieler Orakel.
– Über seinen Sohn Asklepios lehrte er die Menschen die Heilkunst.
– Als *Phoibos* wird er mit Helios verglichen oder gleichgesetzt.

Antworten zu Kapitel 5

Hades und Persephone; Hekate, die Erinyen, Kerberos, Charon; Sisyphos, **1.** Tantalos, die Danaiden, Ixion.

Sisyphos: der stets zurückrollende Stein; Tantalos: im Sumpf, gequält von **2.** Durst und Hunger; Ixion: auf dem Feuerrad; Tityos: von Geiern gequält; Danaïden: mit Sieben ein löchriges Fass füllend.

Wechselnder Aufenthalt im Hades und auf der Erde: täglich wechselnd bei **3.** den Zwillingen Kastor und Polydeukes, im Wechsel der Jahreszeiten bei Adonis (und Persephone selbst).

Antworten zu Kapitel 6

In der Kindheit wurde er (auf Veranlassung der Hera) umhergetrieben, dann **1.** zerstückelt. Vielerorts wurden er und seine Anhängerinnen verfolgt, ehe er Anerkennung fand.

Allerlei Naturwesen, von wilden Tieren über die pferdeartigen Silenen bis **2.** zu den bocksgestaltigen Satyrn und Pan, dazu Nymphen, auch Priapos als phallisches Wesen.

Antworten zu Kapitel 7

1. Eines Versprechens wegen durfte Phaëthon den Sonnenwagen führen, doch gerieten ihm die Pferde schnell außer Kontrolle. Weil dadurch die Welt in Gefahr geriet, vernichtete Zeus den vermessenen Wagenlenker. Phaëtons Schwestern wurden in Pappeln, ihre Tränen in Bernstein verwandelt.

Antworten zu Kapitel 8

1. Es sind der Gaia entsprosste Urwesen, die später sterblich wurden. Oder Zeus ließ sie aus der Erde wachsen. Oder sie wurden (von P.) aus Lehm geformt und von einer Gottheit beseelt.

2. Durch den Nachkommen der Thetis wäre Zeus' Herrschaft durch eine neue Göttergeneration bedroht. Das Wissen darum rettet P., weil er es Zeus im Tausch gegen seine Befreiung mitteilt.

3. Wegen des Opferbetrugs und des Feuerdiebstahls zürnte Zeus den von ihm ohnehin verachteten Menschen und ließ als Strafe die bezaubernde Ur-Frau Pandora schaffen. Sie führte in einem Gefäß alle Leiden mit sich. Auf Wunsch von P.' unbedachtem Bruder Epimetheus öffnete Pandora das Gefäß und die Leiden verbreiteten sich über die ganze Welt.

Teil B

Antworten zu Kapitel 1

1. Entführung Europas – Suche der Brüder – die den Weg weisende Kuh – Tötung des Drachen und Zeugung der *Sparten*. Die von Kadmos gegründete Stadt erhielt später ihre charakteristische Ummauerung mit den sieben Toren.

2. Vor dem Zug der Sieben bestach Polyneikes Deiphyle mit dem Halsband, so dass sie ihren Gatten Amphiaraos zur Teilnahme zwang. Der gemeinsame Sohn nahm dafür später Rache an der Mutter. Die Brautgaben waren jedoch auch Ursache für seinen Tod und den seiner Söhne.

3. Die Wahrheit der Orakel ist unumstößlich. Gerade dadurch, dass Oidipus dem Angekündigten entgehen will, erfüllt sich die fürchterliche Weissagung.

Auch dieses (unverschuldete) Schicksal ist im Willen der Götter begründet, der den Menschen unerforschlich bleibt.

Antworten zu Kapitel 2

Tantalos' Übermut mit der Erprobung der Götter war Ausgangspunkt für **1.** eine Kette vergleichbarer Schandtaten, von Pelops Tötung des Oinomaos und dem Mord der Brüder Atreus und Thyestes an ihrem Halbbruder bis zu deren gegenseitigem Betrug und Streit um die Herrschaft. Inzest, Ehebruch, Mordpläne und Rachetaten prägen die weitere Familiengeschichte. Entsühnung erfolgt erst nach Orestes' Muttermord, vgl. S. 223.

Tantalos (Zeus-Sohn) – Pelops – Atreus und Thyestes – Agamemnon/Mene- **2.** laos; Aigisthos – Orestes/Iphigeneia/Elektra

Antworten zu Kapitel 3

Chimaira: ein dreiteiliges Scheusal, das, feuerschnaubend, die Herden ver- **1.** nichtete, vorne Löwe, in der Mitte Ziege, hinten in einem Schlangenschwanz endend. Pegasos: ein geflügeltes Ross, dem Blut der enthaupteten Medusa entsprungen; mit seinem Huf schlug es zwei (Dichter-)Quellen frei; später Aufnahme in den Olymp.

– Ein Orakel, das ein „Unheilskind" ankündigt, dessen Geburt sich nicht **2.** verhindern lässt;
– Erfüllung einer „unmöglichen" Aufgabe mit göttlicher Hilfe und mit Zauberrequisiten;
– Befreiung einer Königstochter von einem Ungeheuer, ihre Hand als Lohn;
– Bestrafung derer, die sich dem Helden widersetzten (Phineus, Polydektes, Akrisios).

Antworten zu Kapitel 4

Bestätigung von Minos' Herrschaftsanspruch durch einen von Poseidon ge- **1.** schickten Stier, den Minos allerdings nicht opfert, wie geheißen. – Zur Strafe wird der Stier wild, zudem zeugt er mit Minos' Gattin Pasiphaë das Ungeheuer Minotauros, das Minos in das von Daidalos erbaute Labyrinth sperren lässt. – Nachdem ihm lange Zeit Menschenopfer gebracht wurden, wird das Untier von Th. getötet.

2. Bau der künstlichen Kuh für Pasiphaë; Bau des Labyrinths; Fluggeräte für sich und seinen Sohn; Lösung des Rätsels mit der Muschel und dem Faden; todbringendes Röhrensystem für das Bad des Kokalos.

3. Vor allem wegen der Beseitigung von Übeltätern und Wegelagerern (S. 143 f); auch durch seinen Abstieg in die Unterwelt, die Teilnahme am Argonautenzug, den Kampf gegen die Kentauren, die Bezwingung des marathonischen Stiers und die Befreiung seiner Heimatstadt von Tributpflicht. Allerdings fehlen ihm extreme Charakterzüge, wie sie Herakles zeigt, dazu ist sein eher kläglicher Tod weit entfernt von Herakles' Apotheose.

Antworten zu Kapitel 5

1. Obwohl Iason rechtmäßiger Herrscher von Iolkos war, wurde ihm – wie seinem Vater – von Pelias die Herrschaft streitig gemacht. Dieser wollte ihn beseitigen, indem er ihn nach dem Goldenen Vlies schickte.

2. Nephele hatte ihre Kinder Phrixos und Helle im letzten Augenblick vor dem Mordanschlag der Stiefmutter mit Hilfe eines goldenen Widders gerettet, der zuletzt in Kolchis niederging und dem Zeus geopfert wurde. Seither war sein Fell im Hain des Ares aufbewahrt.

3. Einjähriger Aufenthalt auf Lemnos – Landung bei den Dolionen, Tod des Kyzikos – Verlust des Hylas in Mysien – Erlösung des Phineus von den Harpyien auf Salmydessos – Fahrt durch die Symplegaden – Vertreibung der stymphalischen Vögel von der Ares-Insel.

4. Sie gab Iason eine Zaubersalbe gegen die feuerschnaubenden Stiere, schläferte den Drachen ein, der das Fell bewachte, behexte den kretischen Wächter Talos, erweckte einen zerstückelten Widder zu jungem Leben, beseitigte die Nebenbuhlerin Glauke und deren Vater mit einem vergifteten Gewand und entkam zuletzt auf ihrem von Drachen gezogenen Zauberwagen.

Antworten zu Kapitel 6

1. Orpheus konnte mit seiner Kunst Bäume und Tiere um sich scharen, die Naturgewalten beruhigen und, wie Amphion, Steine bewegen. Sein Gesang war bezwingender als der der Sirenen, selbst die unerbittlichen Mächte der Unterwelt konnte er mit seinem Gesang erweichen und bezwang nach einer Version sogar den Tod.

Elemente der Orphischen Mysterien: Seelenwanderungsvorstellung, vegeta- **2.**
rische Lebensform, unblutige Opfer, starker Bezug zu Dionysos, dionysische
Riten, Erlösungs- und Jenseitshoffnung.

Letzteres auch in Eleusis; dort ferner ein strenger Einweihungsritus, Vorstellungen vom Kreislauf des Lebendigen, damit verbunden eine *Durch-Nacht-
zum-Licht-*Zeremonie.

Antworten zu Kapitel 7

Dodekathlon: vgl. S. 174–186; *Parerga*: z. B. Kampf mit den Kentauren (S. 177), **1.**
Rettung der Mnesimache (S. 178 f) und der Hesione (S. 180), Beseitigung des
Cacus, des Eryx (S. 182), des Antaios und des Busiris (S. 182), Kampf mit
Alkyoneus (S. 182), Rettung der Alkestis (S. 91 f), Befreiung des Prometheus
vom Adler (S. 182) und des Theseus aus der Unterwelt (S. 183).

Argonautensage (frühzeitige Rückkehr nach Verlust des Hylas); Prometheus **2.**
(Tötung des Adlers); Minos/Minotauros (Bändigung des Stiers).

Arbeiten in Todesnähe, dauernde Mühsal – zuletzt im Olymp unsterblich **3.**
(„Gott-Heros"); im Wahnsinn Mörder der eigenen Familie (und, ein zweites
Mal, an Iphitos) – Bewältigung schwierigster Aufgaben mit Umsicht, List
und Kraft (z. B. Augeias-Ställe, Hirschkuh, Eber); rasender Berserker (Neleus,
Laomedon u. a.) – Rächer der Entrechteten (z. B. Tyndareos); verweiblichter
Weichling (bei Omphale) – streitbarer Kämpfer, auch mit Göttern (Apollon,
Ares).

Zu Hesione: S. 180; zu Antaios: S. 182; zu den Kerkopen: S. 186. **4.**

Antworten zu Kapitel 8

Athena gehörte zu den beiden durch das Parisurteil gekränkten Göttinnen **1.**
und unterstützte entsprechend die Griechen, von denen einige – wie z. B. Diomedes – zu ihren Lieblingen zählten. Zuletzt einigte sie sich mit Apollon und
ließ die Troianer ihren eigenen Untergang verursachen. Wegen der Gräueltaten, insbesondere der Schändung ihres Heiligtums durch den Kleinen Aias,
nahm sie ihre schützende Hand von den Griechen und ließ viele auf der
Heimfahrt umkommen. Durch ihre Abstimmung trug sie entscheidend zur
Entsühnung des Orestes und zur Befriedung seines Geschlechts bei.

2. Seine nicht heilende Verwundung durch Achilleus trieb Telephos in das Lager der Griechen, die er zuletzt nach Troia führte, als Gegenleistung für seine Heilung auf den Rat des Odysseus.

Kalchas riet zur Opferung der Iphigeneia und leitete so die Weiterfahrt von Aulis ein, wo die Flotte festgesessen hatte. Mit seiner Deutung des Sperlings-Omens sagte er die Kriegsdauer vorher. Agamemnon veranlasste er zur Herausgabe der Briseïs, damit aber auch dazu, Achilleus sein Beutemädchen wegzunehmen, was zu dessen Zorn und zur zeitweiligen Niederlage der Griechen, letztlich auch zum Tod des Patroklos und des Hektor führte.

3. Menelaos war Gatte der schönsten Frau, die Paris von Aphrodite versprochen war, und berief zu ihrer Rückgewinnung seinen Bruder Agamemnon zum Heerführer der Griechen. Er tat sich während der Kämpfe nicht sonderlich hervor, wurde nach der Eroberung Troias seinem Schwur, die zurückeroberte Gattin umzubringen, untreu und lebte mit ihr nach der umwegereichen Heimfahrt zufrieden in Sparta. Agamemnon brachte als aufbrausender Kriegsherr das Heer durch den Streit mit Achilleus in äußerste Bedrängnis. Der alte Zwist innerhalb seines Geschlechts fand ein Ende, als er von seiner Gattin, die ihm nicht verzieh, dass er Iphigeneia opfern ließ und Kassandra als Nebenfrau mit nach Hause brachte, kaltblütig umgebracht wurde und sein Sohn Orestes für den folgenden Muttermord Entsühnung fand.

4. Der Raub des Palladions, die Teilnahme des Neoptolemos am Krieg, die Herbeischaffung des Bogens des Herakles (und des Philoktetes), die Zerstörung des Türsturzes am skäischen Tor; nach anderer Überlieferung auch die Überführung der Gebeine des Pelops von Olympia nach Troia und der Bau des hölzernen Pferdes.

5. Hektor war, im Gegensatz zu seinem verweichlichten Bruder, der verantwortungsvolle Verteidiger seiner Heimatstadt, in deren Rat sein Wort Gewicht hatte. Als Letzter stellte er sich allein dem rasenden Achilleus und unterlag ihm. Seine Leiche wurde von Achilleus geschändet, erst nach Tagen ausgelöst, dann feierlich bestattet.

Achilleus war einerseits der mächtigste Kämpfer der Griechen, der sich allerdings mehrfach in sinnlosen Blutrausch steigerte; andererseits wurde er, durch den Tod seines Freundes Patroklos belehrt, mehr und mehr nachgiebig und einsichtig. Sein Schicksal war überschattet durch das Wissen um seinen frühen Tod bald nach dem Hektors. Achilleus' Leiche wurde hart umkämpft, von Aias gerettet, zuletzt mit allen Ehren bestattet.

Antworten zu Kapitel 9

1.
– O.' Teilnahme erzwang Palamedes durch die Entdeckung seines gespielten Wahnsinns.
– Den von der Mutter versteckten Achilleus entdeckte er seinerseits durch eine List.
– Durch den Hinweis auf die Heilung des Telephos trug er dazu bei, dass die Griechen überhaupt nach Troia gelangten.
– O. holte Iphigeneia nach Aulis und sorgte sowohl für die Aussetzung als auch für die Rückholung des Philoktetes.
– Als Spion in Troia leistete er wichtige Vorarbeiten für die Eroberung.
– Er war Ursache für den Selbstmord des Aias, sorgte jedoch für dessen ehrenvolle Bestattung.
– Er holte Neoptolemos, stahl mit seinem Freund Diomedes das Palladion und riet zum Bau des hölzernen Pferdes.

2.
Vgl. S. 229–232.

3.
Polyphemos: Er ist der kulturlose Wilde, der das Gastrecht nicht kennt, in barbarischer Roheit Menschen verzehrt und dafür mit Blendung bestraft wird. Ein Märchenmotiv findet sich in O.' Einfall, ihn mit dem Namen „Niemand" zu narren. Die O. und seine Gefährten rettende Blendung Polyphems wurde zur Ursache zahlreicher Leiden und Irrfahrten.

Penelope: Zwar erwarb O. seine Gemahlin nicht ohne Widerstand, doch gelten sie und er als Inbegriff der Gattenliebe und -treue. Mit Geschick und List wusste sie die Freier hinzuhalten. Vorsichtig geworden infolge vieler trügerischer Nachrichten im Laufe der Jahre, wollte und konnte sie lange nicht an die Heimkehr des Gatten glauben, bis sie durch eine kleine List Gewissheit erlangte.

Melanthios und Eumaios: Sie repräsentieren die Zustände am Hof des O. während seiner Abwesenheit: Der eine, M., hielt es, auf seinen Vorteil bedacht, mit den Freiern, beleidigte mehrfach den fremden Heimkehrer O. und wurde dafür zuletzt grausam bestraft. Der andere, E., war auch nach zwanzig Jahren seinem Herrn treu ergeben und beklagte das Treiben im Palast, musste es aber machtlos mit ansehen. In seinem Gehöft trafen Telemachos und sein Vater O. zusammen. Er leistete entscheidende Hilfe beim Freiermord.

I. Genealogie der Götter

Zu A.1–7

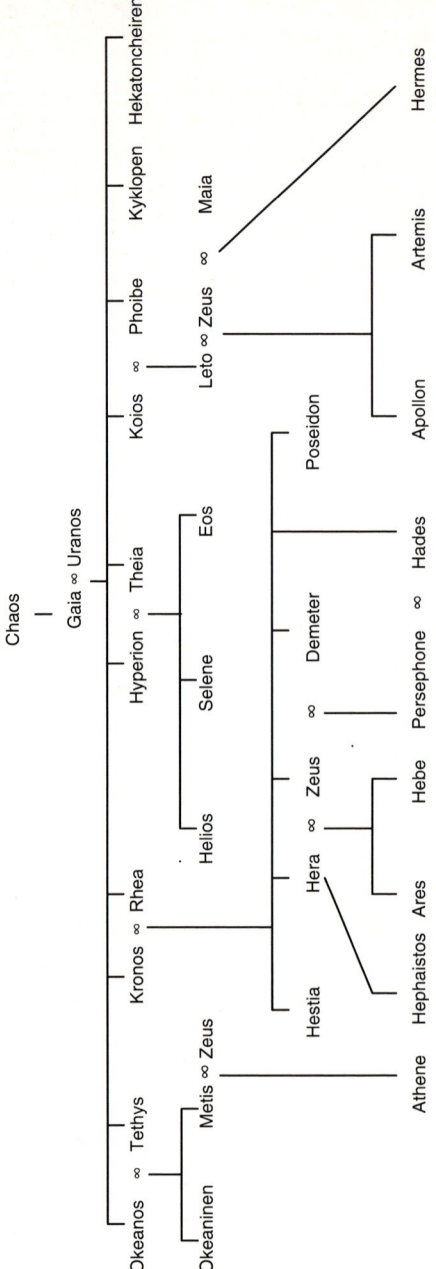

II. Genealogien der Heroen

1. Zu A.8, B.5, B.8: Nachkommen des Prometheus

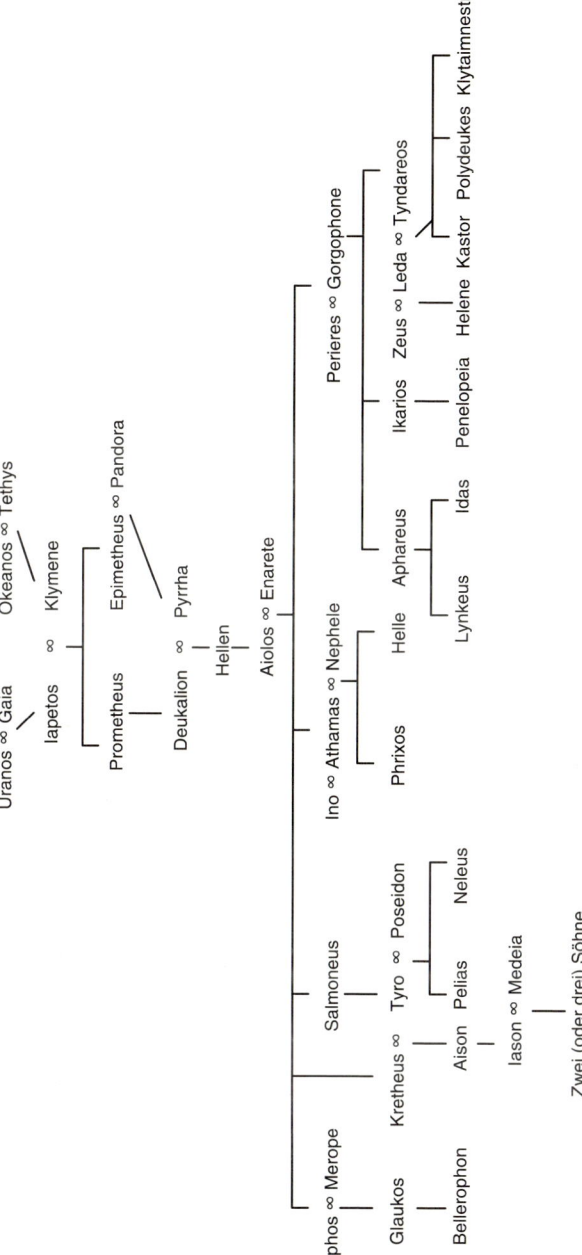

2. Zu B.4: Nachkommen von Minos und das athenische Königshaus

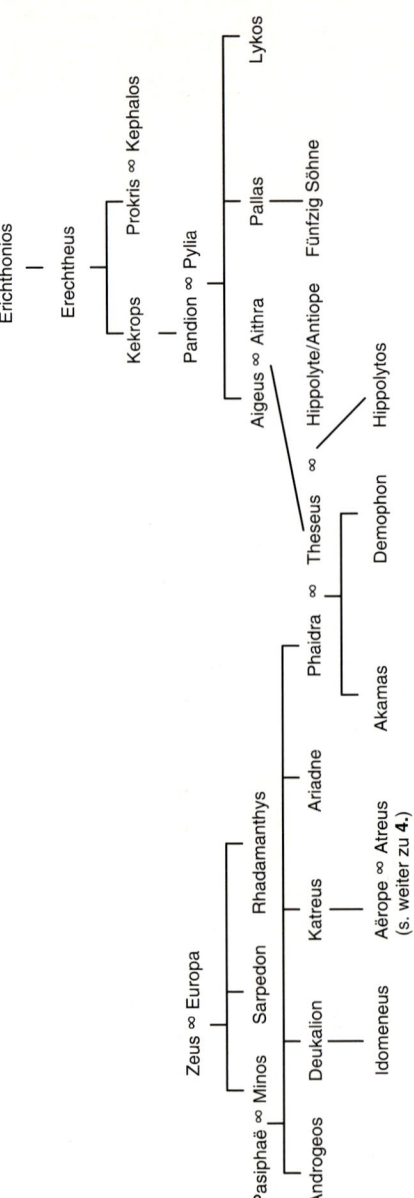

3. Zu B.1, B.3: Nachkommen von Zeus und Io, Poseidon und Libye

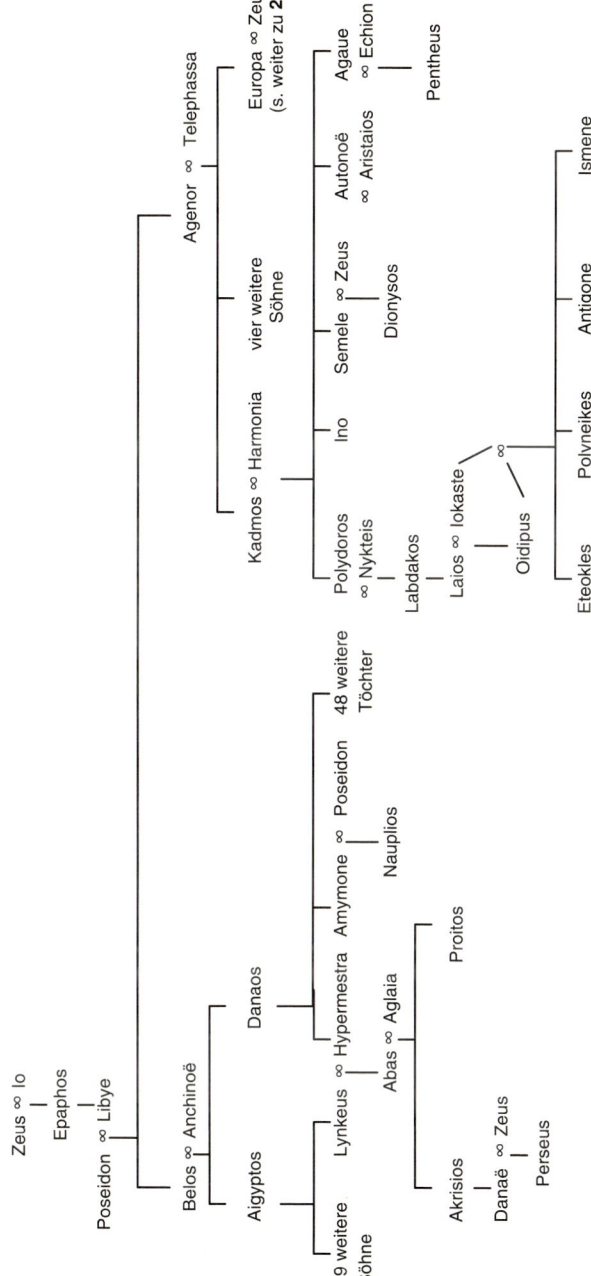

4. Zu B.2, B.8: Nachkommen des Tantalos

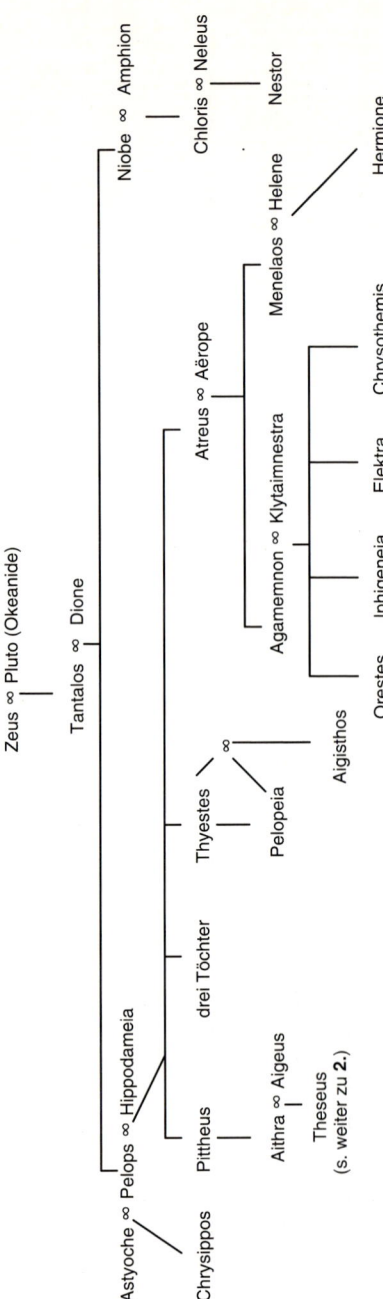

5. Zu B.3, B.7: Nachkommen des Perseus

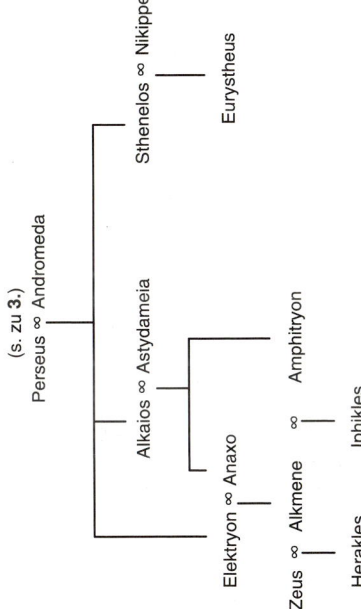

(s. zu **3.**)
Perseus ∞ Andromeda

Sthenelos ∞ Nikippe

Eurystheus

Alkaios ∞ Astydameia

Amphitryon

Elektryon ∞ Anaxo

∞

Iphikles

Zeus ∞ Alkmene

Herakles

Lateinische Bezeichnungen
für griechische Götter und Heroen

Aeneas	Aineias
Aiax	Aias
Amor	Eros
Apollo	Apollon
Aurora	Eos
Bacchides	Mainaden
Bacchus	Dionysos/Bakchos
Castor	Kastor
Cerberus	Kerberos
Ceres	Demeter
Diana	Artemis
Fortuna	Tyche
Gratiae	Chariten
Helena	Helene
Hercules	Herakles
Iuno	Hera
Iuppiter	Zeus
Liber	Dionysos/Bakchos
Luna	Selene
Magna Mater	Kybele
Mars	Ares
Mercurius	Hermes
Minerva	Athena
Neptunus	Poseidon
Parcae	Erinyen/Eumeniden/Moiren
Pax	Eirene
Pluto	Hades
Pollux	Polydeukes
Proserpina	Persephone
Saturnus	Kronos
Sol	Helios
Tartarus	Erebos/Tartaros
Tellus	Gaia
Ulixes	Odysseus
Venus	Aphrodite
Vesta	Hestia
Vulcanus	Hephaistos

Glossar

Ambrosia

Götterspeise, die Unsterblichkeit verleiht

Apotheose

„Vergöttlichung", die Aufnahme eines Sterblichen unter die Götter (z. B. Herakles)

Apotropaion, apotropäisch

Mittel zur Abwehr von Feinden und Bedrohungen, z. B. durch
Schreckensdarstellungen, Fratzen u. Ä.

archaisch

eigentl. „uranfänglich"; Bezeichnung für die griechische Kunst
und Literatur vor 480 v. Chr.

chthonisch

eigentl. „(unter-)irdisch"; Sammelbezeichnung für die Götter mit
Wirkungsmacht in und unter der Erde

Epiklese

eigentl. „Anrufung"; Beiname eines Gottes, mit dem er beim Kult
bzw. im Gebet herbeigerufen wurde, z. B. Zeus *Xenios*, Zeus als
Beschützer der Fremden

Epiphanie

(leibhaftige) Erscheinung eines Gottes, z. B. des Dionysos auf
dem Schiff der tyrrhenischen Piraten

Euphemismus

verharmlosende oder sprachlich verhüllende Umschreibung eines anstößigen, unangenehmen oder gefürchteten Phänomens,
z. B. *Eumeniden*, die „Wohlwollenden", für die Erinyen

Hellenismus

Zeitraum von Alexander dem Großen bis Augustus als neue,
nach der Berührung mit dem nahen und fernen Osten weltum-
spannende Epoche

Heroine

weibliches Gegenstück zum Heros, vgl. die Einleitung zu den Heroengeschichten

Herold

gr. *kēryx*, „Ausrufer"; in hohem Ansehen stehender Bote oder Kultdiener

hierós gámos

allg. die Hochzeit von Göttern (z. B. von Zeus und Hera auf dem Ida), speziell auch die Ur-Hochzeit von Himmel und Erde (Uranos und Gaia)

Hippokampen

„Seepferdchen" mit dem Unterleib eines Meeresungeheuers; oft Reittiere Poseidons, der Nereïden oder anderer Meeresgötter

Hydria

Wassergefäß mit zwei waagerechten Schulterhenkeln und einem senkrechten an der Rückseite

ithyphallisch

Darstellungsform männlicher Figuren mit aufgerichtetem Glied, als Fruchtbarkeitssymbole z. B. bei Dionysos-Festen getragen

Kithara

Saiteninstrument aus Holz mit großem kastenförmigen Schallkörper und zwei Jocharmen, woran die sieben Saiten befestigt waren

Kosmogenese, Kosmogonie

Kosmogonie ist die Lehre von der Entstehung der Welt, der Kosmogenese.

Kratér

Gefäß zum Mischen von Wasser und Wein

Lyra

Saiteninstrument thrakischer Herkunft; eine mit Haut überspannte Schildkrötenschale mit eingelassenen Holzarmen, die oben mit einem Querjoch verbunden waren, woran die sieben Saiten befestigt wurden

Mantik

Die Kunst der Wahr- und Weissagung, ein Kernstück griechischer Religion. Interpretiert wurden vor allem Vogelflug, Innereien der Opfertiere und Träume. Seher und Orakel sagten nicht direkt die Zukunft voraus, sondern gaben Urteile ab über Möglichkeiten, die der Fragende vortrug.

Metope

„Zwischenöffnung", mit Reliefs geschmücktes Feld am Gebälk dorischer Tempel

minoisch

Bezeichnung der Kulturepoche etwa zwischen 2000 und 1400 v.Chr., als Kreta (unter der Herrschaft des sagenhaften Minos) machtvoller Mittelpunkt der griechischen Inselwelt war

mykenisch

Bezeichnung für die etwa um 1500 v.Chr. beginnende bronzezeitliche Kultur des griechischen Festlands nach der beherrschenden Stadt Mykenai (Zerstörung um 1150 v.Chr.)

Orphik, orphisch

Eine im 6. Jh. v.Chr. entstandene religiöse Bewegung mit Geheimlehren über die Entstehung der Welt, die Erschaffung des Menschen und sein Leben nach dem Tod, getragen von der Vorstellung, durch Weihen, Reinigung und Askese ein seliges Los erreichen zu können

panhellenisch

Bezeichnung für Einrichtungen und Vorstellungen, die das Zusammengehörigkeitsgefühl aller Griechen, der *Héllēnes*, begründeten, z.B. die p.en Spiele in Olympia, Delphoi, Korinth und Nemea

Pantheon

Heiligtum (oder Versammlungsort) aller Götter; auch Bezeichnung für die Gesamtheit aller Götter, z.B. im Ausdruck „olympisches Pantheon"

Pythagoreismus

religiös fundierte Lebensform nach den Grundsätzen des Pythagoras (6. Jh. v.Chr.); Leitgedanken waren z.B.: Reinheit als

Vorbedingung der Erkenntnis (mit diätetischen Vorgaben); Erkenntnis als Voraussetzung für ethische Besserung; Eindringen in die innere Harmonie des Kosmos als Aufgabe philosophischen Denkens

Stamnos

bauchiger Krug mit Deckel

Statér

eigentl. der „Wieger", Normal- bzw. Einheitsstück bei den Münzen

theriomorph

„tiergestaltig"; auch Bezeichnung für die Übertragung tierischer Eigenschaften auf Götter oder Menschen

Thiasos

das ausgelassene Gefolge des Dionysos, entsprechend im marinen Bereich das des Poseidon und der Amphitrite; auch Bezeichnung für einen Kultverein

Thyrsos

der in einem Pinienzapfen endende, mit Efeu und Weinlaub umwundene Stab des Dionysos und der Mainaden

volksetymologisch

Bezeichnung für die Deutung eines schwierig zu verstehenden Wortes oder eines Namens mittels geläufigen Sprachguts, die jedoch nicht der tatsächlichen Herkunft entspricht

Volutenkratér

Kratér (s. ebd.) mit schneckenförmig eingerollten Henkeln

Ergänzende Literaturangaben

Zu Kapitel B.1, Thebanische Sagen (S. 114)

Literatur

Brisson, L. (1976): *Le mythe de Tirésias. Essai d'analyse.* Leiden

Demisch, H. (1977): *Die Sphinx.* Stuttgart

Krauskopf, I. (1974): *Der thebanische Sagenkreis und andere griechische Sagen in der etruskischen Kunst.* Mainz

Jördens. W. (1933): *Die französischen Ödipus-Dramen.* Bochum

Moret, J.-M. (1984): *Oedipe, la sphinx et les Thébains. Essai de mythologie iconographique.* Rom

Schefold, K./Jung, F. (1989): *Die klassischen und hellenistischen Bilder der Sagen von den Argonauten, von Theben und Troja.* München

Scheiner, P. W. (1964): *Oedipusstoff und Oedipusmotive in der Deutschen Literatur.* Wien

Steiner, G. (1984): *Antigones.* Oxford

Zu Kapitel B.6, Orpheus (S. 165)

Literatur

Buck, A. (1961): *Der Orpheus-Mythos in der italienischen Renaissance.* Krefeld

Friedmann, J. B. (1956): *Orpheus in the Middle Ages.* Cambridge (Mass.)

Schoeller, F. M. (1969): *Darstellungen des Orpheus in der Antike.* Freiburg

Warden, J. (Hrsg.) (1982): *Orpheus. The Metamorphoses of a Myth.* Toronto/Buffalo/London

Maurer-Zenck, C. (Hrsg.) (2004): *Der Orpheus-Mythos von der Antike bis zur Gegenwart.* Frankfurt a. M.

Register I: Mythologische Namen

Register II: Geographische Namen und andere Begriffe

X

Z